AVALIAÇÃO

P455a Perrenoud, Philippe
 Avaliação: da excelência à regulação das aprendizagens – entre duas lógicas / Philippe Perrenoud ; tradução Patrícia Chittoni Ramos. — Porto Alegre : Artmed, 1999.

 184 p. ; 23 cm.

 ISBN 978-85-7307-544-1

 1. Educação – Avaliação. I. Título

 CDU 37.012

Catalogação na publicação: Mônica Ballejo Canto — CRB 10/1023

AVALIAÇÃO

Da Excelência à Regulação das Aprendizagens
Entre Duas Lógicas

Philippe Perrenoud

Professeur à l'Université de Genève

Tradução:
PATRÍCIA CHITTONI RAMOS

Consultoria, supervisão e revisão técnica desta edição:
CRISTINA DIAS ALLESSANDRINI
Mestre e doutoranda em Psicologia Escolar e do Desenvolvimento Humano pela Universidade de São Paulo. Psicopedagoga e Arte-terapeuta.

Reimpressão 2007

1999

Obra originalmente publicada sob o título
L'évaluation des élèves: de la fabrication de l'excellence à la régulation des apprentissages.
Entre deux logiques
© De Boeck & Larcier S.A., 1998
ISBN 2-8041-2613-7

Capa:
MÁRIO RÖHNELT

Preparação do original:
ALDA REJANE BARCELOS, CLÁUDIA G. BRESSAN

Supervisão editorial:
LETÍCIA BISPO DE LIMA

Editoração eletrônica e filmes:
GRAFLINE EDITORA GRÁFICA

Reservados todos os direitos de publicação, em língua portuguesa, à
ARTMED® EDITORA S.A.
Av. Jerônimo de Ornelas, 670 - Santana
90040-340 Porto Alegre RS
Fone (51) 3027-7000 Fax (51) 3027-7070

É proibida a duplicação ou reprodução deste volume, no todo ou em parte, sob quaisquer formas ou por quaisquer meios (eletrônico, mecânico, gravação, fotocópia, distribuição na Web e outros), sem permissão expressa da Editora.

SÃO PAULO
Av. Angélica, 1091 - Higienópolis
01227-100 São Paulo SP
Fone (11) 3665-1100 Fax (11) 3667-1333

SAC 0800 703-3444

IMPRESSO NO BRASIL
PRINTED IN BRAZIL

SUMÁRIO

INTRODUÇÃO
A avaliação entre duas lógicas 9
    Uma avaliação a serviço da seleção, 11
    Ou a serviço das aprendizagens?, 14
    O que acontece hoje em dia..., 16
    Panorama da obra, 18

CAPÍTULO 1
A avaliação no princípio da excelência e do êxito escolares 25
    A criação das hierarquias de excelência: diversidade e negociação, 29
    O êxito, uma síntese de múltiplos julgamentos, 35

CAPÍTULO 2
De que é feita a excelência escolar? 41
    A diversidade dos recursos utilizados, 44
    As conseqüências para a explicação do fracasso escolar, 47

CAPÍTULO 3
Avaliação e orientação escolar 51
    A pragmática da avaliação, 53
    A arbitrariedade das normas e dos procedimentos, 55
    A avaliação, questão de uma negociação com armas desiguais, 57
    A divisão do trabalho de avaliação e de orientação, 59
    Moldar as esperanças subjetivas, 62

CAPÍTULO 4
Os procedimentos habituais de avaliação, obstáculos à mudança das práticas pedagógicas 65

O tempo que resta, 67
Uma relação pervertida com o saber, 68
Trabalhar sob ameaça é aprender?, 70
Uma transposição didática conservadora, 70
O trabalho escolar, preparação à avaliação, 71
A obsessão da eqüidade formal desvia das aprendizagens de alto nível, 72
Uma arbitrariedade pouco favorável ao trabalho em equipe pedagógica, 74
Mudar a avaliação para mudar a pedagogia?, 75

CAPÍTULO 5
A parcela de avaliação formativa em toda avaliação contínua 77

O Senhor Jourdain e a avaliação formativa, 77
A regulação como vontade e como realidade, 79
Os obstáculos a uma regulação eficaz, 80
Uma lógica mais do conhecimento do que da aprendizagem, 82
Uma imagem muito vaga dos mecanismos da aprendizagem, 83
Regulações inacabadas, 84
Regulações muito centradas sobre o êxito da tarefa, 85

CAPÍTULO 6
Rumo a didáticas que favoreçam uma regulação individualizada das aprendizagens 87

Da avaliação formativa à regulação, 89
Por procedimentos didáticos que sirvam a "todos os terrenos", 91
Na realidade, a regra é a diversidade, 94
Apostar na auto-regulação, 96
A comunicação como motor da regulação, 99
A intervenção do professor como modo de regulação, 100
Um realismo surrealista?, 102

CAPÍTULO 7
Uma abordagem pragmática da avaliação formativa 103

Utilizar todos os recursos possíveis!, 103
Didática e regulação das aprendizagens, 107
Uma regulação por falta: a avaliação formativa, 113
Regulação da aprendizagem ou da atividade?, 115
Estratégias dos agentes e contrato didático, 118
Espaços de jogo e qualificação dos professores, 120

Uma avaliação econômica e praticável, 123
O pragmatismo é uma doutrina..., 125

CAPÍTULO 8
Ambigüidades e paradoxos da comunicação em aula **127**
Conceito ou *slogan*?, 128
A *glasnost*, um velho sonho de pedagogo, 130
Comunicar para conviver, 134
Competição e busca de distinção, 136
Violência simbólica e regulação interativa, 139
O preço do silêncio, 142

CAPÍTULO 9
Não mexa na minha avaliação! Uma abordagem sistêmica da mudança **145**
A avaliação no centro de um octógono, 146
Relações entre as famílias e a escola, 147
Organização das turmas e possibilidades de individualização, 148
Didática e métodos de ensino, 150
Contrato didático, relação pedagógica e ofício de aluno, 151
Acordo, controle, política institucional, 152
Programas, objetivos, exigências, 153
Sistema de seleção e de orientação, 155
Satisfações pessoais e profissionais, 156
A abordagem sistêmica pode ser desmobilizadora?, 158

CONCLUSÃO
A coexistência de lógicas antagonistas **161**
O bom, o estúpido e o vagabundo, 161
Uma tentação: remeter a certificação às Calendas gregas, 164
Um contrato didático menos conflitual, 165
Trabalhar sobre verdadeiras competências, 166
Avaliação formativa, regulação, diferenciação: as mesmas questões, o mesmo combate, 168

REFERÊNCIAS BIBLIOGRÁFICAS **169**

Introdução

A AVALIAÇÃO ENTRE DUAS LÓGICAS

A avaliação não é uma tortura medieval. É uma invenção mais tardia, nascida com os colégios por volta do século XVII e tornada indissociável do ensino de massa que conhecemos desde o século XIX, com a escolaridade obrigatória.

Algum dia teria havido, na história da escola, consenso sobre a maneira de avaliar ou sobre os níveis de exigência? A avaliação inflama necessariamente as paixões, já que estigmatiza a ignorância de alguns para melhor celebrar a excelência de outros. Quando resgatam suas lembranças de escola, certos adultos associam a avaliação a uma experiência gratificante, construtiva; para outros, ela evoca, ao contrário, uma seqüência de humilhações. Tornando-se pais, os antigos alunos têm a esperança ou o temor de reviver as mesmas emoções através de seus filhos. As questões que envolvem a avaliação escolar, no registro narcísico, tanto naquele das relações sociais quanto no que diz respeito às suas conseqüências (orientação, seleção, certificação), são demasiado abrangentes para que algum sistema de notação ou de exame alcance unanimidade duradoura. Há sempre alguém para denunciar a severidade ou o laxismo, a arbitrariedade, a incoerência ou a falta de transparência dos procedimentos ou dos critérios de avaliação. Essas críticas levantam invariavelmente uma defesa das classificações, apesar de sua imperfeição, em nome do realismo, da formação das elites, do mérito, da fatalidade das desigualdades...

Avaliar é — cedo ou tarde — criar hierarquias de excelência, em função das quais se decidirão a progressão no curso seguido, a seleção no início do secundário, a orientação para diversos tipos de estudos, a certificação antes da entrada no mercado de trabalho e, freqüentemente, a contratação. Avaliar é também privilegiar um modo de estar em aula e no mundo, valorizar formas e normas de excelência, definir um aluno modelo, aplicado e dócil para uns, imaginativo e autônomo para outros... Como, dentro dessa problemática, sonhar com um consenso sobre a forma ou o conteúdo dos exames ou da avaliação contínua praticada em aula?

Os debates atuais relacionam-se, além disso, a uma nova crise dos valores, da cultura, do sentido da escola (Develay, 1996). Entretanto, seria errôneo, acreditar que sucedem à idade de ouro de uma avaliação triunfante e inconteste. Em torno da norma e das hierarquias de excelência, nenhuma sociedade vive na serenidade e no consenso. A questão é saber, antes, se cada época reinventa, à sua maneira e em sua linguagem, as figuras impostas de um eterno debate, ou se hoje acontece *algo de novo*. Envolvidos pelo presente, queremos sempre acreditar que a história se transforma diante de nossos olhos. Os historiadores nos ensinam, ao contrário, que nos debatemos em disputas quase rituais, retomadas década após década, em uma linguagem inovadora apenas o suficiente para dissimular a perenidade das posições e das oposições. Que a avaliação possa auxiliar o aluno a aprender não é uma idéia nova. Desde que a escola existe, pedagogos se revoltam contra as notas e querem colocar a avaliação mais a serviço do aluno do que do sistema. Essas evidências são incessantemente redescobertas, e cada geração crê que "nada mais será como antes". O que não impede a seguinte de seguir o mesmo caminho e de sofrer as mesmas desilusões.

Isso significa que nada se transforma de um dia para outro no mundo escolar, que a inércia é por demais forte, nas estruturas, nos textos e sobretudo nas mentes, para que uma nova idéia possa se impor rapidamente. O século que está terminando demonstrou a força de inércia do sistema, para além dos discursos reformistas. Embora muitos pedagogos tenham acreditado condenar as notas, elas ainda estão aí, e bem vivas, em inúmeros sistemas escolares. Embora a denúncia da *indiferença às diferenças* (Bourdieu, 1966) ocorra há décadas e seja acompanhada de vibrantes defesas da educação sob medida e das pedagogias diferenciadas, as crianças de mesma idade continuam obrigadas a seguir o mesmo programa. Uma visão pessimista da escola poderia enfatizar o imobilismo.

No entanto, lentamente a escola muda. A maioria dos sistemas declara agora querer favorecer uma pedagogia diferenciada e uma maior individualização das trajetórias de formação. Também a avaliação evolui. As notas desaparecem em certos graus, em certos tipos de escolas... Falar de avaliação formativa não é mais apanágio de alguns marcianos. Talvez passemos — muito lentamente — da medida obsessiva da excelência a uma observação formativa a serviço da regulação das aprendizagens. Todavia, nada está pronto!

Este livro tenta mostrar a complexidade do problema, que se deve à diversidade das lógicas em questão, a seus antagonismos, ao fato de que a avaliação está no âmago das contradições do sistema educativo, constantemente na *articulação da seleção e da formação*, do reconhecimento e da negação das desigualdades.

O leitor não encontrará aqui um modelo ideal de avaliação formativa, menos ainda uma reflexão sobre a medida de avaliação. A abordagem *sociológica* não ignora as contribuições da docimologia, da psicometria, da psicopedagogia, da didática. Meu propósito não é reforçar a crítica racionalista das práticas, em nome de uma concepção mais coerente e mais científica da avaliação, nem acrescentar algo aos modelos prescritivos. O olhar é mais descritivo, a questão é primeiramente mostrar que "tudo se mantém", que não se pode melhorar a avaliação sem tocar no conjunto do sistema didático e do sistema escolar.

Isso não quer dizer que esta obra adote o ponto de vista de Sirius. Poder-se-ia imaginar uma sociologia da avaliação totalmente desengajada, limitando-se a dar conta da diversidade e da evolução das práticas e dos modelos. Não pretendo tal distanciamento. A avaliação formativa é uma peça essencial dentro de um dispositivo de pedagogia diferenciada. Quem não aceita o fracasso escolar e a desigualdade na escola se pergunta necessariamente: como fazer da regulação contínua das aprendizagens a lógica prioritária da escola?

Esse compromisso com as pedagogias diferenciadas (Perrenoud, 1996b, 1997e) não deveria se desviar da análise lúcida das práticas e dos sistemas. Ao contrário! Não há exemplo de mudança significativa que não se tenha ancorado em uma visão bastante realista das restrições e das contradições do sistema educativo.

Descrever a avaliação como oscilando entre *duas* lógicas apenas é evidentemente simplificador. Na realidade, há muitas outras, ainda mais pragmáticas. Bem antes de regular as aprendizagens, a avaliação regula o trabalho, as atividades, as relações de autoridade e a cooperação em aula e, de uma certa forma, as relações entre a família e a escola ou entre profissionais da educação. Um olhar sociológico tenta constantemente considerar as lógicas do sistema que dizem respeito ao tratamento das diferenças e das desigualdades e, ao mesmo tempo, as lógicas dos agentes, que envolvem questões mais cotidianas, de coexistência, de controle, de poder.

Portanto, estabelecerei rapidamente as duas principais lógicas do sistema, uma tradicional, outra emergente, lembrando o leitor de não esquecer que elas não esgotam a realidade e o sentido das práticas.

UMA AVALIAÇÃO A SERVIÇO DA SELEÇÃO?

A avaliação é tradicionalmente associada, na escola, à *criação de hierarquias de excelência*. Os alunos são comparados e depois classificados em virtude de uma norma de excelência, definida no absoluto ou encarnada pelo professor e pelos melhores alunos. Na maioria das vezes, essas duas referências se misturam, com uma dominante: na elaboração das tabelas, enquanto alguns professores falam de exigências preestabelecidas, outros constroem sua tabela *a posteriori*, em função da distribuição dos resultados, sem todavia chegar a dar sistematicamente a melhor nota possível ao trabalho "menos ruim".

No decorrer do ano letivo, os trabalhos, as provas de rotina, as provas orais, a notação de trabalhos pessoais e de dossiês criam "pequenas" hierarquias de excelência, sendo que nenhuma delas é decisiva, mas cuja adição e acúmulo *prefiguram* a hierarquia final:

— seja porque se fundamenta amplamente nos resultados obtidos ao longo do ano, quando a avaliação contínua não é acompanhada por provas padronizadas ou exames;
— seja porque a avaliação durante o ano funciona como um treinamento para o exame (Merle, 1996).

Essa antecipação desempenha um papel maior no contrato didático celebrado entre o professor e seus alunos, assim como nas relações entre a família e a escola. Conforme mostrou Chevallard (1986a) no que tange aos professores de matemática do secundário, as notas fazem parte de uma *negociação* entre o professor e seus alunos ou, pelo menos, de um *arranjo*. Elas lhe permitem fazê-los trabalhar, conseguir sua aplicação, seu silêncio, sua concentração, sua docilidade em vista do objetivo supremo: passar de ano. A nota é uma *mensagem* que não diz de início ao aluno o que ele sabe, mas *o que pode lhe acontecer* "se continuar assim até o final do ano". Mensagem tranqüilizadora para uns, inquietante para outros, que visa também aos pais, com a demanda implícita ou explícita de intervir "antes que seja tarde demais". A avaliação tem a função, quando se dirige à família, de *prevenir,* no duplo sentido de impedir e de advertir. Ela alerta contra o fracasso que se anuncia ou, ao contrário, tranqüiliza, acrescentando "desde que continue assim!". Quando o jogo está quase pronto, prepara os espíritos para o pior; uma decisão de reprovação ou de não-admissão em uma habilitação exigente apenas confirma, em geral, os prognósticos desfavoráveis comunicados, bem antes, ao aluno e à sua família.

Assim como os pequenos mananciais formam grandes rios, as pequenas hierarquias se combinam para formar hierarquias globais, em cada disciplina escolar, depois sobre o conjunto do programa, para um trimestre, para um ano letivo e, enfim, para o conjunto de um ciclo de estudos. Referindo-se a formas e normas de excelência bem diversas, essas hierarquias têm em comum mais informar sobre a posição de um aluno em um grupo ou sobre sua distância relativa à norma de excelência do que sobre o conteúdo de seus conhecimentos e competências. Elas dizem sobretudo se o aluno é "melhor ou pior" do que seus colegas. A própria existência de uma escala a ser utilizada cria hierarquia, às vezes a partir de pontos pouco significativos. Amigues e Zerbato-Poudou (1996) lembram esta experiência simples: dá-se um lote de trabalhos heterogêneos a serem corrigidos por um conjunto de professores, cada um estabelece uma distribuição em forma de sino, aproximação da famosa curva de Gauss. Retiram-se então todos os trabalhos situados na parte mediana da distribuição e dão-se os restantes a outros corretores. Poder-se-ia logicamente esperar uma distribuição bimodal. Isso não acontece, cada avaliador recria uma distribuição "normal". Obtém-se o mesmo resultado quando se conserva apenas a metade inferior ou superior de um primeiro lote. Os examinadores criam variações que se referem mais à escala e ao princípio da classificação do que às variações significativas entre os conhecimentos ou as competências de uns e outros.

Uma hierarquia de excelência jamais é o puro e simples reflexo da "realidade" das variações. Elas existem realmente, mas a avaliação escolhe, em um momento definido, segundo critérios definidos, dar-lhe uma *imagem pública*; as mesmas variações podem ser dramatizadas ou banalizadas conforme a lógica de ação em andamento, pois não se avalia por avaliar, mas para fundamentar uma *decisão*. Ao final do ano letivo ou do ciclo de estudos, as hierarquias de excelência escolar comandam o prosseguimento normal do curso ou, se houver seleção, a orientação para esta ou aquela habilitação. De modo mais global, ao longo de todo o curso, elas regem o que se chama de êxito ou fracasso escolares. Estabelecida de acordo com uma escala muito diferenciada — às vezes, apenas um décimo de ponto de diferença — uma hierarquia de excelência se transforma facilmente, com efeito, em *dicotomia*: basta introduzir um *ponto de ruptura* para criar conjuntos considerados homogêneos; por um lado, aqueles que são reprovados são relegados às habilitações pré-profissionais ou entram no mercado de trabalho aos 15-16 anos; por outro, os que avançam no curso e se orientam para os estudos aprofundados.

A outra função tradicional da avaliação é *certificar aquisições em relação a terceiros*. Um diploma garante aos empregadores em potencial que seu portador recebeu uma formação, o que permite contratá-lo sem fazer com que preste novos exames. Uma forma de certificação análoga funciona também no interior de cada sistema escolar, de um ciclo de estudos ao seguinte, até mesmo entre anos escolares. Isso é menos visível, pois não existe o equivalente em um mercado de trabalho, o mercado da orientação permanece controlado pelo sistema educativo.

Uma certificação fornece poucos detalhes dos saberes e das competências adquiridos e do nível de domínio precisamente atingido em cada campo abrangido. Ela garante sobretudo que um aluno sabe *globalmente* "o que é necessário saber" para passar para a série seguinte no curso, ser admitido em uma habilitação ou começar uma profissão. Entre professores dos graus ou ciclos de estudos sucessivos, entre a escola e os empregadores, o nível e o conteúdo dos exames ou da avaliação são, é claro, questões recorrentes. Todavia, no âmbito do funcionamento regular do sistema, "age-se como se" aqueles que avaliam soubessem o que devem fazer e a eles é concedida uma certa *confiança*. A vantagem de uma certificação instituída é justamente a de não precisar ser controlada ponto por ponto, de servir de *passaporte* para o emprego ou para uma formação posterior.

Dentro do sistema escolar, a certificação é sobretudo um modo de regulação da divisão vertical do trabalho pedagógico. O que se certifica ao professor que recebe os alunos oriundos do nível ou do ciclo anterior é que ele poderá trabalhar *como de hábito*. O que isso recobre não é totalmente independente do programa e das aquisições mínimas. Isso pode variar muito de um estabelecimento a outro, em função do nível efetivo dos alunos e da atitude do corpo docente.

Em todos os casos, a avaliação não é um fim em si. É uma engrenagem no funcionamento didático e, mais globalmente, na seleção e na orientação escolares. Ela serve para controlar o trabalho dos alunos e, simultaneamente, para gerir os fluxos.

OU A SERVIÇO DAS APRENDIZAGENS?

A escola conformou-se com as desigualdades de êxito por tanto tempo quanto elas pareciam "na ordem das coisas". É verdade que era importante que o ensino fosse corretamente distribuído e que os alunos trabalhassem, mas a pedagogia não pretendia nenhum milagre, ela não podia senão "revelar" a desigualdade das aptidões (Bourdieu, 1966). Dentro dessa perspectiva, uma avaliação formativa não tinha muito sentido: a escola ensinava e, se tivessem vontade e meios intelectuais, os alunos aprendiam. A escola não se sentia responsável pelas aprendizagens, limitava-se a oferecer a todos a oportunidade de aprender: cabia a cada um aproveitá-la! A noção de desigualdade das oportunidades não significou, até um período recente, nada além disto: que cada um tenha acesso ao ensino, sem entraves geográficos ou financeiros, sem inquietação com seu sexo ou sua condição de origem.

Quando Bloom, nos anos 60, defendeu uma *pedagogia do domínio* (1972, 1976, 1979, 1988), introduziu um postulado totalmente diferente. Pelo menos no nível da escola obrigatória, ele dizia, "todo mundo pode aprender": 80% dos alunos podem dominar 80% dos conhecimentos e das competências inscritos no programa, com a condição de organizar o ensino de maneira a individualizar o conteúdo, o ritmo e as modalidades de aprendizagem em função de objetivos claramente definidos. De imediato, a avaliação se tornava o instrumento privilegiado de uma *regulação* contínua das intervenções e das situações didáticas. Seu papel, na perspectiva de uma pedagogia de domínio (Huberman, 1988), não era mais criar hierarquias, mas delimitar as aquisições e os modos de raciocínio de *cada* aluno o suficiente para auxiliá-lo a progredir no sentido dos objetivos. Assim nasceu, se não a própria idéia de *avaliação formativa*, desenvolvida originalmente por Scriven (1967) em relação aos programas, pelo menos sua transposição à pedagogia e às aprendizagens dos alunos.

O que há de novo nessa idéia? Não se servem todos os professores da avaliação durante o ano para ajustar o ritmo e o nível global de seu ensino? Não se conhecem muitos professores que utilizam a avaliação de modo mais individualizado, para melhor delimitar as dificuldades de certos alunos e tentar remediá-las?

Toda ação pedagógica repousa sobre uma parcela intuitiva de avaliação formativa, no sentido de que, inevitavelmente, há um mínimo de regulação em função das aprendizagens ou, ao menos, dos funcionamentos observáveis dos alunos. Para se tornar uma prática realmente nova, seria necessário, entretanto, que a avaliação formativa fosse a *regra* e se integrasse a um dispositivo de pedagogia diferenciada. É esse caráter *metódico, instrumentado e constante* que a distancia das práticas comuns. Portanto, não se poderia, sob risco de especulação, afirmar que todo professor faz constantemente avaliação formativa, ao menos não no pleno sentido do termo.

Se a avaliação formativa nada mais é do que uma maneira de regular a ação pedagógica, por que não é uma prática corrente? Quando um artesão modela um objeto, não deixa de observar o resultado para ajustar seus gestos e, se preciso for, "corrigir o alvo", expressão comum que designa uma faculdade humana universal: a arte de conduzir a ação pelo olhar, em função de seus resultados provisórios e dos obstáculos encontrados. Cada professor dispõe dela, como todo mundo. Ele se dirige, porém, a um grupo e regula sua ação em função de sua dinâmica de conjunto, do nível global e da distribuição dos resultados, mais do que das trajetórias de cada aluno. A avaliação formativa introduz uma ruptura porque propõe *deslocar essa regulação ao nível das aprendizagens e individualizá-la*.

Nenhum médico se preocupa em classificar seus pacientes, do menos doente ao mais gravemente atingido. Nem mesmo pensa em lhes administrar um tratamento coletivo. Esforça-se para determinar, para cada um deles, um diagnóstico individualizado, estabelecendo uma ação terapêutica sob medida. *Mutatis mutandis*, a avaliação formativa deveria ter a mesma função em uma pedagogia diferenciada. Com essa finalidade, as provas escolares tradicionais se revelam de pouca utilidade, porque são essencialmente concebidas em vista mais do desconto do que da análise dos erros, mais para a classificação dos alunos do que para a identificação do nível de domínio de cada um. "*Seu erro me interessa*", diria um professor que leu Astolfi (1997). Uma prova escolar clássica suscita erros deliberadamente, já que de nada serviria se todos os alunos resolvessem todos os problemas. Ela cria a famosa curva de Gauss, o que permite dar boas e más notas, criando, portanto, uma hierarquia. Uma prova desse gênero não informa muito como se operam a aprendizagem e a construção dos conhecimentos na mente de cada aluno, ela *sanciona* seus erros sem buscar os meios para *compreendê-los* e para trabalhá-los. A avaliação formativa deve, pois, forjar seus próprios instrumentos, que vão do teste criterioso, descrevendo de modo analítico um nível de aquisição ou de domínio, à observação *in loco* dos métodos de trabalho, dos procedimentos, dos processos intelectuais no aluno.

O diagnóstico é inútil se não der lugar a uma ação apropriada. Uma verdadeira avaliação formativa é necessariamente acompanhada de uma intervenção *diferenciada*, com o que isso supõe em termos de meios de ensino, de organização dos horários, de organização do grupo-aula, até mesmo de transformações radicais das estruturas escolares. As pedagogias diferenciadas estão doravante na ordem do dia e a avaliação formativa não é mais uma quimera, já que propiciou inúmeros ensaios em diversos sistemas.

No entanto, é inútil esconder que ela se choca com todo tipo de *obstáculos*, nas mentes e nas práticas. Primeiramente, porque exige a adesão a uma visão mais igualitarista da escola e ao *princípio de educabilidade*. Para trabalhar com prioridade na regulação das aprendizagens, deve-se antes de tudo acreditar que elas são *possíveis* para o maior número. Essa concepção está longe de alcançar unanimidade. Não partilhamos mais da ideologia do dom triunfante, todos ou quase todos estão hoje conscientes do peso do meio cultural no êxito escolar. As pedagogias de apoio desenvolveram-se um pouco em todos os lugares e a idéia de que uma diferenciação mais sistemática do ensino poderia atenuar o fracasso escolar não é mais muito original. Contudo, a democratização do ensino permanece um tema *pouco mobilizador* para uma fração significativa dos professores ou dos estabelecimentos, e a prioridade que lhe dão os sistemas educativos é muito flutuante. Mesmo quando a política da educação e as aspirações dos agentes vão nesse sentido, o esforço não se faz *ipso facto* em nível da sala de aula, da diferenciação do ensino e da individualização dos percursos de formação. Uma boa parte das energias permanece comprometida com os aspectos financeiros, geográficos e estruturais do acesso aos estudos.

A avaliação formativa assume todo seu sentido no âmbito de uma estratégia *pedagógica* de luta contra o fracasso e as desigualdades, que está longe de ser sempre executada com coerência e continuidade (Perrenoud, 1996j, 1997e). Devido a políticas indecisas e também por outras razões, a avaliação formativa e a pedagogia diferenciada da qual participa chocam-se com obstáculos materiais e institucionais numerosos: o efetivo das turmas, a sobrecarga dos programas e a concepção dos meios de ensino e das didáticas, que quase não privilegiam a diferenciação. O horário escolar, a divisão do curso em graus, a ordenação dos espaços são restrições dissuasivas para quem não sente, visceralmente, a paixão pela igualdade.

Outro obstáculo: a insuficiência ou a excessiva complexidade dos modelos de avaliação formativa propostos aos professores. Atualmente, a pesquisa privilegia um caminho intermediário entre a intuição e a instrumentação (Allal, 1983) e reabilita a subjetividade (Weiss, 1986). Trabalha-se em uma ampliação da avaliação formativa, mais compatível com as novas didáticas (Allal, 1988b, 1991) e as abordagens construtivistas (Crahay, 1986; Rieben, 1988). Consagra-se a descrever as práticas atuais antes de prescrever outras (De Ketele, 1986), recoloca-se a avaliação no quadro de uma problemática mais ampla, a do trabalho escolar (Perrenoud, 1995a, 1996a) ou da didática das disciplinas (Bain, 1988a e b; Bain e Schneuwly, 1993; Allal, Bain e Perrenoud, 1993). Esses trabalhos estão longe de esgotar o assunto. Resta muito a fazer para dar a um grande número de professores a vontade e os meios de praticar uma avaliação formativa.

A formação dos professores trata pouco de avaliação e menos ainda de avaliação formativa. Mais globalmente, uma pedagogia diferenciada supõe uma qualificação crescente dos professores, tanto no domínio dos conhecimentos matemáticos ou lingüísticos, por exemplo, quanto no domínio didático (Gather Thurler e Perrenoud, 1988).

Enfim, a avaliação formativa se choca com a avaliação instalada, com a avaliação tradicional, às vezes chamada de normativa. Mesmo quando as questões tradicionais da avaliação se fazem menos evidentes, a avaliação formativa não dispensa os professores de dar notas ou de redigir apreciações, cuja função é informar os pais ou a administração escolar sobre as aquisições dos alunos, fundamentando a seguir decisões de seleção ou de orientação. A avaliação formativa, portanto, parece sempre uma tarefa suplementar, que obrigaria os professores a gerir um duplo sistema de avaliação, o que não é muito animador!

O QUE ACONTECE HOJE EM DIA...

As pesquisas e as experiências se multiplicam. A avaliação formativa é um dos "cavalos de batalha" da Associação Européia para o Desenvolvimento das Metodologias de Avaliação em Educação (ADMEE) e de sua irmã mais velha quebequense. Ela está no âmago das tentativas de pedagogia diferenciada e de individualização dos percursos de formação. Há uma preocupação um pouco maior com a avaliação no que diz respeito às renovações de programas e ao quadro das didáticas das disciplinas. A formação contínua se desenvolve; a formação inicial se amplia lentamente. Essa evolução poderia alimentar a ilusão de que a escola aderiu à idéia de uma avaliação formativa e de que se encaminha a passos largos para isso. A realidade porém, é mais complexa. Nas aulas, as práticas de avaliação evoluem globalmente para uma severidade menor. Serão elas mais formativas? Duvida-se muito. Desenvolve-se o apoio pedagógico externo, trabalha-se mais com pequenos grupos. Seria uma pedagogia diferenciada digna desse nome? Isso é apenas o começo!

Nos sistemas educativos, há uma *distância* significativa entre o discurso modernista, entremeado de ciências da educação e de novas pedagogias, e as preocupações prioritárias da maioria dos professores e dos responsáveis escolares. Raros são os que se opõem resoluta e abertamente a uma pedagogia diferenciada ou a uma avaliação formativa. Todavia, só há adesão com a condição de que essas sejam efetivadas "acima do mercado", sem comprometer nenhuma das funções tradicionais da avaliação, sem tocar na estrutura escolar, sem transtornar os hábitos dos pais, sem exigir novas qualificações dos professores. Ora, se a avaliação formativa não exigir, em si mesma, nenhuma revolução, não poderá se desenvolver plenamente a não ser no quadro de uma pedagogia diferenciada, fundada sobre uma política perseverante de democratização do ensino.

Mais dia, menos dia, os sistemas educativos estarão encurralados: ou continuarão presos ao passado, fazendo um discurso de vanguarda; ou transporão o obstáculo e orientar-se-ão para um futuro em que as hierarquias de excelência serão menos importantes do que as competências reais de maior número.

Vivemos um período de transição. Por muito tempo, as sociedades européias acreditaram não necessitar de muitas pessoas instruídas e se serviram da seleção, portanto da avaliação, para excluir a maior parte dos indivíduos dos estudos aprofundados. No início do século, 4% dos adolescentes franceses freqüentavam as escolas e podiam pretender chegar ao final dos estudos secundários. Agora, a França pretende formar 80% dos jovens no secundário sem diminuir o nível de formação. Não é mais uma utopia, nem uma idéia de esquerda. Todavia, a crise dos valores e dos meios, a defesa dos privilégios, a rigidez da instituição escolar autorizam a que se duvide de uma progressão contínua para a pedagogia diferenciada. Certamente, a democratização do ensino, no sentido amplo, progrediu de modo espetacular, a julgar pelos índices de escolarização aos 18 ou 20 anos, ou pela extensão média dos estudos. Entre as meninas e os meninos, as chances de êxito e de acesso aos estudos aprofundados aproximaram-se muito. Em contrapartida, o distanciamento entre as classes sociais se mantém e até mesmo tende a se agravar entre as camadas menos favorecidas e a classe média e alta, principais beneficiárias da explosão escolar (Hutmacher, 1993). Em escala planetária, o desenvolvimento da escolarização avança pouco e as desigualdades continuam gritantes.

Portanto, seria arriscado anunciar um futuro promissor. Entre as necessidades de formação, inesgotáveis, e as políticas da educação, nem sempre há coerência. Delors (1996) e sua comissão afirmam: "*A educação guarda um tesouro em seu interior*". Ninguém terá a audácia de contradizê-los abertamente. Contudo, os governos e os profissionais da educação permanecem, com muita freqüência, paralisados pela crise econômica, pela fragilidade das maiorias no poder, pelas contradições internas das burocracias escolares, pelos conservadorismos de todo tipo e por tudo que mantém uma distância entre os ideais declarados e a realidade dos sistemas educativos.

O fato de a avaliação estar ainda *entre duas lógicas* decepciona ou escandaliza aqueles que lutam contra o fracasso escolar e sonham com uma avaliação puramente formativa. Com um pouco de recuo histórico, pode-se sustentar que a própria existência de nova lógica, mais formativa, é uma conquista extraordinária. Quase todos os sistemas educativos modernos *declaram* avançar para uma avaliação menos seletiva, menos precoce, mais formativa, mais integrada à ação pedagógica cotidiana. Pode-se julgá-los pelo distanciamento entre essas intenções e a realidade das práticas. Pode-se igualmente salientar que tais intenções são recentes, que datam de meados dos anos 1970-80. Portanto, o período de transição está apenas começando.

Incontestavelmente, a lógica formativa ganhou importância. Pouco a pouco, denunciam-se os limites que lhe impõem as lógicas de seleção. Esquece-se que elas reinaram, sozinhas, durante décadas. A democratização do ensino e a busca de uma pedagogia mais diferenciada fizeram emergir, e depois se difundir, a lógica formativa, de modo que hoje em dia as forças e a legitimidade de ambas estão mais equilibradas. De que lado o futuro fará pender a balança? Ninguém sabe. O momento não é de concluir, e sim de *trabalhar* para que coexistam e se articulem duas lógicas de avaliação.

A questão não é somente retardar e atenuar a seleção. A avaliação tradicional, não satisfeita em criar fracasso, empobrece as aprendizagens e induz, nos professores, didáticas conservadoras e, nos alunos, estratégias utilitaristas. A avaliação formativa participa da renovação global da pedagogia, da centralização sobre o aprendiz, da mutação da profissão de professor: outrora dispensador de aulas e de lições, o professor se torna o criador de *situações de aprendizagem* "portadoras de sentido e de regulação". As resistências não atingem, portanto, unicamente a salvaguarda das elites. Elas se situam cada vez mais no registro das práticas pedagógicas, do ofício de professor e do ofício de aluno!

PANORAMA DA OBRA

Esta obra reúne alguns textos já publicados e outros inéditos. Os diversos capítulos podem ser lidos independentemente uns dos outros, ainda que eu tenha tentado ir da análise das funções tradicionais da avaliação — e do que elas impedem — à definição de práticas emergentes, com os obstáculos que encontram e os efeitos perversos que induzem. São momentos de uma reflexão que, conforme os anos e os contextos, oscilou entre uma postura essencialmente descritiva e textos mais comprometidos. A *relação entre avaliação e decisão* é um dos fios condutores desses diversos textos: a avaliação jamais é analisada em si mesma, mas como componente de um *sistema de ação*.

A avaliação passa pelas práticas de *agentes*, individuais ou institucionais, raramente desprovidos de *razão* e de *razões*, mas cujas racionalidades são limitadas e diversas, por vezes contraditórias. Mesmo quando a avaliação pretende se valer de uma razão científica e de um rigor metodológico, isso se dá sempre através dos sujeitos que aderem a ela e emprestam sua força a modelos. Nem a avaliação, nem o controle são processos desencarnados. Ultrapassam sempre as intenções dos agentes que os fazem funcionar e são, ao mesmo tempo, estreitamente dependentes deles. Colocar o agente no centro da análise não equivale a percebê-lo como constantemente lúcido e experiente...

Renunciei a retomar aqui um ensaio intitulado *A avaliação codificada e o jogo com as regras* (Perrenoud, 1986b). Isso não impede que o tema da regra e do jogo com a regra perpasse a maioria das análises, em coerência com a abordagem do *curriculum*, ao mesmo tempo prescrito e inventado pelos professores, negociado, mais pobre e mais rico que os textos (Perrenoud, 1994b, 1995a). Autonomia relativa dos agentes, relação estratégica com os papéis, procedimentos e estruturas, ordens parciais e negociadas são o fundamento de uma sociologia das organizações. Esses fenômenos são encontrados no que concerne à avaliação.

* * *

O resumo dos capítulos a seguir introduz um guia de leitura possível. Pode-se igualmente consultá-lo após a leitura da obra, como uma recapitulação.

O Capítulo 1, *A avaliação no princípio da excelência e do êxito escolares*, situa o estudo da criação das formas, das normas e das hierarquias de excelência escolar no âmbito de uma sociologia da avaliação, ela mesma inscrita, no início, em uma problemática mais vasta e mais clássica: explicar o fracasso escolar. O êxito e o fracasso são realidades socialmente construídas, tanto em sua definição global quanto na atribuição de um valor a cada aluno, em diversas fases da trajetória escolar, através das práticas de avaliação que seguem, por um lado, procedimentos e escalas instituídas e, por outro, dependem, quanto ao restante, da arbitrariedade do professor ou do estabelecimento. Uma sociologia da avaliação nasce a partir do instante em que se recusa a acreditar que o êxito e o fracasso escolares resultam de uma medida objetiva de competências reais, em que essas são vistas, ao contrário, como *representações* criadas pela escola, que define formas e normas de excelência, mede graus de conhecimento ou de domínio, fixa patamares e níveis e distingue, afinal, aqueles que têm êxito e aqueles que fracassam. Não satisfeita em criar os julgamentos de excelência, de êxito e de fracasso, a escola tem o poder de lhes atribuir *força de lei* e, portanto, de acompanhá-los de decisões de orientação, de seleção, de certificação, de repressão disciplinar ou de indicação médico-pedagógica.

O Capítulo 2, *De que é feita a excelência escolar?*, propõe tomar uma distância da intenção declarada da avaliação escolar, que é dar conta do domínio dos saberes e competências que figuram no programa. Nem tudo o que figura no programa é ensinado, nem tudo o que é ensinado é avaliado. Ao contrário, nem tudo que é avaliado foi devidamente ensinado e resulta, às vezes, mais de aprendizagens extra-escolares (orientadas ou espontâneas) do que da instrução dispensada em aula. A aquisição da leitura é, em parte, produto da educação familiar, implícita ou explícita. No domínio da língua, e mais particularmente do léxico, a escola desempenha apenas um papel marginal, o que não a impede de avaliar o "vocabulário" dos alunos, ao mesmo tempo específica e indiretamente, em outros trabalhos, por exemplo, em matemática ou em história. Não há, pois, correspondência exata entre a cultura escolar definida nos programas e o que é avaliado. Quando há correspondência aparente, surge uma outra questão: o que se leva *realmente* em conta sob o pretexto, por exemplo, de avaliar o domínio da ortografia, da conjugação, do raciocínio matemático, da capacidade de argumentar e de dissertar, de se orientar no espaço ou de explicar fenômenos físicos? Este capítulo, dando continuidade a meus trabalhos sobre a criação da excelência (Perrenoud, 1995a), tenta mostrar que o que se avalia não é o que se crê avaliar, porque se testam, por um lado, aquisições culturais e intelectuais muito gerais, independentes de um programa e de um ensino particular e, por outro, saberes estritamente contextualizados, dos quais freqüentemente não resta grande coisa em uma situação um pouco diferente. Os trabalhos sobre a *transferência de conhecimentos* (Meirieu, Develay, Durand e Mariani, 1996) evidenciam o enclausuramento da escola, seu funcionamento em circuito fechado, sua tendência a preparar mais para o exame do que para afrontar situações da vida. Ter êxito na escola, ser bom aluno é, na maioria das vezes, ser capaz de refazer, em situação de avaliação, o que se exercitou longamente em situação de aprendizagem, diante de tarefas muito semelhantes e conforme instruções que sugerem, por sua própria forma, o que se deve procurar e que conhecimentos e operações mobilizar.

O Capítulo 3, *Avaliação e orientação escolar*, analisa os vínculos privilegiados entre avaliação e orientação-seleção, sob o ângulo da sociologia das organizações e das transações sociais. Não faltam trabalhos que evidenciem as fortes correlações entre o nível escolar reconhecido e a orientação. Certos sistemas tornam a orientação quase automática em função dos resultados escolares, outros deixam mais iniciativa aos agentes. Em todos os casos, há *negociação* da orientação escolar (Berthelot, 1993; Merle, 1996; Richiardi, 1988) no âmbito de uma transação que, considerando adquiridas as aquisições escolares, fundamenta-se em suas conseqüências. Uma parte do diálogo entre as famílias e a escola é dessa natureza: às vezes — em geral na classe média e alta —, os pais do aluno tentam obter uma orientação mais favorável do que aquela autorizada, em princípio, por seus resultados escolares. Menciona-se, então, sua pouca idade, seus progressos e motivações para seguir adiante, o tempo e chances que não devem ser desperdiçados para obter uma orientação mais favorável. Outros casos típicos: a escola tenta convencer a família — em geral de classe popular — a manifestar mais ambição por seus filhos, incitando-a a se valer de todos os seus direitos. A essas negociações, mais ou menos públicas, acrescentam-se outras, mais secretas, porque *centradas na própria avaliação*. A avaliação é negociada enquanto tal justamente porque leva conseqüentemente à orientação-seleção (ou à certificação). É ingenuidade crer que se avalia primeiro e que se orienta depois. A orientação-seleção pesa constantemente sobre a avaliação, pois os agentes procuram antecipar e exercem todo tipo de pressão para se encontrar na situação mais favorável possível no momento da tomada de decisão. Acontece de um professor — ao preço de alguns passes de mágica — dar uma média suficiente a um aluno que, formalmente, não a merecia. Por quê? Para não penalizá-lo, porque pensa "que ele é melhor do que suas notas". Isso é escandaloso ou inteligente? Cabe a cada um decidir. Para o sociólogo, a análise das negociações é mais importante do que sua denúncia.

O Capítulo 4, *Os procedimentos habituais de avaliação, obstáculos à mudança das práticas pedagógicas*, tenta explicar por que as práticas de avaliação convencionais impedem a mudança das práticas de ensino e da relação pedagógica. Freqüentemente se pensa que transformações de currículos ou de procedimento pedagógico poderiam ou deveriam provocar mudanças na avaliação. Desse modo, uma pedagogia diferenciada deveria favorecer uma avaliação formativa, uma pedagogia do projeto ou das competências, deveria fazer a avaliação evoluir para outros níveis taxonômicos ou outras modalidades. Percebe-se que as coisas andam geralmente em outra direção: a rigidez dos procedimentos de avaliação impede ou retarda outras mudanças. O capítulo analisa sete mecanismos complementares: 1. a avaliação com freqüência absorve a melhor parte da energia dos alunos e dos professores; 2. o sistema clássico de avaliação favorece uma relação utilitarista com o saber; 3. ele faz parte de uma relação de força que coloca professores e alunos em posturas pouco favoráveis à sua cooperação; 4. a necessidade de dar notas regularmente favorece uma transposição didática conservadora; 5. o trabalho escolar tende a privilegiar atividades fechadas, estruturadas, desgastadas; 6. o sistema clássico de avaliação força os professores a preferirem as aquisições isoláveis e cifráveis às competências de alto nível; 7. sob a aparência de exatidão, a avaliação tradicional esconde uma arbitrariedade de difícil acordo em uma equipe pedagógica. Conclusão provisória: deve-se mudar a avaliação para mudar a pedagogia, não apenas no sentido da diferenciação, mas dos encaminhamentos de projetos, do trabalho por meio de situações-problemas, dos métodos ativos, da formação de conhecimentos transferíveis e de competências utilizáveis fora da escola. O Capítulo 9 retomará a abordagem sistêmica da mudança em educação.

O Capítulo 5, *A parcela de avaliação formativa em toda avaliação contínua*, pretende mostrar que não há ruptura total entre avaliação tradicional e avaliação formativa, que existe uma parcela de avaliação formativa em qualquer pedagogia, mesmo frontal, mesmo tradicional, em particular na escola primária. O que tem dois gumes: se já é praticada, por que apresentá-la como uma inovação? Porque, a partir de uma avaliação formativa episódica, pouco instrumentada e baseada em bom senso, deve-se percorrer um longo caminho para chegar a uma avaliação coerente, apoiada em ferramentas, e uma formação, articulada a uma pedagogia diferenciada. Reconhecer isso não obriga a fazer tábula rasa das práticas anteriores. Pode-se, ao contrário, tentar conceber estratégias de mudança que valorizem os momentos de pedagogia diferenciada e de observação formativa determináveis em qualquer prática. Essa análise permitirá principalmente estabelecer a diferença entre uma regulação das atividades e uma regulação das aprendizagens.

O Capítulo 6, *Rumo a didáticas que favoreçam uma regulação individualizada das aprendizagens*, propõe um desvio por meio da noção de *regulação* como articulação entre dispositivos didáticos e observação formativa. A didática das disciplinas se constituiu, há mais de vinte anos, sem prestar, no início, muita atenção aos trabalhos sobre a avaliação, nem mesmo na regulação dos processos de aprendizagem, quando não se centravam em uma disciplina particular. Naquela época, os pesquisadores em avaliação, ao mesmo tempo que desenvolviam trabalhos em diversos campos disciplinares, não atribuíam aos conteúdos específicos de saberes um *status* privilegiado na análise. A situação evolui, de dez anos para cá aproximadamente, sob o impulso de pesquisadores que tentam pensar mais explicitamente a articulação entre avaliação e didática (ver, por exemplo, Bain, 1988a e b, Bain e Schneuwly, 1993; Allal, 1988a, 1993a e b). Entre avaliação convencional e didática, os vínculos são evidentes, mas pouco reconhecidos. Pode-se ter a impressão de que são duas lógicas distintas, que intervêm em momentos diferentes. Ora, mesmo quando o avaliador não é o professor, a avaliação que se alinha no horizonte exerce fortes pressões sobre os procedimentos didáticos. Isso é ainda mais claro quando o professor é simultaneamente formador e avaliador: deve, em absoluto, evitar incoerências maiores entre seu ensino e sua avaliação.

Quando a avaliação se faz formativa, torna-se uma dimensão do ato de ensinar e das situações didáticas. É mais frutífero pensá-la no quadro de uma *abordagem global dos processos de regulação das aprendizagens* e como componente de uma situação e de um dispositivo didáticos do que como prática avaliativa distinta. Nessa perspectiva, a tomada de informação sobre o trabalho do aprendiz e o *feedback* que lhe é remetido não passam de *modalidades de regulação*, entre outras. A noção de regulação é, em primeiro lugar, uma noção didática, e a avaliação não tem mais nada de uma atividade separada. Isso significa que não pode ser pensada até o fim, sem referência aos saberes em questão e às opções didáticas do professor.

O Capítulo 7, *Uma abordagem pragmática da avaliação formativa*, também inscreve a observação formativa em uma *visão global da regulação*. Tenta demonstrar que a única regra absoluta de uma observação formativa é, nos limites da ética, ser *eficaz* na regulação das aprendizagens. Pode parecer estranho que um pesquisador — considerado normalmente como "um detalhista" — defenda uma abordagem *pragmática* da avaliação formativa. No entanto, isso é o próprio bom senso: a observação formativa pretende auxiliar o aluno a aprender; a única questão pertinente é então saber se ela consegue isso. Ela deve utilizar todos os recursos de que dispõe. Abramos então espaço à intuição, assim como à instrumentação, ampliemos a observação a tudo o que é pertinente para compreender as dificuldades escolares e a intervenção a tudo o que é eficaz. A abordagem pragmática leva igualmente *a romper com a norma de eqüidade formal:* investe-se na observação formativa em função das necessidades de cada um; se tudo vai bem, é inútil perder tempo em redescobrir o que salta aos olhos; a observação formativa é um *momento* da resolução de um problema, da regulação de uma ação. É uma fonte rara, que deve ser reservada àqueles que necessitam realmente dela!

O Capítulo 8, *Ambigüidades e paradoxos da comunicação em aula*, remete à inércia do real, lembrando que *nem toda interação contribui para a regulação das aprendizagens*! Se a idéia de observação formativa inclui uma forte referência à comunicação entre alunos e professores, seria ingenuidade acreditar que toda interação produz efeitos de aprendizagem. Uma boa parte das conversas correntes serve, ao contrário, para tranqüilizar cada um em suas representações e suas práticas. Elas não impelem à procura da contradição ou do conflito cognitivo, mas à sua proteção. Do mesmo modo, nem crianças, nem adultos são espontaneamente levados a se representar e menos ainda a explicar seus modos de raciocinar e de aprender. A avaliação formativa, apesar de suas boas intenções, pode ser recebida como uma forma de *violência simbólica*, porque introduz uma observação e um questionamento intensivos, em nome de uma *glasnost* pedagógica, que nem todos os alunos apreciam. A comunicação é também um meio de camuflar, de dissimular nossos pensamentos. Deixemos então de ser angelicais!

O Capítulo 9, *Não mexa na minha avaliação! Uma abordagem sistêmica da mudança,* situa a avaliação no centro de um "octógono de forças", cujos lados são: 1. as relações entre as famílias e a escola; 2. a organização das turmas e as possibilidades de individualização; 3. a didática e os métodos de ensino; 4. o contrato didático, a relação pedagógica e o ofício de aluno; 5. o acordo, o controle e a política institucional; 6. os programas, os objetivos e as exigências; 7. o sistema de seleção e de orientação; 8. as satisfações pessoais e profissionais dos professores. Como se espantar que seja difícil mudar um sistema onde tudo se imbrica dessa maneira? A avaliação não pode mudar em um sistema educativo que, no restante, permanece imóvel!

A *conclusão* retornará ao problema da coexistência, mais ou menos pacífica, das duas lógicas de avaliação. Como uma avaliação formativa poderia se articular a uma avaliação comparativa e seletiva? Ficar-se-ia tentado a resolver o problema propondo uma mudança de vocabulário, distinguindo de um lado uma *observação formativa*, desprovida de qualquer tentativa de classificação e de seleção e, de outro, uma *avaliação comparativa,* assumida como tal, servindo de fundamento legítimo a decisões de orientação-seleção ou de certificação. Mesmo que se diferenciem as intenções e as palavras, insistindo, por um lado, na observação, no *feedback*, na regulação e, por outro, na medida imparcial dos conhecimentos e das competências adquiridas, não se impedirá essas duas lógicas de coexistirem, praticamente, na escola e na aula, às vezes em harmonia, com mais freqüência se opondo mutuamente.

Capítulo 1

A AVALIAÇÃO NO PRINCÍPIO DA EXCELÊNCIA E DO ÊXITO ESCOLARES*

O que é um aluno fracassado? Para o sociólogo:

"O aluno que fracassa é aquele que não adquiriu no prazo previsto os novos conhecimentos e as novas competências que a instituição, conforme o programa, previa que adquirisse" (Isambert-Jamati, 1971).

Essa definição resgata o senso comum. Entretanto, ela levanta uma questão tão banal que poderia ser ignorada: como se sabe se um aluno "adquiriu, ou não, no prazo previsto, os novos conhecimentos e as novas competências que a instituição, conforme o programa, previa que adquirisse"? Indiretamente, essa simples definição remete a um mundo de agentes e de práticas de avaliação: o grau de aquisição de conhecimentos e de competências deve ser avaliado por *alguém,* e esse julgamento deve ser sustentado por uma *instituição* para tornar-se mais do que uma simples apreciação subjetiva e para fundar *decisões* de seleção de orientação ou de certificação.

Os alunos são considerados como tendo alcançado êxito ou fracasso na escola *porque são avaliados* em função de exigências manifestadas pelos professores ou outros avaliadores, que seguem os programas e outras diretrizes determinadas pelo sistema educativo. As normas de excelência e as práticas de avaliação, sem engendrar elas mesmas as desigualdades no domínio dos saberes e das competências, desempenham um papel

---

*Este capítulo e o seguinte retomam, de modo condensado e integrando os trabalhos mais recentes, a substância de dois artigos ("La place d'une sociologie de l'évaluation dans l'explication de l'échec scolaire et des inégalités devant l'école", *Revue européenne des sciences sociales,* 1985, n. 70, p. 177-198, e "De quoi la réussite scolaire est-elle faite?", *Éducation et recherche,* 1986, n. 1, p. 133-160).

crucial em sua transformação em classificações e depois em julgamentos de êxito ou de fracasso: sem normas de excelência, não há avaliação; sem avaliação, não há hierarquias de excelência; sem hierarquias de excelência, não há êxitos ou fracassos *declarados* e, sem eles, não há seleção, nem desigualdades de acesso às habilitações almejadas do secundário ou aos diplomas.

A pesquisa em educação jamais ignorou o peso das normas de excelência escolar na determinação do êxito e do fracasso escolares. Todavia, durante muito tempo considerou-se sua existência e seu conteúdo como evidências triviais e a avaliação como uma simples medida das desigualdades de domínio da cultura escolar. O campo estava, pois, livre para se preocupar antes de tudo em identificar as causas e as conseqüências das desigualdades de aprendizagem, sem se deter demais em seu modo de avaliação e em suas formas de excelência definidas pela escola.

A irrupção das ciências sociais e da educação comparada permitiu tomar consciência da relativa arbitrariedade cultural dos programas escolares e, portanto, das formas e das normas de excelência. Desde então, deu-se mais importância aos *conteúdos* da cultura escolar e a seu papel na gênese de certos fracassos, em particular quando se percebeu que a desigualdade social diante da escola podia, em boa parte, ser imputada à *distância desigual* entre a norma escolar e a cultura inicial que o aluno deve à sua família, à sua comunidade e à sua classe social de origem.

Isso não levou os pesquisadores a estudarem imediatamente as práticas e as modalidades de criação das hierarquias de excelência escolar e, depois, os julgamentos de êxito ou de fracasso. Inúmeros pesquisadores em educação consideram ainda, mesmo quando reconhecem a arbitrariedade cultural de todo currículo, que a desigualdade de êxito escolar é, *grosso modo,* comparável à desigual apropriação da cultura escolar tal como os programas a definem. Tudo se passa ainda, freqüentemente, como se a avaliação não fizesse senão mostrar, certamente com uma margem de erro, desigualdades reais de domínio dos programas, assim como um termômetro mede aproximadamente variações bem reais de temperatura.

É por essa razão que muitos trabalhos sobre as causas das desigualdades de êxito tomam por indicadores da excelência escolar os resultados dos alunos em testes de conhecimentos administrados no âmbito de uma pesquisa independente da avaliação escolar, que supostamente apenas mede "a mesma coisa", de modo mais padronizado e mais confiável. Assim, quando Cherkaoui (1979) trata dos "paradoxos do êxito escolar", apóia-se em uma análise secundária dos dados do *International Educational Assessment* (Husen et al., 1967) sobre o domínio dos conhecimentos matemáticos em diversos países. Essa pesquisa submeteu milhares de adolescentes, em vários países, a um teste padronizado de conhecimentos matemáticos, concebido por pesquisadores, sem relação com os diversos procedimentos de avaliação habituais de ensino; os saberes e as competências avaliados eram, em princípio, ensinados nos diversos países comparados, mas com grandes variações de um sistema a outro, em virtude de sua importância no currículo, de seu modo de transposição didática e do nível de exigência. Assim, o conteúdo dos testes não correspondia especificamente a nenhum currículo nacional, ele próprio modulado conforme os estabelecimentos e as habilitações. O que não impede Cherkaoui de identificar, sem pestanejar, "o êxito escolar" nos resultados obtidos nos testes do IEA, sem a menor discussão sobre as relações entre os resultados desses testes e a excelência escolar reconhecida nos mesmos alunos por seus respectivos sistemas educativos.

Por alguns momentos, pode-se até mesmo ter a impressão de que os pesquisadores preferem seus instrumentos de avaliação às apreciações mais rudimentares dos professores, porque estão mais próximos da realidade das competências dos alunos. Isso é verdade, mas ignora, ao mesmo tempo, uma questão crucial: *a excelência escolar é feita, não idealmente, mas tal como julgada dia após dia, dentro do funcionamento habitual da escola*. Os pesquisadores em educação passaram, com muita freqüência, da crítica docimológica — fundamentada — da avaliação escolar à tentação de substituí-la, por ocasião de uma pesquisa, por seus próprios instrumentos, sem perceber que, assim, mudavam de variável dependente...

Outros pesquisadores, que não dispõem de nenhuma pesquisa independente adequada, ou que não desejavam se servir disso, tomam, por *indicadores* de êxito, as decisões de seleção ou de orientação que delas decorrem supostamente de "maneira lógica": reprovação ou aprovação, atraso escolar, admissão nesta ou naquela habilitação, diploma em preparação ou já obtido. Certos autores (Hutmacher, 1993; Crahay, 1996) reconhecem que essas variáveis não são indicadores fiéis do êxito tal como o sistema julga, já que são *conseqüências* do êxito ou do fracasso, que se associam a outros fatores que pesam na decisão, principalmente diversas transações sociais. Desse modo, diversos alunos, mesmo não tendo sido reprovados, preferem repetir o ano para garantir uma orientação melhor um ano mais tarde. Outros, que deveriam ser reprovados, negociam e conseguem uma prorrogação. A reprovação é cada vez menos a conseqüência mecânica do nível de excelência, esse resulta de uma *decisão* na qual a excelência se conjuga a outros fatores: idade do aluno, progressos recentes, projetos, pressões da família, atendimento previsível na série seguinte, acompanhamento por uma equipe pedagógica, política do estabelecimento. Os pesquisadores conhecem essas variações entre o nível escolar e a reprovação, mas, na falta de outros dados, lançam-se à análise dos índices de reprovação ou de atraso escolar, relacionando-os à classe social, ao sexo e à nacionalidade. Envolvido pela análise multivariada, o leitor logo esquecerá a preocupação inicial e identificará o fracasso com algumas de suas conseqüências.

Em outras pesquisas ainda, toma-se por índice de êxito os resultados em certas provas padronizadas administradas pela escola sem que haja preocupação em precisar seu papel na criação das hierarquias globais que determinam o êxito ou o fracasso. Ou todas as avaliações não têm o mesmo peso nos julgamentos de êxito ou fracasso. Devem-se considerar os procedimentos de ponderação e de síntese em vigor neste ou naquele sistema educativo, até mesmo neste ou naquele estabelecimento ou nesta ou naquela turma. Médias, coeficientes e prorrogações são tão reais quanto as próprias provas e desempenham um papel determinante na agregação de avaliações parciais, portanto, nenhuma delas é, sozinha, comparável à excelência escolar, menos ainda ao êxito ou ao fracasso.

Em suma, inúmeros pesquisadores, apressados em dar uma explicação para as desigualdades, durante muito tempo "fizeram como se" a definição do êxito e do fracasso escolares fosse *trivial*. Aceitaram a idéia de que, a cada momento de sua trajetória, um aluno domina mais ou menos os saberes ou competências ensinados e que o êxito escolar é comparável ao simples reconhecimento, mais ou menos imparcial e preciso, desse domínio. Certamente reconhecem que a avaliação é, às vezes, aproximativa ou indireta, que a escola nem sempre está bem instrumentada para delimitar as competências de seus alunos. Fazendo essas poucas reservas, admitiam, em geral, que o êxito se fundamenta em uma avaliação que mede aproximativamente o domínio da cultura escolar.

Por que esse "aproximadamente", por que essa pressa em chegar aos resultados da avaliação sem questionar seus fundamentos e seus procedimentos? Talvez, porque a passagem imediata à *explicação* das desigualdades faça com que se entre na esfera nobre dos debates teóricos sobre a respectiva parcela do inato e do adquirido, da família e da escola, dos indivíduos e do "sistema" na gênese do fracasso escolar. Por outro lado, quando se espera impressionar o leitor com análises de variância ou de regressão sofisticadas, é melhor não se interrogar muito sobre a significação da variável dependente: correr-se-ia o risco de explicar cientificamente as variações de uma grandeza, certamente mensurável, mas cujas relações com o êxito escolar, semântica e estatisticamente, são das mais incertas (Bain, 1980, 1982). Talvez se deva tratar também da dificuldade real que há em definir rigorosamente o êxito escolar.

No entanto, se quisermos *explicar*, não decisões que afetam a trajetória escolar, nem aquisições cognitivas medidas por testes, mas o êxito e o fracasso *tal como são estabelecidos, declarados e registrados pela organização escolar*, é importante compreender os processos executados pelos agentes:

> "Qualquer que seja, portanto, a maneira como se estabelece ou mede o êxito e o fracasso escolares, parece-nos que essas noções nada significam independentemente de uma instituição escolar dada e fora de um dado nível do curso. [...] Por isso, para nós, o êxito *na escola* não poderia ser confundido nem com o êxito *pela escola,* o êxito profissional e social que os diplomas prometem, nem mesmo com o *nível final alcançado* nos estudos, como também não com o *grau de satisfação,* o sentimento subjetivo de realização suscetível de ser experimentado pelo indivíduo no curso e decorrente de seus estudos independentemente de qualquer avaliação 'objetiva' ou institucional de seu desempenho" (Forquin, 1982).

Portanto, sem fazer jogo de palavras, o êxito e o fracasso escolares resultam do julgamento diferencial que a *organização escolar* faz dos alunos, da base de hierarquias de excelência estabelecidas em momentos do curso que ela escolhe e conforme procedimentos de avaliação *que lhe pertencem*. Não se trata, pois, nem de desigualdades de competências medidas por meio de pesquisa, nem de sentimentos subjetivos de êxito ou de fracasso, nem de decisões de progressão ou de orientação enquanto tais.

A CRIAÇÃO DAS HIERARQUIAS DE EXCELÊNCIA: DIVERSIDADE E NEGOCIAÇÃO

Mesmo que a excelência *se relacione* a um programa, nada permite afirmar que ela "mede" essencial e exclusivamente o domínio dos saberes e competências a ensinar, nem mesmo dos efetivamente ensinados. A escola *pretende* que sua avaliação recaia sobre a apropriação do currículo formal, mas é justamente o que a análise da criação dos julgamentos de excelência leva a matizar.

Do programa à avaliação

Considerando que a cultura escolar não forma um todo homogêneo, que se compõe de disciplinas distintas, ensinadas separadamente, parece norma que seja objeto de avaliações independentes umas das outras. A avaliação da excelência será feita, por exemplo, na escola primária, no quadro do ensino da língua materna, da matemática, das atividades de interesse, do estudo do meio, das atividades artísticas, da educação física; no ensino secundário, os alunos serão avaliados em literatura, filosofia, biologia, química, física, história, geografia, informática, etc. Na maioria dos sistemas escolares, estima-se que algumas dessas disciplinas são conjuntos muito vastos para propiciar uma única forma de excelência. A disciplina admite, pois, vários componentes e outras tantas normas de excelência distintas. É assim que, desde a escola primária, o domínio da língua materna engloba o domínio da expressão oral, da leitura, da gramática, do léxico, da ortografia, da expressão escrita, da morfossintaxe do verbo, das obras literárias e poéticas. O domínio da cultura matemática supostamente engloba o domínio dos sistemas de numeração, das operações aritméticas, da teoria dos conjuntos e das relações, da lógica proposicional e do raciocínio, da geometria, da álgebra, do cálculo diferencial e integral, etc.

Esse fracionamento do currículo em disciplinas e das disciplinas em componentes mais ou menos estanques varia sensivelmente de uma época ou de um sistema educativo a outro, o que sugere que as divisões não se devem somente ao estado e à estrutura interna dos saberes e competências, mas a um modo de recorte próprio a cada organização escolar. Bernstein (1975) mostrou que a passagem de um currículo fragmentado a um currículo integrado estava relacionada a outras mudanças estruturais do sistema escolar. Resta que, em um dado momento, em um dado sistema, seja instituído um recorte estabelecendo a divisão do trabalho entre professores (Perrenoud, 1995a).

Cada disciplina ou subdisciplina, tomada em um dado nível do curso, constitui um *campo de excelência*. A excelência é aí "oficialmente" comparada ao domínio dos conceitos, dos conhecimentos, dos métodos, das competências e dos valores que figuram no programa. As normas de excelência são, portanto, em princípio, facilmente identificáveis: parecem decorrer logicamente do programa do ano. Cada hierarquia de excelência apresenta-se, então, como uma *classificação,* conforme o grau de domínio alcançado por cada aluno *no interior de um campo disciplinar* (ou de um campo mais restrito). Esse grau de domínio é tomado em certos momentos do curso e expresso de acordo com certas escalas numéricas ou certos códigos padronizados, em geral comuns ao conjunto das disciplinas.

Tudo parece, então, decorrer dos programas. Todavia, sobre o conteúdo exato das formas e das normas de excelência e, mais ainda, sobre os níveis de domínio esperados, reina uma grande ambigüidade. Na maior parte dos sistemas educativos que praticam o controle contínuo das aquisições, tudo se passa como se o conteúdo das normas de excelência devesse ser *deduzido* dos conteúdos do ensino, já que a organização atribui aos professores a tarefa de avaliar *grosso modo* os saberes e competências que ensinaram. Como supostamente ensinaram o que figura no programa, por que ir mais longe? Quando se administram provas, as exigências não são necessariamente mais fáceis de identificar, seja porque cada professor ou cada estabelecimento cria sua própria prova, seja porque as exigências são definidas por bancas que não divulgam seus critérios.

Entretanto, observando mais de perto, tem-se a medida de dois fatos fundamentais e de suas conseqüências:

- Os textos legislativos e regulamentares dizem o que se deve ensinar, mas definem muito menos claramente o que os alunos supostamente devem aprender, portanto, *o que se deve avaliar*; em certos sistemas educativos, enquanto uma circular precisa detalhadamente a maneira de arredondar uma média ou de construir uma tabela, o conteúdo da avaliação e o nível de exigência são totalmente deixados à apreciação do professor.
- Os programas deixam aos professores uma significativa *margem de interpretação* e uma *esfera de autonomia* quanto à sua transposição didática. Segundo a expressão de Chevallard (1986b), o programa é um quadro vazio: se o professor "vê o quadro já pronto", é porque nele projeta tudo o que tem na mente, devido à sua formação, mas também à sua concepção pessoal da cultura e da excelência. Decorre que, mesmo que avaliem *exatamente* o que ensinam, os professores não avaliam as mesmas aquisições, porque não valorizam, não dominam e não ensinam exatamente os mesmos saberes e competências.

Portanto, é bem difícil, se nos limitarmos a consultar os textos oficiais, identificar as exigências que subentendem a avaliação escolar. Saber que um sistema educativo impõe a avaliação do "domínio da expressão escrita", em determinado nível do curso, ainda não diz:

— o que engloba exatamente essa forma e essa norma de excelência quando se faz referência aos saberes científicos ou às práticas sociais de referência antes de qualquer intenção de instruir;
— em que elas se transformam quando a transposição didática e a parcela de autonomia dos professores desempenharam seu papel;
— o nível de domínio efetivamente exigido em cada etapa do curso, que difere de uma turma ou de um estabelecimento a outro;

— como os professores ou outros examinadores procedem para "medir" concretamente esse domínio.

Os professores beneficiam-se de uma autonomia ainda maior nos sistemas escolares que instituem uma *avaliação contínua*. Com efeito, a presença de provas anuais ou de provas padronizadas induz uma forma de harmonização pelo simples fato de que cada professor corre o risco de uma contradição entre seu modo de avaliar seus alunos e seus resultados em testes dos quais não domina nem o conteúdo, nem a tabela, nem mesmo, como no *baccalauréat**, a administração ou a correção.

Quando a avaliação é essencialmente contínua, cada professor pode de modo mais fácil — sem, aliás, tomar forçosamente consciência disso — adotar *sua própria definição da excelência*, apropriando-se e especificando, à sua maneira, as normas de excelência estabelecidas pela instituição, nelas investindo sua própria concepção da cultura e do domínio. A ele cabe fixar, mais ainda, segundo o que lhe parece ao mesmo tempo justo e razoável, o nível de exigência na ou nas disciplinas que ensina. Também decide, em larga medida, a maneira de fazer com que desempenhos correspondam a notas, assim como o patamar que revela uma domínio "suficiente". Enfim, o professor goza de uma ampla autonomia no modo como compõe, administra, corrige e dá nota a suas provas escritas ou outros momentos do trabalho escolar, de modo que, quando se comparam as exigências entre turmas e entre estabelecimentos, observam-se grandes variações (Duru-Bellat e Mingat, 1987, 1988, 1993; De Landsheere, V., 1984a e b; Grisay, 1982, 1984, 1988; Isambert-Jamati, 1984; Merle, 1996). Como mostram esses autores, conforme a turma de que faz parte, um aluno não receberá a mesma formação e nem será julgado em relação às mesmas normas de excelência e aos mesmos níveis de exigência.

Para reconstituir as normas de excelência, os níveis de exigência e os procedimentos de avaliação, deve-se portanto não somente identificar as regras e a doutrina não-escrita da organização escolar, mas levar em conta a grande *diversidade* das concepções e das práticas. *A cada um sua verdade*: a excelência e o êxito não são únicos; sua definição varia de um estabelecimento, de uma turma, de um ano a outro no âmbito do mesmo plano de estudos. Essa diversidade, amplamente desconhecida, porque pouco legítima, não impede que um julgamento de excelência criado por uma única pessoa, de maneira discricionária, seja enunciado *em nome da instituição* e adquira, então, força de lei.

As funções da imprecisão

Quando a análise do currículo formal e das regras que governam a avaliação evidencia a imensa parcela de interpretação deixada ao professor, vem à mente uma questão: por que se aceita tanta *imprecisão* na definição das normas de excelência, dos níveis de exigência e dos procedimentos de julgamento? Em uma organização que codifica detalha-

---
*N do T. Exame de conclusão dos estudos secundários na França.

damente, com freqüência, coisas muito menos importantes — o tamanho das margens ou a cor dos cadernos —, que se diz preocupada com a igualdade diante da lei e com a uniformidade de tratamento, pode-se questionar o que justifica uma tão grande diversidade das normas e das práticas de avaliação, ao passo que ela representa uma forma de discriminação e de desigualdade diante da lei.

Os professores e os responsáveis pela escola não ignoram totalmente a diversidade das exigências, ainda que tenham tendência a subestimá-la na falta de pontos de comparação. Insistem, sobretudo, em não reconhecê-la publicamente, na medida em que ela poderia ser interpretada como um sinal de injustiça ou de anarquia. Em relação à imagem que os professores e os responsáveis pela escola desejam dar, a diversidade das normas e das práticas de avaliação pode parecer uma falha. Então, por que é tolerada?

A imprecisão das regras e a diversidade das práticas têm múltiplas razões, históricas e atuais. A primeira é que os professores não desejam ficar encerrados em um espartilho de obrigações demasiado precisas quanto ao que devem ensinar e avaliar. Nem individualmente, nem coletivamente, têm interesse em contribuir para uma codificação mais explícita das normas de excelência e dos níveis de exigência. Essa imprecisão relativa também facilita o trabalho da administração e do corpo de inspetores, que se poupam de uma tarefa ingrata de controle e de "repressão": variações que passam hoje em dia despercebidas tornar-se-iam ilícitas se as normas de excelência fossem mais codificadas e se fossem estritamente observadas. O risco corrido frente à opinião pública, aos pais, ao mundo político tem, em contrapartida, um funcionamento mais flexível da organização escolar, que evita múltiplas chamadas à ordem e conflitos que se seguiriam.

Entretanto, a comodidade dos agentes não é a explicação essencial. Se, contra aqueles que preconizam uma avaliação mais racional, a escola mantém interpretações e modos de fazer tão diversos e artesanais, é antes de tudo porque isso lhe permite se locomover entre expectativas totalmente *contraditórias*: enquanto uns estimam que ela deve "aprovar todo mundo" e dissimular o máximo possível as desigualdades, outros exigem que prepare as elites e legitime as hierarquias sociais sobre a base do mérito escolar. Dividida entre essas concepções opostas, a escola, dia após dia, deve, no entanto, funcionar. Procurando codificar exatamente suas exigências, em particular para a promoção de grau em grau, ela evidenciaria cotidianamente suas *contradições*, o que provocaria incessantes conflitos ideológicos, dos quais o sistema escolar sairia paralisado. Em resumo, digamos que a ambigüidade que caracteriza o sistema atual de avaliação permite estabelecer um *acordo prático*, jamais explicitado *porque não pode sê-lo* entre exigências inconciliáveis (Perrenoud, 1995a).

Isso também é verdade no que se refere ao nível da turma e do estabelecimento. Merle (1996) indica, por exemplo, que os professores do secundário oscilam constantemente entre dois papéis, o de *desencadeador* e o de *avaliador imparcial*, que comandam duas lógicas: avaliar bastante severamente para obrigar a trabalhar e preparar seriamente para os exames finais, mas não desencorajar os alunos com notas muito ruins. Essa é a razão dos *arranjos* variáveis conforme as turmas e os estabelecimentos. As pesquisas comparadas (Duru-Bellat e Mingat, 1993) mostram que, em nível real igual, os alunos oriundos

dos estabelecimentos com baixo nível médio obtêm globalmente melhores notas que os alunos oriundos dos estabelecimentos com alto nível médio. O paradoxo se explica facilmente: dando notas rigorosas aos bons alunos, os professores encorajam-nos a trabalhar mais; dando notas mais generosas aos alunos menos favorecidos, evitam desesperá-los. Uma avaliação padronizada não permitiria tais regulações: em certas turmas, todos os alunos receberiam a nota máxima, em outras, todos estariam muito abaixo da média. A escola perderia então um motor essencial do trabalho escolar e provocaria, em ambos os casos, uma desmobilização dos alunos, das inquietações dos pais e dos protestos de uns e outros.

A flexibilidade igualmente permite articular a avaliação à gestão do contrato didático e da relação pedagógica. Como lembram Chevallard (1996a) e Merle (1996), as notas são, para o professor, um meio de controlar o trabalho e o comportamento de seus alunos. A avaliação entregue ao aluno ou ao grupo jamais tem a única finalidade de situar cada um em seu justo nível de excelência. Ela é uma *mensagem*, cujos fins são pragmáticos. Portanto, o professor modula suas tabelas para fins tão diversos quanto as situações que se apresentam ao longo de todo um ano escolar: manutenção da ordem, estabelecimento de um clima favorável ao trabalho, progressão no programa, mobilização em vista de um exame ou de uma prova comum, início com notas severas, pouco a pouco elevadas durante o ano, para "manter a pressão".

O *jogo com as regras* (Perrenoud, 1986b) abre também um espaço de *transação*. Isso se passa desde a escola primária: uma criança de 11-12 anos volta da escola; traz uma composição com a nota três sobre seis. Os pais lêem seu texto e acham que não está tão mal. Não compreendem a razão de uma nota tão medíocre. A mãe escreve um bilhete ao professor, perguntando se pode consultar as composições que receberam melhores notas, para ter uma idéia das exigências. Alguns dias mais tarde, o professor telefona, embaraçado. Diz que estava cansado, que o caderno estava rasgado, o que influenciou seu julgamento. E termina, perguntando: *Quatro e meio estaria melhor?* Essa avaliação de geometria variável ilustra um dos aspectos da *criação* das notas escolares. Substituindo um *três* por um *quatro e meio*, simplesmente porque os pais se surpreendem, o professor reconhece abertamente que a nota não tem um valor absoluto, que, mesmo não sendo fixada arbitrariamente, pode ser revista. Merle (1996) analisa os dilemas dos professores que, corrigindo uma nota para cima, não desejam que isso se saiba e que os outros alunos aproveitem a deixa...

A avaliação inscreve-se sempre em uma *relação social,* uma *transação* mais ou menos tensa entre, de um lado, o professor e, de outro, o aluno e sua família. Nem sempre há negociação explícita. É por isso que Merle (1996) prefere falar de um *arranjo*:

> "O termo arranjo associado àquele de julgamento pode surpreender. O julgamento é a aposição de uma sentença por uma ou várias pessoas habilitadas a pronunciá-la e requer a referência a princípios consuetudinários, regulamentares ou legais que definem a tomada de decisão. O julgamento evoca inevitavelmente o poder do juiz. O arranjo, ao contrário, se realiza principalmente a partir de uma negociação entre duas ou várias pessoas que realizam uma transação amigável em proveito das partes em questão. O arranjo e o julgamento são, pois, *a priori* formas antinômicas da ação

social. No entanto, a totalidade das declarações feitas pelos professores indica que o julgamento professoral não corresponde senão formalmente à sua definição usual de aplicação de uma regra de decisão.

[...] Entretanto, o termo de negociação não recobre a diversidade das situações descritas pelos professores. No sentido literal do termo, nem tudo é "negociado"; enquanto que, de um modo ou outro, tudo é "arranjado", ou como indica a rica sinonímia do termo: organizado, reunido, instalado, classificado, disposto, ordenado... O arranjo diz respeito ao acordo, ao compromisso, à negociação, também à conciliação" (Merle, 1996, p. 74).

Se a avaliação não é comparável a uma simples medida, não o é primeiramente em razão de suas imprecisões e da margem de erro, mas porque resulta de uma *transação* que se baseia no conjunto do trabalho escolar e do funcionamento da turma. Assim, certos alunos esperam que sua simples participação nas atividades seja recompensada e que a nota atribuída a uma prova seja proporcional ao esforço despendido para se preparar para ela. Os professores querem julgar o desempenho, qualquer que seja o investimento, mas aceitam, para ter paz ou por sentimento de justiça, dar "um ponto pela presença" ou reconhecer a boa vontade (Merle, 1996, cap. II).

Deve-se conceber a avaliação não como uma tomada de informação em sentido único, como uma mera medida do valor escolar "objetivo", mas como um momento de *confronto* entre:

— por um lado, as estratégias do professor, que quer estimar "o que vale realmente tal aluno", fazê-lo saber disso, mas também mobilizá-lo e fazê-lo aderir à avaliação de que é objeto;
— por outro lado, as estratégias do aluno, que quer mostrar mais, mascarar suas lacunas, evidenciar seus pontos fortes e "receber o que merece", em outras palavras, ter recompensado seu esforço.

Se a existência de uma hierarquia de excelência é geralmente aceita como um mal necessário, o lugar que cada aluno nela ocupa constitui uma questão de importância, para ele e sua família. Sem contestar a legitimidade de uma avaliação, os interessados tentam, portanto, com mais ou menos combatividade e sucesso, melhorar sua própria posição na classificação, recorrendo a diversas estratégias, notadamente contestando as correções, a nota, as condições de administração das provas, sua pertinência em relação aos conteúdos efetivamente ensinados ou sua coerência em relação aos resultados obtidos em outras disciplinas, ou na mesma, por ocasião de uma prova ou de uma série anteriores. Em outro trabalho (Perrenoud, 1982a), analisei a avaliação como *relação social estratégica*, jogo do "gato e do rato". Esse jogo se estende às famílias.

As hierarquias de excelência que um professor cria são também uma questão entre ele e outros membros da organização escolar, seus colegas ou seus superiores, já que é julgado por sua avaliação assim que se torna pública. Severa demais, ela é injusta, laxista demais, estraga a reputação do estabelecimento. O professor não deixa então de jogar com as regras da organização (Perrenoud, 1986b) para preservar sua autonomia e, ao mesmo tempo, sua reputação. Quanto mais imprecisas forem essas regras, maior será o espaço de jogo, sem forçar ao desvio.

A *bricolagem pedagógica* (Perrenoud, 1994a, cap. I) aplica-se, portanto, também à avaliação. Ela é ainda mais fácil, porque os julgamentos de excelência dependem não somente da definição das normas de excelência e dos níveis de exigência determinados por cada estabelecimento, cada equipe pedagógica, cada professor, mas de uma impressionante série de *decisões* aparentemente "técnicas", que são possibilidades de ordenação ou de arranjo: *a.* a escolha do momento da avaliação; *b.* a delimitação do conjunto dos alunos no seio do qual se estabelece a hierarquia (um grupo-turma, os alunos de uma mesma série ou de um mesmo estabelecimento, os candidatos a um exame); *c.* a natureza das atividades do trabalho ou das obras sobre as quais trata a avaliação; *d.* a definição da tarefa, das instruções, das regras a serem respeitadas, do tempo concedido, das obras de referência disponíveis; *e.* a maneira de corrigir as provas (número de idéias, de respostas corretas, de erros, de qualidades e de defeitos); *f.* a maneira de comparar os trabalhos entre si ou de relacioná-los a um critério de referência; *g.* a maneira de comentar e de justificar a hierarquia estabelecida; *h.* a liberdade de não computar todas as provas no cálculo das médias, de fazer uma ou duas a mais para compensar médias muito baixas ou muito altas; *i.* o recurso às provas orais ou à nota sobre um trabalho, que permitem dar às médias de um aluno seu valor "real".

Esses dispositivos — com freqüência bastante *opacos* — são elementos que podem ser *modulados* para se chegar a um arranjo ou fazer uma negociação. Com efeito, estão longe de serem codificados de modo detalhado pela organização escolar. Tudo se passa como se, graças a uma forma de sabedoria, ela evitasse colocar os professores em situações impossíveis. A imprecisão da parte *prescrita* do trabalho de avaliação e a opacidade das práticas efetivas auxiliam a *sobreviver*, levando em conta relações de força e de contexto.

Esses poucos elementos bastam para mostrar que não se pode reduzir a excelência ao domínio puro e simples desta ou daquela parte do currículo formal, tal como a mensurava, por exemplo, uma pesquisa pedagógica bem-feita. Os julgamentos de excelência resultam do funcionamento *rotineiro e negociado* da engrenagem da avaliação. Vamos ver agora que são sempre *sobredeterminados* pelos procedimentos de síntese que alimentam, dos quais decorre o julgamento global de êxito ou de fracasso.

O ÊXITO, UMA SÍNTESE DE MÚLTIPLOS JULGAMENTOS

Nem todas as hierarquias de excelência criadas no âmbito do sistema de ensino são indicadores de êxito ou de fracasso escolares. Os julgamentos de êxito dependem em geral da *síntese* de várias hierarquias de excelência, operada para fins de *balanço,* freqüentemente em vista de uma decisão de seleção ou de certificação. Não se pode, a rigor, identificar esse julgamento global nem com um de seus ingredientes, nem com uma de suas conseqüências, como, por exemplo, uma reprovação.

Êxito e fracasso são representações

As hierarquias de excelência escolar, das mais formais às mais intuitivas, são apenas *representações*. Entretanto, não são quaisquer representações: *elas fazem lei,* passam por uma imagem legítima de desigualdades bem reais de conhecimentos ou de competências. Toda hierarquia retira sua legitimidade do *desconhecimento* relativo da arbitrariedade de seu modo de criação. As hierarquias de excelência escolar teriam menos peso, durante a escolaridade e depois dela, se os principais interessados duvidassem da *realidade* das desigualdades que elas pretendem "refletir", nem mais, nem menos. Às vezes, os pais ou os alunos denunciam certas injustiças ou certas incoerências do sistema de notação. Acontece de contestarem os níveis de exigência ou de porem em dúvida o fundamento de uma interpretação de uma norma de excelência, por exemplo, quando critérios estéticos estão em jogo. Alguns têm uma fé cega na objetividade da avaliação. Outros sabem que nenhuma medida, por mais instrumentalizada e imparcial que seja, pode delimitar totalmente a realidade das variações. Isso não impede a maioria dos alunos e dos pais de crer que as hierarquias de excelência criadas pela escola dão uma imagem *grosso modo* aceitável das desigualdades reais de domínio dos saberes e competências ensinados e exigidos. Faz-se *como se* essas hierarquias existissem em estado *latente* e só devessem ser codificadas, assim como se supõe que a temperatura e suas variações existem independentemente do termômetro que as medirá. Graças a essas *crenças* — fundadas ou não —, é possível transformar os julgamentos de excelência em julgamentos de êxito ou de fracasso e depois tomar, com base nisso, decisões graves, que afetam a progressão no curso, a orientação ou a certificação.

Êxito e fracasso escolares não são conceitos "científicos". São noções utilizadas pelos *agentes*, alunos, pais, profissionais da escola. Ora, eles nem sempre estão de acordo entre si: a noção de êxito é extremamente polissêmica; em inúmeras situações concretas, a definição do êxito ou do "verdadeiro êxito" é uma problemática muito importante e os agentes em questão confrontam-se sobre o sentido e a realidade do êxito ou do fracasso.

O sociólogo poderia ficar tentado a opor os protagonistas em um relativismo confortável. Porém, com o êxito escolar, não se dá o mesmo que com gostos e cores (Perrenoud, 1996j). A definição oficial adotada pela organização escolar não é uma definição "entre outras", assim como o julgamento de um tribunal não é um parecer comum, de direito, sobre a inocência ou a culpabilidade de um sujeito. A escola recebeu da sociedade (através do Estado ou de qualquer outro poder organizador) o *direito* de impor sua definição do êxito aos usuários e de lhe dar, se não *status* de "verdade", pelo menos o de "coisa julgada". O êxito *que conta*, em definitivo, na determinação dos destinos escolares é exatamente aquele que a escola reconhece! O êxito escolar é uma apreciação *global e institucional* das aquisições do aluno, que a escola cria *por seus próprios meios* em um dado ponto do curso e que depois apresenta, se não como uma verdade única, ao menos como a única *legítima* assim que se trata de tomar uma decisão de reprovação, de orientação/seleção ou de certificação.

Os interessados podem aceitar ou contestar os critérios de êxito adotados pela escola, considerá-los judiciosos ou absurdos, laxistas ou malthusianos, imparciais ou injustos. Se tiverem os meios para tal, podem mudar de escola, até mesmo de sistema educativo. Se não tiverem escolha, podem considerar que o êxito e o fracasso, tais como decretados pela escola, não têm sentido ou não têm "tanta importância quanto se diz", ao passo que outros os assumirão sem reservas e os viverão como êxitos ou fracassos pessoais, sem a menor dúvida sobre a legitimidade do julgamento da instituição.

Quaisquer que sejam as opiniões e as reações dos indivíduos, expressam-se em relação a um julgamento enunciado pela organização escolar que, após eventuais negociações, adquire *força de lei*: a escola tem o *poder de declarar quem fracassa e quem tem êxito*. Essa declaração não é uma opinião entre outras, já que fundamenta o encaminhamento a uma aula de apoio ou a uma consulta médico-pedagógica, à reprovação ou à progressão no curso, à continuidade em uma habilitação ou à exclusão, ou ainda à expedição de um diploma ou à admissão em uma formação.

É, aliás, essencialmente a necessidade de tomar e de justificar tais decisões que obriga a organização escolar a definir formalmente o êxito.

Êxito e fracasso estão relacionados a decisões

Para que a seleção de ingresso em uma escola ou habilitação pareça imparcial, é necessário que as condições de admissão sejam explícitas e que a decisão seja fundada sobre critérios aparentemente "objetivos". A escola introduz, então, um exame ou exige o "êxito" dos estudos no ciclo anterior. O mesmo se dá com a reprovação, com a continuidade em uma turma ao cabo de um trimestre probatório, com atribuição de um título. O êxito — do exame, do trimestre, do ciclo anterior de estudos — é então considerado como a manifestação, como a "prova", de um *valor escolar global,* que justifica uma decisão favorável.

Quando não há decisão imediata em vista, a organização escolar não renuncia a falar a linguagem do êxito e do fracasso, nem que seja em razão das decisões de seleção ou de certificação que se perfilam para o final do trimestre, do ano ou do ciclo de estudos. Portanto, o êxito ou o fracasso estão constantemente "no horizonte". Se os alunos tivessem a tentação de esquecer isso, adultos bem-intencionados encarregar-se-iam de lembrá-los de que seu êxito futuro depende de seu investimento presente! De uma certa maneira, professores e pais fazem *como se* as decisões futuras estivessem em jogo *em cada momento de avaliação*.

Essa onipresente preocupação de ter êxito ou do medo do fracasso obscurece o fato de que, aplicadas a uma prova escolar específica durante o ano, as noções de êxito ou de fracasso dizem mais respeito à ordem da *metáfora.* Cada prova engendra certamente uma hierarquia pontual. Quando o professor ou a organização escolar definem uma nota "média" ou um nível de domínio considerado "suficiente", aqueles que alcançam esse patamar podem ter a impressão de terem "passado" em sua prova, mas nenhuma decisão depende desse único resultado. Uma nota medíocre não será vivenciada como um fracasso por um aluno cujo êxito global parece garantido. Ao mesmo tempo em que ordena os alunos, a escola deixa então a cada um uma certa *liberdade* quando se trata de interpretar um desempenho pontual em termos de êxito ou de fracasso. Entre os grandes momentos de decisão (de orientação ou de seleção), a noção de êxito ou de fracasso, mesmo permanecendo muito presente, tem uma definição mais *vaga*, que varia conforme as expectativas do professor (Marc, 1984, 1985), conforme as aspirações do aluno e de seus pais, conforme os prognósticos de ambos, conforme a vontade de praticar uma "pedagogia do êxito" ou, ao contrário, de acenar constantemente com o espectro do fracasso para obrigar a "prestar atenção em aula", a "trabalhar seriamente", etc.

Se, no outro extremo, considera-se o conjunto da escolaridade, encontra-se a imprecisão e a diversidade das definições do êxito e do fracasso escolares. Uns consideram que uma carreira só é bem-sucedida se levar a estudos universitários completos. Outros se satisfazem com um diploma qualquer, com a aprendizagem de um bom ofício ou com um mínimo de cultura geral. Aqui, a escola se abstém de dizer sem rodeios quem tem êxito e quem fracassa. Sobre a própria existência de uma hierarquia nessa situação, ela faz declarações ambíguas, afirmando, em seu discurso democratizante, a igual dignidade de todas as habilitações e de todas as formações, ao passo que desmente essa equivalência em mil situações cotidianas, por exemplo, quando dá conselhos de orientação, distribui seu orçamento ou hierarquiza as diversas categorias de professores, conforme as habilitações nas quais eles trabalham.

Se quisermos ter, na organização escolar, uma definição institucional, explícita e unívoca do êxito e do fracasso, devemos permanecer nas vizinhanças das *decisões* que se apóiam formalmente em um julgamento de êxito ou de fracasso. Mesmo então, encontram-se situações nas quais o discurso da escola é mutável ou incerto. Quando um aluno repete um grau "em seu interesse", às vezes mediante sua solicitação ou de seus pais, por exemplo, porque é "muito jovem", isso é um fracasso? Quando um aluno passa à série seguinte por pouco, contra as recomendações dos professores, por ter formalmente direito a isso, faz-se geralmente a família perceber esse "êxito" como uma vitória à moda de *Pyrhus*, que apenas retarda o inevitável fracasso. Quando um aluno repete uma série no secundário, *para* passar para uma habilitação mais exigente, isso é um fracasso? Quando um jovem rescinde um contrato de aprendizagem em uma empresa para escolher uma outra profissão, isso é um fracasso ou uma reorientação judiciosa?

Em tais situações, correntes nos sistemas escolares complexos, assiste-se a uma certa *dissociação* entre, de um lado, o julgamento de êxito ou de fracasso e, de outro, a decisão: uma solução normalmente associada à constatação de fracasso assume então outro sentido. De onde provém uma certa confusão nas mentes, que opõem facilmente o "verdadeiro" êxito ao êxito "formal". Dessa forma, a *realidade* do êxito ou do fracasso é *negociada* entre os interessados, professores, alunos, pais diretamente implicados, aos quais a organização escolar deixa uma certa liberdade de interpretação da situação.

Poder-se-ia dizer que *a escola define o fracasso e o êxito de modo unívoco porque quer tomar, de maneira unilateral, decisões legítimas*. Assim, ela explicita, critérios de êxito e de fracasso que supostamente se aplicam de modo uniforme a todos os alunos que se encontram em uma situação comparável. Mesmo quando não convence todos do fundamento de seus critérios, usa de seu *poder de dizer*, em última instância, quem tem êxito ou quem fracassa e de, conseqüentemente, decidir. Todavia, para que suas decisões não fiquem sob suspeita de arbitrariedade, a escola deve explicitar os critérios de êxito ou de fracasso.

De uma hierarquia contínua a uma dicotomia

O que separa o êxito do fracasso é, primeiramente, um *ponto de ruptura* introduzido em uma classificação. Essa ruptura é fixada, às vezes, em função de um *numerus clausus*, como é o caso em um concurso, às vezes, em função de um índice considerado "normal" de êxito ou de admissão ou, ainda, em função de uma definição convencional da nota ou do grau de domínio julgados "suficientes". Qualquer que seja sua justificativa teórica ou prática, essa ruptura introduz uma dicotomia no conjunto dos alunos. Aqueles que estão acima do patamar são considerados como tendo tido êxito: pouco importa, uma vez tomadas as decisões, que tenham sido aprovados brilhantemente ou no limite. Abaixo do patamar, encontram-se aqueles que fracassam, quer seja "por muito pouco" ou de modo espetacular.

A maneira de operar essa dicotomia varia conforme os sistemas escolares. Em geral, levam-se em conta diversas hierarquias parciais construídas no interior de cada disciplina ou subdisciplina. Como completar esse quebra-cabeças? Como encontrar a unidade perdida? Pode-se fundar uma aproximação do valor global do aluno além da diversidade das disciplinas? Os sistemas escolares "fazem como se" as competências adquiridas em diversos campos pudessem ser objeto de sínteses significativas. Alguns dentre eles definem o êxito global como a adição de êxitos em cada disciplina principal. Outros sistemas admitem certas compensações de uma disciplina à outra, definindo diversos perfis ou calculando uma hierarquia global por combinação matemática ou síntese intuitiva de hierarquias parciais.

Faltaria estudar de modo mais sistemático a origem e a racionalidade dos procedimentos que guiam a combinação dos "ingredientes" na criação dos julgamentos globais de êxito e de fracasso. Para passar de avaliações parciais e contínuas, freqüentemente contrastantes, a uma classificação única e dicotômica — este passa, esse é reprovado —, devem-se estabelecer regras, inevitavelmente *arbitrárias*, para:

— proceder à síntese de avaliações parciais, elas próprias heterogêneas;
— definir um patamar ou um critério que induza, a partir dessa síntese, uma divisão dicotômica entre aqueles que têm êxito e aqueles que fracassam.

O sistema educativo estabelece regras bastante formais especificando os ramos escolares nos quais se deve atribuir uma nota ou uma apreciação qualitativa, seu peso no conjunto, os códigos e a escala a ser utilizada, os momentos em que se deve proceder a uma avaliação, a maneira de fazer a média ou a síntese de avaliações parciais ao final de um trimestre ou de um ano. Outras regras, menos restritivas, tendem a normatizar a maneira como os professores fazem suas provas, corrigem-nas, elaboram tabelas, dão notas.

Por que, no momento da síntese, consideram-se somente algumas disciplinas? Como se justifica esta ou aquela ponderação? Existem, entre os alunos de mesma idade, inúmeras desigualdades reais de conhecimentos e de competências que a escola não mede! Algumas são totalmente estranhas à cultura e às normas de excelência escolares. Mesmo quando se trata da cultura ensinada, nem todas as desigualdades têm o mesmo *status*: em certas áreas do currículo — por exemplo, as atividades criativas, a música, a educação física —, as desigualdades são tão reais quanto em outras áreas e não são menores, mas não são transformadas sistematicamente em hierarquias formais, sem dúvida porque não desempenham na seleção escolar um papel determinante. Quanto mais perto se está dos "ramos principais", mais visíveis, dramatizadas e traduzidas em hierarquias formais estão as desigualdades reais.

Outra escolha delicada: deve-se escolher uma lógica da homogeneidade, segundo a qual o êxito global supõe um nível mínimo de excelência em cada disciplina, ou uma lógica da compensação entre disciplinas? O mecanismo da média favorece a compensação (com certas barreiras), enquanto que a definição de patamares mínimos, em cada disciplina, limita a disparidade aceitável dos níveis de excelência.

Por detrás dessas escolhas, perfilam-se imagens da cultura geral e do "nível escolar global" de um aluno. Conseqüentemente, percebem-se as relações de força entre as disciplinas, já que o peso na seleção é um indício de *status* na instituição e "dá direito" a mais horas de aulas por semana. Há, pois, razões para pensar que os modos de síntese das avaliações parciais resultam também de arranjos pragmáticos, que, além disso, dispensam a definição bem clara do que é o nível escolar global que justifica, por exemplo, uma reprovação ou uma progressão no curso... Quaisquer que sejam as lógicas em questão, não podem, uma vez estabilizadas e conhecidas, senão *sobredeterminar as avaliações parciais*, à maneira como a solução provável de um procedimento penal influencia cada etapa da instrução: sabendo o peso de cada peça no veredito final, o magistrado raciocina inevitavelmente em função tanto das *conseqüências* de seu julgamento quanto de sua adequação à realidade. O professor faz o mesmo. Na medida em que uma parte das avaliações supostamente fundamenta prognósticos, pode-se aliás compreender que a avaliação seja, às vezes, posta a serviço de uma orientação desejada. Voltaremos a isso no Capítulo 3.

Capítulo 2

DE QUE É FEITA A EXCELÊNCIA ESCOLAR?

Uma vez esclarecidos os mecanismos de criação dos julgamentos e das hierarquias específicas e globais, resta compreender a natureza profunda da excelência escolar. Apesar do caráter bastante vago dos textos e da diversidade das maneiras de agir, os professores avaliam. Mas o que eles avaliam, afinal de contas?

Ainda que se possa identificar, no âmbito de um exame, uma lógica que mantém algumas relações com um modelo psicométrico, a avaliação contínua faz parte de toda a problemática da sala de aula, de modo que o modelo da medida mais encobre do que ajuda a compreender as modalidades de criação das hierarquias de excelência escolar. Na escola primária e em um número crescente de escolas secundárias, a avaliação é *contínua*. Não há provas de final de ano, ou essas apenas complementam uma avaliação praticada em aula ao longo de todo o ano. A avaliação é, então, um *momento* do trabalho escolar, que se distingue dos outros mais por uma certa dramatização da situação do que pelo conteúdo das tarefas. Quanto às tarefas submetidas à avaliação, trata-se para o aluno, em geral, de *refazer* sozinho, em um período limitado, o que ele mais ou menos longamente *exercitou* em aula antes, por exemplo, na escola primária, redigir um texto, compreender uma leitura, transformar frases, conjugar verbos, definir palavras, fazer operações ou desenhar figuras geométricas.

Para saber a que tarefas a avaliação contínua se refere, deve-se então analisar o que se chama de *currículo real* ou *realizado*, em outras palavras, a substância do trabalho escolar. Para dar forma e substância aos programas, as equipes pedagógicas ou os professores individualmente fazem um imenso trabalho de *especificação,* de *interpretação* e de *transposição didática* (principalmente Young, 1971; Verret, 1975; Caillot, 1996; Conne, 1986, 1992, 1996; Isambert-Jamati, 1984; Joshua, 1996; Chevallard, 1991; Perrenoud, 1994b, 1995a; Perret, 1985; Raisky, 1996) dos conteúdos sumariamente indicados pelos textos legais e pelos planos de estudos oficiais. Esse trabalho é guiado pelas metodologias, meios de ensino e provas padronizadas disponíveis.

A transposição dita, em parte, o conteúdo das aulas e das lições, mas o currículo real é também a substância do trabalho solicitado aos alunos em aula ou para casa. Em outros textos (Perrenoud, 1995 a 1996 a), tentei descrever mais detalhadamente a natureza do *trabalho escolar*, insistindo, de um lado, sobre seu caráter *restritivo,* de outro, sobre seu aspecto *fragmentado, rotineiro, freqüentemente entediante, constantemente exposto ao olhar e ao julgamento do professor.* Do ponto de vista da avaliação, insistir-se-á sobre outros traços: o trabalho escolar prefigura os domínios esperados, já que pretende exercitá-los, treiná-los. Ora, ao examinar mais de perto a natureza das tarefas atribuídas aos alunos, percebe-se que nelas investem não somente verdadeiras competências, mas diversas estratégias e habilidades que lhes permitem *sobreviver* no sistema. Isso leva a uma questão mais geral: o que há *sob* a excelência escolar?

Na escola, a avaliação se faz sobre condutas ou sobre seu produto, mas constantemente se age como se os desempenhos observados ou os trabalhos entregues não tivessem em si mesmos muita importância, manifestando apenas competências latentes e, em particular, o domínio dos saberes e competências fundamentais que a escola se propõe a desenvolver.

Não nos limitemos a essa interpretação. O que se vê nas aulas? Professores que observam e que hierarquizam *práticas* ou os produtos tangíveis dessas práticas, essencialmente trabalhos escritos, que vão do texto livre, do dossiê ou da monografia às provas escolares clássicas, misturando, em proporções diversas, questões abertas, questões de múltipla escolha, formas a identificar, frases, expressões ou palavras a sublinhar, deslocar, circular, ligar, classificar, transformar, completar; verbos a conjugar; cálculos a efetuar, problemas a resolver, figuras, diagramas ou classificações a construir, textos a redigir ou explicar, etc. A excelência escolar é a qualidade de uma *prática*. Nada autoriza sustentar que ela manifesta constante e unicamente, ou mesmo principalmente, o tipo de competências gerais referidas nas listas oficiais de objetivos ou, menos explicitamente, nos planos de estudos.

No ensino obrigatório, os alunos não escolheram entrar em uma competição pela excelência. Alguns entram no jogo e "fazem o melhor que podem". Outros, ao contrário, permanecem muitas vezes *aquém* do domínio que poderiam atingir se quisessem realmente "se esforçar mais". Bill Watterson (*Calvin e Hobbes*, nº 5) analisa perfeitamente a situação. *Calvin* interroga um colega de aula após uma prova:

— *Que nota você tirou?*
— Tirei "A".
— Mesmo? Oh, eu não queria estar no seu lugar. Eu tirei "C".
— E por que você prefere um "C" a um "A"?
— Descobri que minha vida ficava bem mais fácil quando as pessoas não esperavam grande coisa de mim.

Até o final dos estudos, e mesmo depois, ninguém pode estar certo de que uma falta de excelência escolar manifesta uma verdadeira falta de competência e menos ainda uma real "inaptidão para aprender". O trabalho escolar é vivenciado por alguns alunos como um *trabalho forçado*, que fazem para evitar grandes incômodos. Muitos outros modulam seu investimento nas tarefas escolares em função do que está em jogo. As situações de avaliação formal são, em geral, suficientemente dramatizadas para que mesmo alunos bem jovens tenham consciência disso.

Quando a avaliação é contínua, feita ao longo de todo o ano pelos professores, ela se dilui no fluxo do trabalho cotidiano em aula. Ela não escapa, portanto, ao cálculo intuitivo dos custos e dos benefícios que está no princípio de qualquer investimento dos alunos na escola. Se fosse possível ser constantemente excelente sem esforço, poucos alunos limitar-se-iam voluntariamente a desempenhos medíocres, salvo para escapar à agressividade de seus colegas, como fazem certas crianças que têm muita facilidade. Na medida em que a excelência é o produto de um *trabalho*, o aluno dosa seu esforço em função das necessidades do momento. Permanece *aquém* do que poderia fazer se tem, com razão ou não, a impressão de que um excedente de esforço não lhe trará nenhuma vantagem suplementar. Alguns, por mil razões possíveis — ser bem-sucedido, afirmar-se, agradar, ter paz, dominar o saber em uma área que os interesse, evitar incomodações — *querem* fazer "o melhor possível"; então, mobilizam *todos* seus recursos. Sua excelência observável é então proporcional a suas competências. Outros alunos quase nunca se engajam na competição pela excelência; faltam à escola sempre que possível, ficam ausentes mentalmente da maioria das atividades, não fazem seus temas de casa, nem seus exercícios em aula, indiferentes às notas ruins e às sanções; fazem tudo para fugir das situações de avaliação, ficando doentes, se necessário; se são "pegos na armadilha", recorrem a diversos expedientes ou devolvem a folha em branco. Esses casos são bastante raros, exceto nas habilitações mais desvalorizadas do secundário, onde a escola perdeu completamente seu sentido para uma parte dos adolescentes. Entre essas figuras extremas, a maioria de alunos adere às restrições da situação e faz "só o que é necessário" para evitar resultados catastróficos. É então muito difícil dissociar, em seus desempenhos "médios" ou "medíocres", o que equivale a uma falta de competência do que revela apenas uma boa vontade limitada. A excelência escolar mede, pois, tanto a aplicação, a seriedade do aluno, seu desejo de fazer direito quanto suas competências.

Assim, os julgamentos de excelência são quase sempre incertos: *o aluno mostra suas plenas capacidades?* Trabalhou suficientemente antes e durante a prova? Ou trata-se de um zombador cujas competências reais não se comparam com o grau de excelência que mostra? Um aluno, ao contrário, que compreendeu perfeitamente a "mecânica da avaliação", desenvolveu estratégias eficazes de preparação para a prova de última hora, de pedido de auxílio, até mesmo de fraude, não está criando habilmente uma ilusão? Para compreender a criação dos julgamentos, não se pode abstrair as condições concretas do trabalho escolar, que constantemente não favorecem a busca do mais alto grau de excelência. Muitos alunos adotam estratégias minimalistas e fazem apenas o estritamente necessário para não ter aborrecimentos demais a curto prazo e garantir sua aprovação no final do ano.

"Querer ser o primeiro da classe é racional?": essa questão, a propósito do ofício de aluno e das estratégias face à avaliação (Perrenoud, 1996a, cap. 6), deveria nos incitar à prudência. O ritual "pode fazer melhor" que, na mente dos pais, significa "pode trabalhar e aprender mais", quer dizer talvez, pelo menos na mente dos professores mais lúcidos, "este aluno sabe mais do que parece, mas não vê vantagem em se cansar para demonstrá-lo". Entre os alunos menos alienados à busca da excelência escolar por si mesma, o investimento face à avaliação segue a lei dos rendimentos marginais decrescentes: duplicar o investimento não faz duplicar o benefício senão em certas zonas da classificação...

A DIVERSIDADE DOS RECURSOS UTILIZADOS

Supondo que um aluno mostre todos seus meios e que o avaliador não tenha nenhum motivo para supor uma variação significativa entre seu desempenho — a excelência observável — e suas competências, resta a pergunta: a que remete a excelência, que recursos cognitivos ela mobiliza exatamente?

Uma competência se apresenta, primeiramente, como uma *excelência virtual*, em outras palavras, como a capacidade latente, interiorizada, de fazer certas coisas consideradas difíceis: tocar flauta, datilografar, ler ou falar uma língua estrangeira, redigir uma carta, construir um triângulo retângulo. A competência não é, a rigor, senão a face escondida do desempenho: ela é o que o torna *possível*, mas isso ainda não nos diz nada de sua exata natureza!

Os profissionais da escola, professores, orientadores, especialistas em avaliação e psicopedagogos, falam habitualmente de saberes, de noções, de técnicas, de habilidades, de qualificações, de domínios; às vezes, pensam em competências bem gerais, como o domínio da língua escrita ou do raciocínio matemático; certas competências são julgadas mais específicas, como o domínio da morfossintaxe do verbo ou das operações aritméticas; outras passam por mais especializadas ainda: domínio da concordância do particípio passado ou da medida da área do losango, extraindo exemplos somente das disciplinas principais do ensino primário.

Uma questão de conformismo

As competências que se escondem "sob" a excelência escolar não são tão límpidas quanto a escola gostaria de fazer crer. Longe de apelar a uma compreensão profunda, a excelência é, freqüentemente, uma questão de *conformismo* ou de *hábito*. Ora, para interiorizar *bons hábitos*, para adquirir automatismos eficazes em situações bem estereotipadas, não é necessário mobilizar recursos intelectuais ou culturais exorbitantes. Podem bastar uma boa *memória*, um certo *perfeccionismo*, uma constante *aplicação* na observação e imitação do modelo magistral, na memorização e aplicação das regras. Em seus aspectos mais minuciosos, os mais ligados à observância escrupulosa de uma ortodoxia, a excelência escolar valoriza tendências um tanto maníacas ao menos tanto quanto a inteligência ou a cultura geral. Pode-se questionar se os alunos que têm êxito em certas tarefas bastante metódicas não manifestam nisso mais sua angústia ou um perfeccionismo quase neurótico do que sua inteligência ou seu "capital cultural". Daí a dizer que certos alunos são bem-sucedidos *apesar de* sua inteligência ou de sua cultura geral, mais do que graças a elas, há um obstáculo que não se deve transpor, salvo talvez em certas escolas ou certas aulas, que transformam o conjunto do trabalho escolar em *rotinas* a realizar, sem intuição nem raciocínio, mas com a maior minúcia.

O papel da memorização é ainda mais importante (Lieury, 1997) porque a avaliação escolar baseia-se, freqüentemente, em noções ou temas trabalhados recentemente, o que é corrente nas aulas em que se fazem provas semanais. Se sair bem na avaliação consiste, em muitas aulas, defrontar-se sozinho, por uma nota, com tarefas muito semelhantes àquelas realizadas pouco tempo antes no âmbito do trabalho habitual. A excelência escolar é, em larga medida, *a arte de refazer o que acaba de ser exercitado em aula.* Isso contribui para aumentar o peso dos indícios superficiais, por exemplo, a tipografia, a paginação, o vocabulário familiar das instruções.

Deve-se também mencionar o que chamo de *ofício do aluno* (Perrenoud, 1995a, 1996a, 1996m; Merle, 1993a, 1996; Sirota, 1993). Desde seu primeiro ano na escola, um aluno aprende a apresentar um trabalho, a fazer linhas e margens nos cadernos e folhas, a pôr títulos, seu nome, data, a apresentar um texto, a identificar perguntas, comentários, exemplos, indicações sobre o valor deste ou daquele exercício: ele sabe quando deve explicar uma resposta, quando deve colocar cálculos na margem, no verso ou em outra folha; quando deve verificar no dicionário, quando deve atentar para a apresentação, como apagar um erro, indicar uma remissão; o aluno que conhece seu ofício sabe quantas linhas deve escrever para fazer um texto decente, sabe que imprecisão pode se permitir quando constrói uma figura, faz uma medida experimental ou traduz um texto. Uma parte dessas habilidades é indispensável a qualquer trabalho intelectual; muitas outras são próprias à situação escolar, ao respeito a uma série de convenções que cada estabelecimento ou cada professor impõe, às vezes por razões práticas evidentes, às vezes porque valorizam certos rituais: o CQFD* abaixo de uma demonstração, o plano explícito de uma dissertação, o protocolo de laboratório segundo um padrão "indiscutível", a maneira de formar letras ou certos símbolos, a ordem na qual enumeram-se certos fatores, etc.

A esses recursos, extraídos do ofício de aluno, deve-se acrescentar todas as *competências estratégicas* adquiridas pela prática das situações de avaliação: saber esquivar-se ou solicitar a interrogação, orientar as questões, obter índices, auxílio ou um pouco mais de tempo; saber avaliar a importância da prova ou de uma determinada questão; saber estimar o tempo necessário, assumir o risco de responder depressa sem verificar tudo, para fazer todas as questões; saber avaliar rapidamente a dificuldade das questões e as

---

*N do T. Abreviação de *Ce qu'il fallait démontrer*: o que era necessário demonstrar.

chances de responder a elas corretamente; saber descobrir as armadilhas, extrair o essencial de uma instrução, utilizar os exemplos; saber mascarar incertezas, escolher os temas sem riscos, valorizar o que sabe; saber influenciar a correção jogando com a apresentação, a legibilidade; saber *negociar* a correção, a notação, a interpretação dos resultados com o professor; saber calcular o trabalho de preparação, estudar para a prova conscientemente, gastar mais tempo com o que vale a pena; saber colar sem ser pego. Essas habilidades estratégicas exigem certas competências intelectuais gerais, mas estão extremamente ligadas às situações de avaliação escolar e quase não têm interesse fora delas.

Ao lado dos recursos estratégicos, situarei os *recursos expressivos*. Os quais, entendo serem os recursos lingüísticos, gráficos, relacionais, que permitem enfatizar certos conhecimentos, colocá-los em cena e valorizá-los. Não querendo ou não podendo colocar os alunos em situações em que deveriam mobilizar o que sabem para resolver "verdadeiros problemas", a escola inventa problemas para resolver "no papel". Quando os pilotos ou os médicos são formados fora de situações reais (vôo com um verdadeiro aparelho, cuidados a um paciente verdadeiro), pelo menos há um esforço para simular, graças a uma tecnologia sofisticada ou uma inserção na prática, as condições do trabalho profissional. A escola não se dá a tanto trabalho. Para atestar seus saberes, os alunos são incitados ou a mostrá-los "contando o que eles sabem", figura clássica da prova oral, ou a responder a questões que não têm outro sentido além de obrigá-los a manifestar seus conhecimentos sob pena de receber uma nota ruim. O aluno é julgado, seja sobre a expressão direta do saber, seja sobre sua manifestação em tarefas escritas muito artificiais e estereotipadas — composição, transposição, resumo, resposta a questões abertas —, de modo que se avalia ao menos tanto os recursos expressivos dos alunos quanto os conhecimentos pelos quais se tem interesse. A prova oral do *baccalauréat* é a ilustração consagrada disso: o essencial é *parecer* instruído. O que certamente supõe um mínimo de conhecimento na área considerada, mas também um "talento" de orador e de interlocutor colocado a serviço da manifestação desses conhecimentos neste contexto bem-definido. É claro que há conhecimentos que não têm, tanto fora quanto dentro da escola, nenhuma utilidade, se não podem ser verbalizados; seria então absurdo dissociá-los totalmente dos recursos expressivos que permitem sua manifestação. Isso não impede que, em inúmeros casos, o peso considerável das competências expressivas se deva sobretudo aos limites e ao caráter artificial das situações de avaliação escolar (Perrenoud, 1982a).

Os recursos expressivos mais gerais, que permitem valorizar todo tipo de saberes e habilidades, fazem parte do *capital cultural e lingüístico* do sujeito, quer tenha sido adquirido na escola ou fora dela (Bourdieu, 1966, Bourdieu e Passeron, 1970, Bernstein, 1975). As situações de avaliação colocam em jogo outros componentes desse capital, em particular a cultura geral adquirida fora da escola, que permite se sair bem diante de certas questões. Mencionemos também o papel permanente, na avaliação:

— por um lado, da *lógica natural* do sujeito, ou seja, seu nível de inteligência operatória (domínio das operações concretas e, depois, formais);

— por outro, daquilo que Bourdieu (1980) chamou de *senso comum,* as categorias e os esquemas que estruturam o pensamento de uma sociedade e de uma época.

Esses recursos são mobilizados durante a aprendizagem e o trabalho escolar, mas também no momento da avaliação. Aliás, são avaliados diretamente em certos tipos de tarefas.

A ilusão da transferência

A escola alimenta habitualmente a *ilusão* de que forma competências transponíveis a situações que não foram encontradas e exercitadas em aula. Ora, a esse respeito, podemos ser céticos: uma parte das aprendizagens escolares dedica-se a tarefas extremamente estereotipadas. Sabe-se, por exemplo, que um aluno pode executar sem erro uma série de subtrações, ao passo que é incapaz, diante de um problema de tipo subtrativo bastante simples, de escolher as operações ou mesmo de decidir se deve subtrair ou adicionar.

O grau de transferência dos conhecimentos escolares a situações não-familiares é baixo, de modo geral (Perret, 1985, Meirieu *et al.,* 1996; Perrenoud, 1997b e d). Na medida em que a excelência escolar está fortemente relacionada às condições específicas do trabalho e do exercício escolares, ela nem sempre exige, longe disso, a compreensão dos mecanismos lógicos, científicos, lingüísticos que os planos de estudos modernos e as taxonomias de objetivos colocam atualmente em primeiro plano. Um "bom aluno" sabe perfeitamente identificar o tipo de tarefas e se servir de indícios superficiais totalmente estranhos à competência que o professor crê avaliar. Assim, determinado material ou determinada instrução requerem determinada transformação gramatical ou determinada construção de diagrama (Conne, 1986), sem que o aluno tenha uma idéia precisa das estruturas sintáticas ou lógico-matemáticas em jogo. É por essa razão que, diante de uma tarefa que se apresenta de modo inabitual, certos alunos normalmente medianos, até mesmo excelentes, ficam completamente perdidos, por estarem privados de seus indícios familiares.

AS CONSEQÜÊNCIAS PARA A EXPLICAÇÃO DO FRACASSO ESCOLAR

Se considerarmos a natureza concreta da excelência escolar, e não sua definição abstrata como domínio da cultura ensinada, não poderemos nos satisfazer com as explicações correntemente dadas para o êxito ou o fracasso. Em primeiro lugar, porque a análise da norma e de seu funcionamento proíbe simplificar a representação da variação à norma. Em seguida, porque a mecânica da avaliação pode superestimar, até mesmo agravar, as desigualdades reais.

A ideologia da doação ainda substitui muito freqüentemente a explicação, inclusive no corpo docente. Ela postula que se deve ter, para ser bem-sucedido na escola, grandes "aptidões para aprender", o que, para muitas pessoas, equivale a um Q.I. (quociente intelectual) elevado. Binet, apresentando a inteligência — "o que meu teste mede", dizia — como o melhor prenunciador do êxito escolar, também insistia sobre uma aptidão geral para aprender coisas difíceis e abstratas. Ora, a análise do trabalho escolar sugere que muitas facetas da excelência escolar não repousam sobre aprendizagens intelectualmente muito exigentes, mas sobre aprendizagens metódicas, impositivas, "escolares" com o que isso implica de conformismo, de perseverança, de resistência ao tédio. Para aprender o que o professor exige, não é, pelo menos no ensino primário, necessário ter "aptidões" fora do comum. Freqüentemente, basta ser trabalhador, aplicado, preocupado em fazer bem.

Isso não quer dizer que a inteligência operatória ou a cultura geral herdada de uma família sejam recursos inúteis. Elas são, ao contrário, *suficientes* para certos alunos, que têm êxito na escola obrigatória sem trabalhar demais, porque compreendem depressa ou porque já sabem, em boa parte, o que a escola supostamente lhes ensina, por exemplo, ler no primeiro ano da escola primária. Esses recursos não são *necessários* senão em proporções moderadas: pode-se ter êxito sem eles, sem dúvida de modo menos brilhante e menos desenvolto, mas com resultados "honrosos". Há *várias maneiras* de ter êxito, ser "excelente" ou "suficiente". Cada êxito recobre uma mistura específica de diversos ingredientes. Os estereótipos que circulam no corpo docente distinguem ao menos dois deles: o aluno *brilhante*, que é bem-sucedido sem fazer nada e pode até mesmo se permitir uma certa dose de negligência ou de indisciplina, e o aluno *escolar* ou *trabalhador*, que "compensa" sua falta de brilho por meio de grandes esforços. Esses estereótipos (Marc, 1985, Weiss, 1984) recobrem sem dúvida uma parte da realidade, mas mascaram a diversidade dos ingredientes e a complexidade de suas combinações.

Essa diversidade e essa complexidade invalidam a teoria da herança cultural? Tudo depende do que se entende por isso. Se a noção de "capital cultural escolarmente rentável" (Bourdieu, 1966) recobria exclusivamente a *familiaridade com os conteúdos e as formas da cultura escolar*, dever-se-ia apelar para outros parâmetros para explicar a gênese das desigualdades. A herança cultural, restrita nesse sentido, é sem dúvida importante no segundo ciclo do secundário, onde conta a familiaridade com as línguas antigas, a literatura e as obras consagradas, as correntes filosóficas e estéticas, mas também, mais recentemente, com o pensamento e os conhecimentos científicos ou informáticos. Essa familiaridade é mais do que um trunfo no trabalho escolar quotidiano: ela se identifica com um *aspecto* da excelência, de modo que os alunos impregnados de cultura "acadêmica" já sabem, ou aprendem facilmente, o que outros devem assimilar laboriosamente, como uma cultura *estranha* à sua experiência familiar. Na escola elementar, essa familiaridade desempenha um papel menos importante, na medida em que as habilidades instrumentais e os saberes básicos são, agora, após um século de escolarização intensiva, dominados por uma fração de pais muito mais ampla do que a classe dominante. Resta que a familiaridade com o trabalho intelectual e os jogos de linguagem são recursos inegáveis.

Nada impede de estender a noção de "capital cultural escolarmente rentável" a todos os componentes dos hábitos que funcionam como recursos no trabalho escolar, em situação de aprendizagem ou em situação de avaliação. A boa vontade, o desejo de aprender, a aplicação, o senso comum, a inteligência operatória, a memória, a habilidade tática em situação de avaliação também dizem respeito à herança cultural. Esses conhecimentos extra-escolares não são independentes da socialização familiar em seu sentido mais amplo. Seria, entretanto, um pouco exagerado apresentar essa influência como uma familiarização com os *conteúdos* do currículo.

Considerando a diversidade dos recursos em jogo, nada permite afirmar que os filhos das classes privilegiadas têm os melhores trunfos em todos os domínios. Alguns dos recursos mobilizados, tanto no momento da aprendizagem quanto no momento da avaliação, são talvez mais abundantes nas classes médias tradicionais ou mesmo nas frações mais "aburguesadas" das classes populares. Quando se trata de ordem, de aplicação, de trabalho, de conformismo, pode ser que uma educação familiar autoritária e severa prepare melhor para a escola, pelo menos quando ela ainda pratica uma pedagogia relativamente tradicional, ao invés de uma educação "liberal avançada". Outros recursos podem não variar sistematicamente com a origem social: o senso comum, a capacidade de memorizar ou de decodificar indícios superficiais estariam relacionados à condição de classe? A maneira de ser, de negociar seu trabalho e sua inserção no grupo pode depender mais do "paradigma familiar", como modo particular de funcionamento da família, do que de sua condição social (Kellerhals e Montandon, 1991; Montandon, 1991, 1994; Montandon e Troutot, 1991).

Quanto às habilidades estratégicas em jogo na avaliação, é provável que sejam mais elevadas nas classes dominantes. Berthelot (1983) considera-as como capacidades de se orientar no sistema escolar, identificar os estabelecimentos, as habilitações e as disciplinas que oferecem maiores chances. Insisto aqui sobre as estratégias frente à avaliação no momento do exame, mas mais ainda em aula, no âmbito da avaliação contínua. Nos dois casos, ultrapassa-se uma teoria da herança cultural como simples familiaridade com os conteúdos ensinados.

O debate sociológico freqüentemente se fixa sobre a questão de saber se o pertencimento a uma classe social é o principal determinante do êxito ou do fracasso escolar. As correlações são significativas quando se considera a trajetória escolar inteira e o nível final de formação, dado o conjunto das estratégias de escolarização e as escolhas de orientação das famílias. Dentro de um ciclo de estudos, em termos de êxito propriamente dito, as correlações, mesmo não sendo negligenciáveis, não são suficientemente fortes para autorizar fundar toda a explicação apenas sobre a classe social. Seja como for, esse não é o único problema pertinente. Trata-se, antes, de explicar *todas* as desigualdades de êxito.

Para tanto, é importante levar em consideração, em toda sua complexidade, o processo de criação das hierarquias de excelência e dos julgamentos de êxito, portanto, também a natureza exata dos recursos e das competências postos em andamento nas situações de avaliação. Enquanto não se souber de que é feita a excelência escolar e enquanto for comparada ao domínio dos programas, não se pode senão levantar hipóteses abstratas, até mesmo absurdas, sobre as causas do fracasso escolar.

Capítulo 3

AVALIAÇÃO E ORIENTAÇÃO ESCOLAR

Não há orientação escolar sem avaliação. Como são criadas e negociadas na organização escolar as avaliações que fundamentam a orientação? De acordo com Cardinet (1977), as decisões de orientação deveriam se fundamentar em uma avaliação essencialmente *previsível,* já que se trata de saber que habilitação será mais conveniente a cada aluno, considerando, de um lado, seus gostos, interesses, projetos e, de outro, seus conhecimentos escolares, idade, desenvolvimento e aptidões para aprender. Ver-se-á que, na prática, a avaliação usada para orientar está longe de ser criada unicamente para esse fim. Na maioria dos sistemas, a orientação se situa entre dois modelos extremos: no *primeiro,* ela é inteiramente decidida pelo aluno ou sua família; no *segundo,* é inteiramente decidida pela escola.

No *primeiro modelo,* a avaliação intervém aparentemente *após* a decisão de orientação, uma vez o aluno dentro de uma habilitação. Ele é então submetido a certas exigências, e a organização escolar se reserva o direito de excluí-lo, reprová-lo ou orientá-lo para outras habilitações se não der provas logo de que consegue acompanhar a formação "livremente escolhida". A seleção, se não foi feita no ingresso, opera-se no decorrer do ciclo seguinte de estudos sobre a base de uma avaliação essencialmente cumulativa. Observemos que, então, de modo menos formal, a avaliação intervém igualmente *antes* da decisão: mesmo que a escola não imponha pela orientação, raramente abre mão do direito e do dever de aconselhar os alunos e suas famílias. Para tanto, ela se baseia em uma apreciação de seus interesses e em uma avaliação das aptidões e dos conhecimentos. Além disso, mesmo uma família que não pede conselhos à escola ou não leva em conta seu parecer, procede a uma avaliação intuitiva dos interesses e das aptidões de seu filho que, por seu lado, tem uma idéia do que é *capaz* de fazer e do realismo de suas aspirações. Ora, tanto a avaliação familiar quanto a auto-avaliação são inevitavelmente influenciadas pelos julgamentos dos professores sobre o trabalho ou "aptidões" da criança desde o início da escolaridade até as vésperas de uma decisão.

No *segundo modelo*, a avaliação criada pelo sistema escolar desempenha um papel ainda mais crucial: *impondo* uma orientação, a escola deve fundamentar sua decisão em critérios considerados *imparciais* e *pertinentes*, ou seja, em uma forma qualquer de exame, prova de admissão ou teste de aptidões, ou então na aprovação no ciclo anterior de estudos, sendo o dossiê eventualmente complementado por elementos mais qualificativos. Para que as decisões da escola sejam aceitas, a avaliação sobre a qual ela as fundamenta deve ser percebida como particularmente objetiva e legítima, o que requer procedimentos explícitos e visíveis.

A maioria dos sistemas escolares adotou um modelo *intermediário* entre a absoluta liberdade dos alunos ou das famílias e a seleção imposta pela escola:

— a escola determina, para cada habilitação, certas condições de admissão definidas em função de um exame específico, de resultados escolares anteriores ou de um dossiê de orientação;
— respeitando essas regras, os alunos ou suas famílias podem escolher livremente a orientação, sobretudo para optar por uma habilitação menos exigente do que aquelas às quais poderiam pretender, ou então escolher habilitações equivalentes;
— a aplicação das regras de admissão sofre certas derrogações, particularmente quando um aluno *quase* preenche as condições de admissão e mostra, por outro lado, que tem motivos para escolher uma tal habilitação e que tem chances de ser bem-sucedido nela.

Nesse modelo intermediário, a avaliação é *onipresente*:

1. É com base em uma avaliação formal (notas no decorrer da escolaridade anterior e/ou provas comuns ou exames) que um aluno é considerado apto ou não para esta ou aquela habilitação.
2. É considerando a mesma avaliação — ou outras apreciações — que os pais e o aluno decidem aceitar a orientação resultante da aplicação automática das regras de admissão, ou negociar uma derrogação.
3. Nesta última eventualidade, bastante freqüente, é ainda com base em uma avaliação mais ou menos formalizada que a escola decidirá se concede ou não uma derrogação às regras de admissão.
4. Enfim, é com base na avaliação formal e informal feita pela escola que a família lançará mão da autonomia que o sistema lhe dá para escolher, por exemplo, entre uma habilitação científica e uma habilitação latina, ou entre uma habilitação formalmente acessível, mas com riscos de fracasso, e uma menos prestigiosa, mas mais conveniente às "possibilidades" do aluno.

Essa onipresença da avaliação não quer dizer que a orientação seja apenas uma questão de notas, exames, provas comuns ou apreciações qualitativas dos conhecimentos e das possibilidades do aluno. A orientação finalmente tomada resulta de um *processo complexo de decisão* em função de regras, mas também de um jogo com essas regras, processo que faz com que intervenha todo tipo de considerações, em particular os projetos e as estratégias de escolarização da família e do aluno, suas aspirações e expectativas, portanto também as informações de que eles dispõem sobre o sistema escolar e o futuro das diversas habilitações.

Resta que, ao longo de todo esse processo de decisão, não se deixa de *construir* e de *negociar* uma imagem do valor escolar, das aptidões, das motivações e dos interesses do aluno com base em sua trajetória escolar anterior ou em desempenhos especificamente solicitados para fins de orientação.

A PRAGMÁTICA DA AVALIAÇÃO

Avalia-se sempre para *agir*. Mesmo as pesquisas pedagógicas feitas independentemente da avaliação escolar corrente têm, em geral, o objetivo de orientar uma inovação, fundamentar uma defesa pró ou contra tal reforma, aumentar a eficácia do ensino ou da seleção. A avaliação corrente praticada pelos professores pode igualmente ser utilizada para fins de gestão do sistema em um duplo sentido:

— de um lado, o ajuste periódico do currículo, das exigências, das normas de admissão, das estruturas;
— de outro, o controle do ensino e do trabalho dos professores.

Esse segundo ponto é menos abertamente reconhecido. Assim que informada à direção das escolas ou a instâncias responsáveis pelo sistema, a avaliação dos alunos permite, indiretamente, uma avaliação do estabelecimento ou dos professores.

Analisar a pragmática da avaliação é, primeiramente, considerar ações e decisões que ela fundamenta *de imediato* e que atingem pessoas bem-definidas. Sobre esse ponto, deve-se evidentemente distinguir as situações: a pragmática da avaliação contínua durante o ano escolar remete, de início, ao andamento da aula, à progressão no programa, à manutenção da ordem, às vezes à individualização das aprendizagens ou a certas ações de remediação. A curto prazo, a orientação não está em jogo. Trata-se daquilo que o professor faz com sua turma ou com certos alunos e também do que determinado aluno faz, sobretudo se seus resultados forem insuficientes: aula de reforço, trabalho extra, mais dedicação aos temas ou à preparação das próximas provas, eventuais aulas particulares, controle mais restrito em casa ou em aula, etc.

Na medida em que a avaliação contínua é levada em conta nas decisões de reprovação ou de orientação ao final de um ciclo de estudos, até mesmo na transferência durante o ano escolar para uma outra habilitação, o professor não pode ignorá-la, principalmente quando trabalha em um grau explicitamente definido como um *ano de orientação*. Isso significa não apenas que esse grau precede uma decisão, mas também que tanto o ensino quanto a avaliação devem permitir *a melhor orientação possível*. Nesse caso, mais ainda do que em um grau "comum", o professor sabe que as notas e as apreciações que faz terão uma *influência decisiva* sobre o futuro do aluno, de diversas maneiras:

— porque sua avaliação influencia a auto-imagem do aluno e a imagem que seus pais têm dele (portanto, suas estratégias e seus projetos);
— porque sua avaliação subentenderá os conselhos de orientação que será levado a dar, mais ou menos formalmente, ao aluno ou a seus pais, assim como o eventual parecer prévio que a organização escolar lhe solicitará em uma fase ou outra do processo de decisão;
— porque a avaliação feita pelos professores do grau de orientação será formalmente considerada para situar o aluno em relação aos patamares de admissão nas habilitações e aos patamares a partir dos quais se pode considerar uma derrogação;
— enfim, porque em caso de pedido de derrogação ou simplesmente de intervenção de um conselheiro de orientação, considerar-se-á, ao lado de outros elementos, a avaliação feita pelos professores.

Sabendo de tudo isso e sabendo que sua avaliação será utilizada para orientar, o professor pode se precaver contra interpretações injustificadas; também pode ajustar sua avaliação para dar chances a um aluno que lhe parece "valer mais que seus resultados", ou, ao contrário, "acabar com suas ilusões", avaliando severamente um aluno levado, às vezes sob a influência de seus pais, a superestimar suas possibilidades.

Ao mesmo tempo, o professor não poderá avaliar apenas em função da orientação, ignorando suas preocupações, talvez, mais imediatas. Dar uma nota a um aluno sem dúvida pesa sobre sua orientação. A curto prazo, envia também uma mensagem ao interessado e a seus pais, mede seus conhecimentos, controla sua conduta, encoraja seu trabalho, etc. Além disso, o professor deve administrar uma classe e não pode avaliar seus alunos independentemente uns dos outros, se bem que, para compreender toda a problemática da avaliação durante um ano de orientação, seria preciso considerar tudo que está em jogo aí, inclusive a reputação dos professores na organização escolar aos olhos dos alunos, dos pais, dos colegas e da direção...

Também as instâncias responsáveis pela orientação propriamente dita têm uma lógica pragmática. No momento de decidir, elas não têm a preocupação de ensinar. Em contrapartida, preocupam-se em manter o nível das diversas habilitações e satisfazer, na medida do possível, as exigências dos professores que vão receber os alunos e têm certas expectativas quanto ao seu "nível". Trata-se também de democratizar o acesso aos estudos, sem comprometer a formação das elites, levar em consideração as vagas disponíveis nas diversas habilitações, favorecer orientações realistas em relação à evolução do mercado da aprendizagem dual e do mercado de trabalho, considerar as expectativas dos empregadores ou das escolas que recebem os alunos no ciclo seguinte; responder às aspirações dos alunos e de suas famílias. Trata-se, enfim, de dar à classe política e à opinião pública a impressão de que a orientação escolar é feita de maneira ao mesmo tempo imparcial, humana e racional...

Sem entrar no detalhe dessas diversas questões, é pouco provável que não tenham influência na definição do que se avalia, dos patamares, dos procedimentos, dos momentos, das instâncias encarregadas de avaliar ou de interpretar a avaliação feita pelos professores. A aparente arbitrariedade da *criação* dos julgamentos se dissipa em parte quando se considera sua pragmática.

A ARBITRARIEDADE DAS NORMAS E DOS PROCEDIMENTOS

As finalidades declaradas ou dissimuladas da avaliação não bastam para explicar tudo. Mesmo que a avaliação não seja um fim em si, é raro que seja inteiramente ordenada em função de objetivos bem-definidos. Mesmo quando os objetivos são bem claros, os conteúdos e os procedimentos de avaliação adotados não são necessariamente a maneira ótima, mais eficaz ou a mais racional de alcançá-los.

Isso ocorre por diversas razões. Para analisá-las, pode-se resgatar o modelo ideal definido por Cardinet (1977a) em sua tentativa de esclarecimento das principais funções da avaliação. Distingue três delas: *regulação, certificação e predição*. Tratando-se da orientação escolar, deveríamos estar neste terceiro registro: como avaliar os alunos para saber se determinada habilitação lhes convém. A avaliação de predição visa a estabelecer o *prognóstico* mais seguro possível. Para tanto, ela tenta identificar os melhores *prenunciadores* do êxito, ou seja, as características passadas ou atuais do aluno que predizem da melhor maneira suas chances de se adaptar a estes ou aqueles estudos. Uma vez identificados esses prenunciadores, dever-se-ia criar instrumentos confiáveis para medi-los.

Na realidade, as coisas são mais complexas

1. Em muitos sistemas escolares, as instâncias de orientação se inscrevem certamente em uma lógica previsível, mas sobre uma base mais *intuitiva* e *artesanal*, sem que se tente esclarecer exatamente: *a.* o que se entende por orientação; *b.* o que se quer prever; *c.* sobre o que se fundamenta para prevê-lo e *d.* a natureza dos riscos corridos (risco de fracasso, risco de uma orientação malthusiana). Com muita freqüência, trata-se globalmente de saber se um aluno "é feito para" esta ou aquela habilitação sem que haja necessariamente preocupação de explicitar e de analisar o que se entende por isso. Com a racionalização progressiva dos procedimentos de orientação, caminha-se para uma teoria e uma prática mais rigorosas de orientação, mas ainda se está longe disso, e esse movimento para uma orientação mais técnica não é necessariamente acompanhado da

adesão, de um lado, porque ela desvaloriza a intuição, com o humanismo a ela associado, de outro, porque nada demonstra que se tenham encontrado prenunciadores mais eficazes que o julgamento global de um professor ou de um conselheiro de orientação experiente (Weiss, 1984).
2. Mesmo que tudo estivesse bem claro acerca da lógica preditiva, restaria identificar o que é determinante na adaptação e no êxito escolares em determinada habilitação do secundário, por exemplo. Isso supõe não apenas uma boa informação sobre os conteúdos e as exigências de cada habilitação, mas também um conhecimento das causas do êxito ou do fracasso, do interesse ou do tédio, da motivação para continuar ou da vontade de desistir. Ora, freqüentemente, temos a esse respeito apenas conhecimentos fragmentados, intuitivos ou já ultrapassados pela evolução dos programas ou dos públicos escolarizados. Para ter êxito em uma habilitação que leva a estudos aprofundados, o que conta definitivamente? O nível intelectual? Os conhecimentos propriamente escolares? A cultura geral? O senso de organização? A tenacidade e o gosto pelo esforço? Sem dúvida, tudo isso ao mesmo tempo, em proporções diversas, variáveis conforme o contexto e a biografia pessoal, conforme o estilo pedagógico do professor, a composição da turma, os colegas com os quais o aluno trabalha, a atitude da família e mil outras coisas difíceis de prever.
3. Mesmo dentro de uma pura lógica prognóstica, esforçando-se para observar e avaliar exatamente o que é determinante para o futuro do aluno nesta ou naquela estrutura escolar (supondo que se saiba isso...), seria preciso de qualquer forma *compor com a realidade*, principalmente com o fato de que a avaliação não é uma operação instantânea, que ela leva tempo, que supõe um trabalho de elaboração de instrumentos, de administração de provas, de codificação e de interpretação dos resultados. Sempre se ficará, pois, entre dois fogos: de um lado, medir de modo bastante preciso e completo, o que poderia fundamentar uma decisão razoável, do outro, fazê-lo com recursos limitados, o que levará, sobretudo, a ter em conta informações desde já disponíveis, com uma conseqüência essencial: em um grau dito de orientação, os professores avaliam por todo tipo de razões e não apenas para fundamentar uma decisão de orientação. Avaliam para gerir a progressão no programa, para motivar os alunos, para manter a ordem, para informar os pais e a administração, para certificar os conhecimentos do ano e, portanto, para garantir o direito a uma promoção. No decorrer do ano de orientação, a avaliação é *polivalente;* as mesmas informações devem servir para fins muito diferentes. A rigor, não se deveria coletar as mesmas informações, nem processá-las da mesma maneira, ao visar a uma avaliação:
— *formativa*, que é uma regulação da ação pedagógica;
— *cumulativa* ou certificativa, que faz o balanço dos conhecimentos;
— *prognóstica*, que fundamenta uma orientação;

- *incitativa,* cujo propósito é pôr os alunos a trabalhar;
- *repressiva,* que previne ou contém eventuais excessos;
- ou ainda *informativa,* destinada, por exemplo, aos pais.

Na prática, a escola não estabelece momentos distintos de avaliação, que correspondam a funções diferentes e que apelem para instrumentos específicos, principalmente por não achar tempo para todas essas tomadas de informação e ainda conservar algumas horas para o ensino...
4. A própria criação da avaliação está sujeita a todo tipo de restrições e de eventualidades técnicas e psicológicas. Mesmo que se tivesse certeza de que uma prova comum de matemática fosse um bom prenunciador do êxito em determinada habilitação, restaria escolher seu conteúdo exato. Sem esquecer que a maneira como a prova será feita, administrada, corrigida será talvez tão determinante quanto seu conteúdo. Encontram-se aí todos os conhecidos problemas de validade, de fidelidade e de generalização da medida em pedagogia (Cardinet, 1986 c; De Landsheere, 1980).

Dentre todos os fatores de erros, mencionemos, por ser massivo quando a orientação repousa parcialmente sobre as notas dos professores e não sobre provas padronizadas ou exames, a diversidade dos níveis de exigências e das próprias definições da excelência escolar de um professor a outro. Ainda que todos os professores atribuam uma nota de matemática, de francês ou de alemão, o que colocam "sob essa nota" não tem real homogeneidade (Grisay, 1982, 1984, 1988).

A AVALIAÇÃO, QUESTÃO DE UMA NEGOCIAÇÃO COM ARMAS DESIGUAIS

Para estudar seus aspectos técnicos e metodológicos, é legítimo tratar a avaliação como uma "medida". Trata-se exatamente de uma operação intelectual que tenta situar um indivíduo em um universo de atributos quantitativos ou qualitativos. Por essa razão, ela certamente diz respeito à epistemologia e à metodologia da medida. Isso não deveria nos fazer esquecer que a *avaliação é sempre muito mais do que uma medida.* É uma representação, construída por alguém, do valor escolar ou intelectual de outro indivíduo. Inscreve-se, pois, em uma *relação social específica,* que une um avaliador e um avaliado. Na realidade, essa relação une em geral mais do que duas pessoas, já que o avaliador é o agente de uma organização complexa, em nome da qual avalia, enquanto que o aluno faz parte de uma turma e pertence a uma família, estando esses dois grupos, por razões diferentes, envolvidos pela avaliação de seus membros. Dizer que a avaliação se inscreve em uma relação social é uma maneira de dizer que não se pode abstrair o conjunto dos vínculos que existem entre o avaliador e o avaliado e, através deles, entre seus respectivos grupos de pertencimento. Equivale também a dizer que a avaliação deve ser concebida como um *jogo estratégico* entre agentes que têm interesses distintos, até mesmo opostos.

Evitemos simplificar, pois os próprios agentes são, com freqüência, *ambivalentes*. Com a proximidade de uma decisão de orientação, o aluno pode ter vontade de saber exatamente "o que ele vale" e, ao mesmo tempo, ser avaliado no sentido mais favorável a seus projetos. Sob certos aspectos ou em alguns momentos, uma avaliação sem complacência lhe presta um serviço, porque o estimula ou lhe permite fazer escolhas realistas, evitando fracassos ou desilusões. Ele tem então, provisoriamente, interesse em que lhe digam "a verdade". Por outro lado, gostaria que a avaliação lhe permitisse realizar certos projetos ou evitar certas orientações. Normalmente, imagina-se que as pessoas avaliadas queiram iludir, passar por mais capazes do que são, sem no entanto "se matar de trabalhar". Essa seria uma estratégia limitada? Ou uma representação lúcida da maneira como realmente funciona a escola, sendo o essencial preservar chances por mais tempo possível, mais do que se submeter a uma seleção precoce? Resta a dúvida e, assim, não se pode, *a priori*, qualificar essa estratégia de irracional.

Também se pode considerar a estratégia inversa, embora seja menos freqüente: a vontade de ser subavaliado, para escapar aos estudos, a uma orientação ou à pressão do meio. Em Genebra, os adultos incitam os melhores alunos do sexto ano primário a se inscrever na seção latina do ciclo de orientação, porque esta é a habilitação mais exigente, levando mais do que outros a estudos coroados por um *baccalauréat*. Ora, certos alunos não gostam nem um pouco de latim ou não desejam entrar em uma seção em que deverão trabalhar para manter seu nível, ao passo que uma seção menos exigente tornaria sua vida mais confortável, a menos que desejem acompanhar em uma seção científica alguns de seus colegas. Em todos os casos, o interesse do aluno é parecer menos brilhante do que é, para que o deixem escolher uma orientação menos ambiciosa.

No que concerne ao avaliador, as coisas não são mais simples. É verdade que o professor tenta delimitar as competências reais de seus alunos. Faz questão de não desencorajá-los, cuida para dar-lhes novas chances, para não deixá-los "dormir sobre seus louros". Assim, a avaliação será ao menos função tanto de seus efeitos esperados quanto do "nível real" dos alunos. Portanto, não há necessariamente conflito entre o aluno e aqueles que o avaliam ou o aconselham. Também não há convergência automática, harmonia preestabelecida. A avaliação criada pelo professor ou pelo conselheiro de orientação pode contrariar os projetos do aluno ou as ambições de sua família, arranhar sua auto-imagem ou do futuro, suscitar *resistências* e provocar uma *negociação*, assim como qualquer constatação de fracasso.

Essa negociação assume formas diversas, da discussão informal ao recurso, ao tribunal! Qualquer que sejam a amplitude da divergência ou a solução final da negociação, pode-se dizer que a *relação de forças não é equilibrada*. Em um sistema que dá aos pais o direito de decidir, no final das contas, sobre a orientação de seus filhos, a família e o aluno parecem triunfar, mesmo que seja freqüentemente uma autonomia ilusória, já que ocorrerá a seleção em seguida e invalidará com bastante rapidez uma orientação "irrealista". Em um sistema misto, o peso da escola é maior. Os alunos e suas famílias devem ter muita paciência e argumentação para imporem suas escolhas contra o parecer de todos os profissionais da escola consultados. Simplificando, poder-se-ia sugerir que a família só tem ganho de causa quando encontra certos aliados na escola (um professor, um conselheiro de orientação, um chefe de estabelecimento) e quando assume o risco do erro de orientação, com a organização escolar abrindo mão da responsabilidade, assim como um hospital dá alta a um paciente em mau estado, fazendo-o assinar um documento...

Ainda aqui, a análise da estrutura formal da orientação não permite prever detalhadamente as transações. Uma coisa é certa: como representação do valor escolar, a avaliação faz parte de uma *negociação* mais ou menos explícita entre a família e a escola, negociação na qual os professores ou os conselheiros de orientação não são neutros, qualquer que seja seu campo!

A DIVISÃO DO TRABALHO DE AVALIAÇÃO E DE ORIENTAÇÃO

A avaliação jamais cabe a uma única pessoa. Quando há vários professores especializados, cada um deles avalia na disciplina que lhe concerne. A avaliação global do aluno é feita da justaposição ou da síntese de avaliações específicas. Somente o professor regente ou o conselho de classe têm uma visão global dos desempenhos de cada aluno, no conjunto das matérias principais ou secundárias.

Em tempo normal, essa divisão do trabalho de ensino e, portanto, de avaliação, funciona como uma rotina que não exige grandes acordos e não é, de modo geral, uma questão maior entre os professores de uma mesma turma. Contudo, isso pode acontecer, em particular quando a avaliação comanda uma decisão de seleção e de orientação sobre a qual os professores não têm a mesma perspectiva. Essa diversidade pode se dar por diversos fatores, por exemplo:

— níveis desiguais de exigência;
— uma real heterogeneidade das competências do aluno nos diversos ramos;
— concepções diferentes da seleção, alguns professores dando mais chances aos alunos;
— representações diversas do que conta para ser aprovado nesta ou naquela habilitação, alguns privilegiando, por exemplo, o senso de organização e a perseverança, outros apostando nos "conhecimentos básicos".

Mesmo na ausência de divergências gritantes, a multiplicidade de avaliadores tem conseqüências nas relações com o aluno e a família, já que esses têm vários interlocutores. Em geral, um deles assume o papel de tutor, de líder de aula ou de professor regente, tornando-se o interlocutor dos pais, que podem, todavia, buscar uma aliança com outros professores.

Esse não é o único modo de divisão do trabalho de avaliação. Quando se trata de avaliar, o professor encontra-se à frente; entretanto, ele não avalia em seu próprio nome, mas na qualidade de agente da organização escolar. Em outras palavras, *a avaliação com-*

promete a instituição, o que a leva a controlar, de uma maneira ou outra, as práticas de avaliação dos professores (Perrenoud, 1986b). Esse controle autoriza os alunos ou suas famílias a entrar com um recurso contra uma avaliação julgada arbitrária ou parcial. Isso só acontece raramente: às vezes, por meio de um procedimento formal que permite aos pais ou ao aluno dirigir-se a uma instância superior; outras vezes, de modo informal, tentando o professor regente, o inspetor, o diretor da escola ou um outro responsável "ajeitar as coisas", se possível. Neste caso, de uma maneira ou outra, a avaliação inicial feita pelo professor é submetida a novo exame por uma outra instância, que pode confirmá-la, atenuá-la e até mesmo invalidá-la. Dessa forma, não há acordo em pé de igualdade, já que os interessados contestam a avaliação do professor e "apelam" para uma instância superior. No funcionamento real da organização escolar, não se tem o direito de desautorizar um professor levianamente. É por isso que, em caso de recurso, a resposta da organização é, na maioria das vezes, dada em comum acordo com ele, de modo a apresentar uma fachada unida. Em vez de desautorizar o professor, a organização lhe sugere oficiosamente, por exemplo, que reveja "espontaneamente" uma avaliação manifestamente indefensável. A hierarquia pode também intervir na ausência de recurso, a partir de rumores (de fraude, por exemplo), de indícios perturbadores (de estranhos resultados de uma turma em uma prova padronizada, por exemplo) ou de provas de rotina.

Existe uma terceira maneira de divisão do trabalho que, continuando com a analogia judiciária, não toma a forma de um apelo junto a uma jurisdição superior, mas de um recurso a um *expert*, ao qual se solicita completar o dossiê, verificando, aprimorando e completando a avaliação do professor. É neste último esquema que se pode situar a intervenção dos conselheiros de orientação acerca dos alunos, cujos resultados propriamente escolares (notas do ano e provas padronizadas) situam-se entre o patamar de admissão pura e simples em uma habilitação e o patamar abaixo do qual nenhuma derrogação é concebível. Entre esses dois limites, não se trata de ignorar ou de pôr em dúvida a avaliação dos professores, mas de fazer com que *outros elementos* intervenham, capazes de fazer a balança pender no sentido da aprovação ou da reprovação.

Mesmo que o conselheiro de orientação não intervenha *a priori* para desautorizar a avaliação feita pelos professores, ele pode ser levado, de caso em caso, a colocar em dúvida a pertinência das notas e dos resultados propriamente escolares em relação a outros dados, por exemplo, a personalidade do aluno, a natureza do meio familiar, certos dados clínicos ou psicométricos. Essa maneira de ampliar as bases da orientação pode ser perfeitamente compreendida por certos professores, que vêem nela um prolongamento totalmente justificado de uma avaliação estritamente pedagógica. Outros podem ter a impressão de que, de certo modo, introduzem-se na seleção elementos estranhos ao que consideram como essencial, por exemplo, o nível escolar ou as aptidões intelectuais *stricto sensu*.

Os professores e os conselheiros de orientação não fazem o mesmo trabalho, não têm a mesma concepção do desenvolvimento, das aptidões, das aprendizagens. Essa diversidade pode ser fecunda, já que os respectivos pontos de vista se enriquecem mutuamente. Contudo, também pode originar um conflito mascarado ou declarado. Sociologicamente, há motivos para pensar que dois corpos de profissionais interagindo junto às mesmas populações tenham sempre boas razões para manter, entre si, uma forma de competição ou certas tensões. É o que se observa, por exemplo, tanto no campo das profissões médicas como no trabalho social (Fragnière e Vuille, 1982). Em todas as profissões em que a divisão do trabalho obriga especialistas a colaborar para os mesmos dossiês, é raro que a cooperação seja totalmente igualitária. Um dos grupos terá mais informações, um *status* mais elevado na instituição, uma posição mais central, de modo que se julgará ou será julgado mais importante, sentindo-se os outros desvalorizados ou marginalizados.

Ainda que existam razões estruturais para esperar por um certo número de situações de concorrência ou de conflito, elas não se produzem automaticamente. Conforme a política e o clima do estabelecimento, a experiência e a concepção da função dos professores e dos conselheiros em questão, suas capacidades para negociar abertamente a diferença e a complementaridade de seus papéis, para criar procedimentos que permitam expressar e regular eventuais divergências, as coisas podem ocorrer de modo muito diferente.

O conflito mascarado é ainda mais provável porque conselheiros e professores não se encontram em uma situação face a face, que lhes possibilitaria falar-se facilmente. Eles não têm os mesmos horários, não dependem das mesmas instituições, não trabalham no mesmo ritmo e nos mesmos lugares. De certo modo, estão condenados a ter, uns dos outros, imagens bastante estereotipadas, na impossibilidade de ocasiões regulares de trabalharem juntos. Além disso, estão presos, de parte a parte, por solidariedades de instituição ou de corporação que não lhes deixam as mãos livres para negociar arranjos locais independentemente das políticas dos estabelecimentos ou das estratégias de sua associação profissional, ou de seu grupo disciplinar. Enfim, professores e conselheiros de orientação estão em presença de outros agentes que podem, às vezes, uni-los, outras, dividi-los: de um lado, os alunos e os pais, de outro, os chefes de estabelecimento e outros responsáveis pela organização escolar ou pelas instâncias de orientação escolar ou profissional. Como se vê, a avaliação que fundamenta uma orientação não é negociada somente entre pais e filhos ou entre a organização escolar e seus usuários (Richiardi, 1988). Também há negociação entre diferentes profissionais ou diversos níveis da hierarquia no seio da organização escolar.

A posição do conselheiro de orientação, nesse contexto, dependerá das opções coletivas e individuais. Para quem ele trabalha, afinal de contas? Se só intervém a pedido da família, é unicamente seu defensor diante da organização escolar? Pode-se imaginar o psicólogo escolar ou o conselheiro de orientação como alguém que responderá pura e simplesmente à demanda de um cliente, no quadro de uma deontologia, à maneira de um médico ou de um advogado? O conselheiro de orientação não está, igualmente, a serviço da administração, não deve levar em conta os interesses da escola? Por vezes, ele se fará advogado de um aluno, pleiteando uma derrogação, justificada na sua opinião. Entretanto, não pode adotar incondicionalmente essa postura. Em um "processo em orientação", o conselheiro de orientação desempenha, às vezes, um duplo papel, advogado de defesa e procurador geral! Se não está inteiramente do lado do aluno, também não está inteiramente a serviço da política de seleção do sistema escolar. Aliás, essa política jamais é totalmente explícita e é, pois, objeto de interpretações divergentes. O conselheiro de orientação reivindica uma certa *autonomia*. Sua inserção em uma divisão do trabalho de avaliação dependerá, portanto, da imagem que tem de seu papel, mas também das expectativas de seus parceiros. Há, em uma estrutura escolar, lugar para vários papéis possíveis, cada um deles se definindo por meio de alianças e conflitos específicos... Talvez se resgate aqui uma definição possível de liberdade, aquela de escolher as contradições que se quer viver e afrontar prioritariamente...

MOLDAR AS ESPERANÇAS SUBJETIVAS

A orientação começa sempre *antes da orientação*, pelo menos para aqueles que entram em contato com o aluno antes do dia em que se coloca explicitamente um "problema de orientação". Nos sistemas escolares contemporâneos, a orientação aparece constantemente no horizonte dos adultos e eles se esforçam para mobilizar os alunos no mesmo registro: *Se você quer seguir tal profissão, se você quer ser admitido em tal escola, trabalhe bem desde agora, tenha boas notas, seu futuro se decide hoje!*

As coisas eram mais simples quando o sistema educativo era menos integrado. O destino social determinava amplamente o destino escolar, e a orientação global do maior número estava toda traçada: a alguns, a rede primário-profissional, com uma entrada rápida na vida ativa, aos outros, a rede secundário-superior. Como mostram Berthelot (1983, 1993) e Rochex (1995), a *armadilha escolar* apanha todo mundo, visto que todos os alunos vão juntos à escola primária e depois ao colégio único. Nada mais é decidido totalmente de antemão. É claro que as chances são muito desiguais, principalmente em função da origem social, mas... quem sabe? Os filhos de executivos, de professores, de poderosos (do ponto de vista financeiro ou mesmo cultural) não estão ao abrigo de uma regressão social, ainda mais que outras dimensões da condição adolescente embaralham as cartas: perda de sentido, ruptura entre gerações, tentação da marginalidade ou da droga, recusa da herança. O futuro escolar dos filhos das classes favorecidas não é mais tão garantido quanto na época em que os estudos superiores lhes estavam de saída reservados. A formidável demanda de escolarização emanando das classes médias provocou um aumento das taxas de escolarização e uma ampliação do recrutamento social de todas as habilitações de excelência.

Ao contrário, as classes populares podem alimentar a esperança, mesmo tênue, de um êxito escolar excepcional. Um em quinhentos, informa Laurens (1992), era a probabilidade que tinha um filho de operário, nascido nos anos sessenta, de obter um diploma de engenheiro nos anos oitenta. Hoje em dia, mesmo que a probabilidade tenha, sem dúvida, aumentado, é pouco, mas muito mais do que as chances de acertar na loteria, o suficiente para, de início, não renunciar a apostar. O que não se vê é a que ponto as chances de acesso de alguns às habilitações mais almejadas aumentam a *frustração relati-*

va do maior número e, sobretudo, implicam hoje todas as famílias no jogo das estratégias, das esperanças e das decepções. Quando se quer que 80% dos jovens tenham um certificado de conclusão dos estudos secundários, e mais de 50% já o possuem, todos têm razões para se perguntar: *"Por que não eu?"* ou, mais exatamente, *"Por que não ele?"*, já que a esperança surge na mente dos pais antes mesmo que nasça a criança que dela se tornará portadora durante tantos anos. A *esperança subjetiva* (Bourdieu, 1966) é sempre proporcional, mais ou menos rapidamente, às chances objetivas, na medida em que cada um se compara aos indivíduos de sua condição social, de seu sexo, de seu pertencimento étnico e "calcula" intuitivamente, a partir de sua rede de interconhecimento e de modo bastante realista, suas chances de sucesso ou as de seus próximos.

Atualmente, os contrastes são menos evidentes, a diversificação das habilitações embaralhou as cartas: certas formações só se revelam caminhos sem saída no momento de deixá-las para se confrontar com o mercado de trabalho. Todos sabem, *grosso modo*, se suas chances são menores ou maiores que a média, mas essa classificação não é fixa a ponto de tudo parecer "decidido de antemão". Como os caminhos alternativos de êxito social são raros, o diploma parece, senão a via real — todos sabem que ele se desvaloriza —, pelo menos a única que ainda oferece alguma esperança. As famílias investem na competição escolar ainda que e *porque* esse investimento parece menos rentável. Como diz Rochex:

> "Divórcio crescente entre nível de formação e inserção profissional, desenvolvimento do desemprego e precarização do emprego dos jovens: delineia-se, assim, brutalmente, um fechamento relativo, mas muito significativo, do campo das possibilidades que o prolongamento da escolaridade e a generalização do acesso ao secundário tinham contribuído para abrir para as famílias populares e seus filhos. Assim, lança-se a dúvida sobre o projeto de alcançar êxito pela escola, elemento estruturante dos projetos de futuro nessas famílias. É no momento em que elas mais investem na escola e em que são cada vez mais obrigadas a fazê-lo tanto o secundário tornou-se o centro da inserção social, que o próprio objeto desse investimento se lhes escapa. A escola, o diploma, o *baccalauréat* tornaram-se, quase de uma só vez, cada vez mais necessários e cada vez menos suficientes. É uma face maior dos objetivos de mobilização escolar que se escapa assim ou, pelo menos, se cliva cada vez mais: a abertura e depois o fechamento das possibilidades oferecidas pela escolarização permitem continuar a pensá-las como acessíveis para si mesmo ou seus filhos, ao mesmo tempo que são proibidas. O futuro é oferecido e, simultaneamente, recusado.
>
> O êxito escolar se impõe então cada vez mais, enquanto que, simultaneamente, perde uma grande parte de sua credibilidade. O fracasso escolar torna-se agora cada vez mais um drama pessoal e familiar" (Rochex, 1995, pp. 90-91).

A mobilidade social é, em nossa sociedade, analisável como um copo meio cheio, meio vazio, conforme o que se quer demonstrar. É certo que a igualdade das chances não existe — até mesmo as variações se agravam entre os mais e os menos favorecidos —, mas é evidente também que ninguém mais é condenado eternamente à sua condição e que a escola é a primeira chance de "sair" de sua classe de origem para "subir mais alto do que sua família", esperanças que alimentam praticamente todos os pais, com exceção daqueles que, já situados no alto da escala, só podem sonhar em manter e transmitir seus privilégios.

As "orientações ainda possíveis" acompanham, pois, a criança, e depois o adolescente, ao longo de toda sua trajetória escolar. Para a maioria, o leque vai-se fechar, mas progressivamente, ao sabor das decisões de orientação ou um pouco antes, mais do que em função de um luto *a priori* do tipo *"nem mesmo quero pensar nisso"*. Disso resulta, na família e entre ela e a escola, um intenso *trabalho de atualização das esperanças subjetivas,* com este duplo obstáculo: suscitar falsas esperanças ou renunciar antes do tempo...

Esse trabalho é uma *negociação* (Richiardi, 1988), na medida em que implica diversos parceiros: o aluno, seus pais, eventualmente seus irmãos e irmãs ou toda a família, seus professores, seus colegas de aula, às vezes, um conselheiro de orientação ou outros conselheiros "benévolos". Não há nenhuma razão para que as representações concordem espontaneamente, para além das diferenças de posição, de geração, de concepção da vida e do êxito. É também um reajuste que cada um faz, tanto para si quanto para os outros, à luz da evolução da situação, tanto aquela do interessado — seus resultados, seus projetos, sua atitude — quanto aquela do mercado de trabalho e em função da opinião sobre a conjuntura, as habilitações que se valorizam, as profissões em declínio, etc. Se a orientação começa antes do nascimento e acaba na idade adulta, as reviravoltas de situação correm o risco de serem numerosas, e os projetos, condenados a serem constantemente remanejados ao sabor da experiência.

Rochex (1995) mostra a que ponto relações sociais e processos subjetivos estão entremeados e insiste sobre a problemática simbólica do êxito e da orientação, principalmente quando ela aumenta ou poderia aumentar a distância entre os filhos e seus pais. Toda mobilidade ascendente realiza o sonho dos pais ao mesmo tempo que pode desvalorizar sua cultura e seu modo de vida...

Seria absurdo então imaginar que a orientação é, antes de tudo, uma questão de avaliação objetiva da excelência escolar e, portanto, das chances de êxito do aluno nesta ou naquela habilitação. Digamos, de preferência:

— que, por um lado, a avaliação dos resultados e das chances se situa do lado do princípio de realidade, que traz elementos difíceis de ignorar e que podem, conforme os casos, alimentar ou acabar com sonhos ou temores;
— que ela é, por essa mesma razão, objeto não apenas de fantasias, mas de manobras ativas para modificá-la ou, pelo menos, modificar sua interpretação e conseqüências.

Considerando que está atrelada à seleção e à orientação — ou seja, quase todo o tempo —, a avaliação escolar é fortemente determinada por suas conseqüências possíveis ou desejáveis. Longe de ser uma verdade independente e primeira, da qual se tirariam lições, é às vezes solicitada para oferecer uma legitimidade meritocrática a decisões que, de fato, a precedem e a influenciam...

Capítulo 4

OS PROCEDIMENTOS HABITUAIS DE AVALIAÇÃO, OBSTÁCULOS À MUDANÇA DAS PRÁTICAS PEDAGÓGICAS

Quais são os procedimentos *habituais* de avaliação dos alunos na maioria das escolas públicas? Simplificando, eu os caracterizarei como segue:

1. Após ter ensinado uma parte do programa (um capítulo, algumas lições, uma unidade de seqüências didáticas apresentando uma unidade temática), o professor interroga alguns alunos oralmente ou faz uma prova escrita para toda a turma.
2. Em função de seus desempenhos, os alunos recebem notas ou apreciações qualitativas, que são registradas e eventualmente levadas ao conhecimento dos pais.
3. Ao final do trimestre, do semestre ou do ano, faz-se, de uma maneira ou outra, uma síntese das notas ou das apreciações acumuladas sob a forma de uma média, de um perfil, de um balanço qualquer.
4. Combinado a apreciações sintéticas de mesma natureza para o conjunto das disciplinas ensinadas, esse balanço contribui para uma decisão no final do ano escolar, admissão ou transferência para determinada habilitação, acesso a determinado nível, obtenção ou não de um certificado, etc.

Esse modelo geral tem múltiplas variantes: conforme se dá ou não notas cifradas, conforme a escala e a significação das notas ou o leque das apreciações qualitativas disponíveis, conforme há ou não divisão do ano em trimestres ou semestres, conforme o peso das provas orais em oposição às provas escritas ou a outros trabalhos pessoais, conforme a maneira de fixar as tabelas (*a priori* ou *a posteriori*), conforme o modo de síntese trimestral ou anual, ou ainda conforme o número de apreciações necessárias para compor uma média ou um balanço trimestral ou anual.

A característica constante de todas essas práticas é submeter regularmente o conjunto dos alunos a provas que evidenciam uma distribuição dos desempenhos, portanto de bons e maus desempenhos, senão de bons e maus alunos. Às vezes, diz-se que essa avaliação é *normativa*, no sentido de criar uma distribuição normal, ou curva de Gauss. É também *comparativa*: os desempenhos de alguns se definem em relação aos desempenhos dos outros mais do que a domínios almejados ou a objetivos. É igualmente uma avaliação muito pouco individualizada (a mesma para todos no mesmo momento, segundo o princípio do exame), mas onde cada um é avaliado separadamente por um desempenho que supostamente reflete suas competências pessoais.

Essa descrição não convém no mesmo grau a todos os sistemas escolares. Alguns já romperam, ao menos parcialmente, com esse modo de avaliação, para se voltar para uma avaliação mais descritiva, com critérios, formativa. A análise desses sistemas mostra que, *soltando as amarras da avaliação tradicional, facilita-se a transformação das práticas de ensino* em pedagogias mais abertas, ativas, individualizadas, abrindo mais espaço à descoberta, à pesquisa, aos projetos, honrando mais os objetivos de alto nível, tais como aprender a aprender, a criar, a imaginar, a comunicar-se.

Em que e por que os procedimentos de avaliação ainda em vigor na maioria das escolas do mundo levantam um obstáculo à inovação pedagógica? Distinguirei sete mecanismos complementares:

- A avaliação freqüentemente absorve a melhor parte da energia dos alunos e dos professores e não sobra muito para *inovar*.
- O sistema clássico de avaliação favorece uma *relação utilitarista com o saber*. Os alunos trabalham "pela nota": todas as tentativas de implantação de novas pedagogias se chocam com esse minimalismo.
- O sistema tradicional de avaliação participa de uma espécie de *chantagem*, de uma relação de força mais ou menos explícita, que coloca professores e alunos e, mais geralmente, jovens e adultos, em campos opostos, impedindo sua *cooperação*.
- A necessidade de regularmente dar notas ou fazer apreciações qualitativas baseadas em uma avaliação padronizada favorece uma *transposição didática conservadora*.
- O trabalho escolar tende a *privilegiar atividades fechadas, estruturadas, desgastadas,* que podem ser retomadas no quadro de uma avaliação clássica.
- O sistema clássico de avaliação força os professores a *preferir os conhecimentos isoláveis e cifráveis às competências de alto nível* (raciocínio, comunicação), difíceis de delimitar em uma prova escrita ou em tarefas individuais.

- Sob a aparência de exatidão, a avaliação tradicional esconde uma *grande arbitrariedade, difícil de alcançar unanimidade em uma equipe pedagógica*: como se entender quando não se sabe nem explicitar, nem justificar o que realmente se avalia?

Nem todos esses mecanismos ocorrem ao mesmo tempo e nem sempre são suficientemente fortes para impedir totalmente a inovação. No entanto, são *freios* que devem ser considerados em uma estratégia de mudança das práticas pedagógicas. Isso não quer dizer que basta mudar a avaliação para que o resto se transforme como por milagre. A mudança das práticas pedagógicas se choca com outros obstáculos. Desse modo, a renovação do ensino do francês, na Suíça romântica, foi certamente limitada pelo sistema de avaliação, que só mudou mais tardia e timidamente, mas há muitos outros fatores de resistência a uma pedagogia da comunicação orientada para o domínio prático da língua (Dokic, Favre e Perrenoud, 1986; Wirthner, 1993).

Examinemos mais detalhadamente esses mecanismos.

O TEMPO QUE RESTA

Quando se solicita a um professor primário ou a um professor de ensino médio que precise sua identidade profissional, normalmente ele se situará como educador e como professor, raramente como avaliador. No entanto, sobretudo no secundário, a avaliação pode assumir ao menos um terço, às vezes a metade ou mais, do tempo de trabalho, tanto em aula, com os alunos, quanto na preparação. A elaboração das provas e sua correção representam um fardo bem conhecido no trabalho solitário dos professores. Uma boa parte das horas de trabalho em aula é destinada à administração de provas escritas, quer se trate de provas elaboradas pelo próprio professor ou de provas padronizadas impostas a todas as turmas, ao que se acrescenta o tempo de devolver essas provas, comentá-las e eventualmente corrigi-las coletivamente em aula. A isso se acrescenta o tempo necessário para anunciá-las, dar pistas e instruções que permitam que os alunos se preparem para elas, definir e eventualmente negociar com os alunos ou colegas a data das provas, sua forma, seu nível de exigência. Acrescente-se aí o tempo requerido pelas negociações coletivas ou individuais que tomam corpo uma vez que a prova é devolvida, quando é necessário ajustar a tabela, debruçar-se sobre as correções contestadas, retificar certas notas ou fazer certos "arranjos" para permitir, por exemplo, que um aluno consiga sua média no limite.

Portanto, as práticas correntes de avaliação tomam um tempo considerável e absorvem muita energia e engenhosidade, tanto dos professores quanto dos alunos. Mesmo que o professor não crie sozinho seus instrumentos de avaliação a cada ano, não cessa de remanejá-los e de hesitar entre diversas soluções: partir de uma prova antiga ou de uma prova administrada por um colega, partir do zero e preparar uma prova totalmente nova, combinar os dois métodos; deve-se ajustar as provas antigas ao que se ensinou realmente, renunciar a certas questões que não convêm mais, introduzir novos temas, reformular certas instruções. O investimento, por parte dos alunos, é diferente, mas não menor. Em torno da avaliação se estabelecem competições, estresse, sentimentos de injustiça, temores em relação aos pais, ao futuro, à auto-imagem. A avaliação implica as famílias e mobiliza também suas esperanças e suas angústias, que pesam direta e indiretamente sobre os alunos e professores.

A avaliação não é uma questão menor. Para fazer com que a máquina avaliativa funcione, *trabalha-se*, tomam-se múltiplas decisões, negocia-se. Tudo isso deixa finalmente poucos recursos para pensar em renovar o ensino, para se lançar em experiências didáticas, para transformar os métodos ou o estilo de administração de aula. Esse obstáculo à inovação é tão simples quanto importante: a avaliação freqüentemente absorve *a melhor parte* da energia dos alunos e dos professores, não restando grande coisa para inovar.

Na realidade, o fenômeno não é linear: a avaliação não tem constantemente a mesma importância, há altos e baixos. Em certas semanas, as provas se sucedem, porque o final do trimestre se aproxima e é necessário ter o número desejado de notas nos registros para "fazer as médias". Então, todo mundo fica muito atarefado. Uma vez terminado esse período, tenta-se esquecer a avaliação por um momento, para se deixar viver ou simplesmente dedicar-se às aprendizagens. Essa interrupção é demasiado curta para dar verdadeiramente vontade e possibilidade de inovar, quando se sabe que algumas semanas mais tarde dever-se-á recomeçar, em vista dos próximos prazos. Definitivamente, a avaliação escande o tempo escolar de um modo pouco compatível com os ritmos da inovação. Relativamente mal-vivenciada, aparentemente irredutível, ela leva muitos professores e alunos a um funcionamento irregular, a uma alternância entre estresse e relaxamento, nenhum dos dois sendo favoráveis à transformação das práticas pedagógicas. No ensino secundário, o fracionamento do tempo, tanto para os alunos quanto para os professores, acentua consideravelmente a sensação de estresse.

Uma avaliação mais formativa não toma menos tempo, mas dá informações, identifica e explica erros, sugere interpretações quanto às estratégias e atitudes dos alunos e, portanto, alimenta diretamente a ação pedagógica, ao passo que o tempo e a energia gastos na avaliação tradicional desviam da invenção didática e da inovação.

UMA RELAÇÃO PERVERTIDA COM O SABER

As coisas se passando desse modo, é preciso ter boas notas (ou seu equivalente qualitativo) para progredir na trajetória escolar e ter acesso às habilitações mais almejadas. Em princípio, as notas estão lá para avaliar competências reais. Elas comandam o acesso ao grau seguinte ou a habilitações exigentes, porque supostamente garantem um nível suficiente de aquisição. Na prática, é o resultado que conta. Com dois efeitos perversos bem conhecidos: estudar apenas para a prova ou "colar".

Estudar apenas para a prova é uma maneira honesta, mas simplória, de se tornar capaz de um "desempenho de um dia". Isso não constrói uma verdadeira competência, mas permite iludir, durante uma prova escrita ou oral. Em uma noite, um aluno que não compreendeu nada, não trabalhou antes e nada sabe não pode se tornar um bom aluno, mas isso basta, às vezes, para salvar as aparências. O ofício de aluno (Merle, 1996; Perrenoud, 1996a) habitua-o a estabelecer algumas bases e depois a "dar uma olhada" um pouquinho antes da prova ou do exame, apressando-se para esquecer, a partir do dia seguinte, o que foi memorizado ou exercitado deste modo, em condições de estresse pouco favoráveis a uma relação serena com o saber. A outra estratégia, menos honesta, é a "cola", elevada ao grau das belas-artes, até mesmo da engenhosidade, em certos estabelecimentos ou certas turmas. Nela, os alunos aprendem que o importante é dar uma resposta correta, pouco importando os meios de se chegar a ela.

Eu não gostaria de reduzir o efeito do sistema de avaliação à cola e à preparação apenas para a prova. Mesmo que essas duas perversões desaparecessem, o sistema de notação conservaria um efeito maior sobre a relação com o saber: quando a armadilha escolar se fecha (Berthelot, 1983), é normal que cada um procure escapar dela da melhor maneira possível; para tal, o realismo dita não aprender pelo prazer, interessar-se pela realidade, questionar-se, refletir, mas estar *pronto* no dia da prova decisiva. Mesmo que não se estude unicamente para a prova, há um empobrecimento dos procedimentos intelectuais, da curiosidade, da criatividade, da originalidade em detrimento "do que paga", ou seja, do que pode ser convertido em notas honrosas. O sistema clássico de avaliação favorece uma relação *utilitarista*, até mesmo *cínica* com o saber (Perrenoud, 1985b, 1995a; Charlot, 1997). Os conhecimentos, as competências não são afinal valorizados a não ser que permitam levar a notas aceitáveis. Muitos alunos e pais julgam inútil procurar mais do que isso!

Após vários anos em tal regime, torna-se muito difícil despertar o interesse dos alunos pelo saber por si só, pelo sentido que ele dá à realidade, pelo enriquecimento pessoal que propicia, pela movimentação ou pela satisfação da mente que favorece. Todos os professores do mundo sabem que, quando propõem um trabalho, a primeira pergunta de seus alunos não é *O que isso vai nos trazer? É importante, é interessante? Vamos aprender alguma coisa?*, mas *Vale nota?*, sabendo que, se a resposta for negativa, eles não julgarão útil despender esforços sobre-humanos...

Todas as tentativas de nova pedagogia, de escola ativa, de avaliação formativa, de diferenciação do ensino se chocam com esse minimalismo, com essa relação estratégica e utilitarista com a aprendizagem. Não se poderia culpar os alunos: eles são simplesmente *realistas*. Como todo agente social, o aluno investe, longamente, naquilo que lhe garante lucros tangíveis.

Os pais fazem o mesmo cálculo e encorajam seus filhos na maior parte do tempo a ter resultados, às vezes não importando por que meios. O importante, na corrida de obstáculos que representa a trajetória escolar, é pular o próximo e "se manter na corrida"... Não é nas aquisições enquanto tais que eles se concentram, mas no *Abre-te, Sésamo* que uma avaliação garantida de uma orientação favorável representa.

TRABALHAR SOB AMEAÇA É APRENDER?

Mesmo que os alunos trabalhem pela nota, isso significa que trabalham! Tanto os pais quanto os professores utilizam as notas, por vezes de modo cínico, para obter um mínimo, às vezes um máximo, de investimento no trabalho escolar. Isso nada tem de surpreendente: em todos os grupos onde a adesão às normas não é livremente consentida, um jogo de sanções e de recompensas incita os agentes a se conduzirem corretamente e a trabalhar *normalmente*. É o que caracteriza muitas situações de trabalho nas empresas e nas administrações. O prêmio ou o castigo, o orgulho de ser distinguido ou o medo do policial não são motores inventados pela escola, mesmo que ela os faça funcionar a todo vapor. Quando a liberdade das crianças e dos adolescentes depende de suas notas, quando sua mesada varia para cima ou para baixo em função de seus resultados escolares, quando não recebem amor ou estima se apresentam contradesempenhos e recebem amor e louvação no caso contrário, exerce-se uma forte pressão sobre seu comportamento na escola. Os professores não têm exatamente os mesmos recursos que os pais, mas também podem conceder, como recompensa a bons resultados escolares, certos privilégios, a começar por sua confiança e sua consideração; os maus alunos, ao contrário, podem temer, conforme o caso, brincadeiras, hostilidade, afastamento ou tratamento psicopedagógico pesado. Enfim, por trás das notas, pais e professores evocam o êxito ou o fracasso escolares, constantemente, no horizonte.

Portanto, o sistema tradicional de avaliação participa de uma espécie de *chantagem*, de uma relação de força mais ou menos explícita, que coloca professores e alunos e, mais geralmente, jovens e adultos, em campos diferentes, aqueles tentando preservar sua liberdade e tranqüilidade, estes esforçando-se para fazê-los trabalhar "para seu bem". O contrato pedagógico tradicional é parcialmente *conflitual*, assim como o contrato de trabalho clássico. Ele modula a pressão que um dos contratantes pode exercer sobre o outro e prescreve os limites tanto à pressão quanto à resistência (Chevallard, 1986a). Tal contrato só pode entravar uma evolução em direção às novas pedagogias, à escola ativa, à responsabilização do aluno por sua própria aprendizagem. A avaliação pedagógica tradicional é um *jogo de gato e rato*, um confronto de estratégias e de contra-estratégias. É muito difícil, nestas condições, criar uma relação verdadeiramente *cooperativa* entre professores e alunos, porque uma hora ou uma semana depois, os primeiros vão julgar os segundos, às vezes com rigor. Aliás, é por isso que é difícil conjugar, na mesma relação pedagógica e no mesmo espaço-tempo, avaliação formativa e avaliação certificativa: a primeira supõe transparência e colaboração, ao passo que a segunda se situa no registro da competição e do conflito e, conseqüentemente, do fingimento e da estratégia.

UMA TRANSPOSIÇÃO DIDÁTICA CONSERVADORA

Chevallard (1991) mostrou que a transposição didática mais clássica, tanto em matemática como nas outras disciplinas, assumia a imagem de uma progressão regular em um "texto", *o texto do saber*, ou seja, o currículo cortado em fatias, capítulos, lições, em *páginas viradas umas após as outras*. Do ponto de vista do professor, esse modo de transposição tem muitas vantagens, principalmente sob o ângulo do planejamento e da correspondência entre o programa anual e o tempo de ensino disponível a cada semana. Com efeito, nada mais cômodo e tranqüilizador do que poder dividir o programa em pequenas unidades, de preferência independentes umas das outras, de modo que, para cada uma delas, possa-se prever um tempo delimitado de sensibilização, de explicação, de exercício e de controle.

Seria injusto responsabilizar apenas a avaliação tradicional pela prevalência desse modo de transposição. Todavia, a necessidade de dar regularmente notas ou apreciações qualitativas baseadas em uma avaliação padrão reforça-a terrivelmente. De fato, o que há de mais simples do que tratar um capítulo, administrar uma prova, dar uma nota e ir adiante? Assim, ao final do trimestre ou do ano escolar, poder-se-á fazer uma média ou uma síntese. Os meios de ensino postos à disposição dos professores acentuam esse modo de agir. As grades de critérios têm o mesmo efeito quando estruturam o ensino em vez de serem instrumentos de leitura *ex post* da experiência e dos conhecimentos dos alunos.

Essa simplicidade na transposição e no planejamento didáticos têm um alto preço do ponto de vista pedagógico. Eles tornam difícil qualquer diferenciação do ensino: os alunos devem progredir no mesmo ritmo e passa-se ao capítulo seguinte quando uma proporção "decente" da turma parece ter adquirido o essencial das noções e habilidades. Nessa lógica, exceto algumas revisões, uma vez "virada a página" (no programa), não se volta mais a ela, de modo que são bastante freqüentes os *mesmos* alunos que, quando se passa ao capítulo seguinte, nada compreenderam ou nada consolidaram; eles se encontram, então, no final do ano, em situação de fracasso irremediável.

De modo mais global, esse tipo de transposição didática privilegia, como mostra Chevallard, o tempo do ensino e do professor por oposição ao tempo da aprendizagem e do aprendiz. Toda abordagem construtivista e genética do desenvolvimento e dos conhecimentos indica que o saber jamais se constrói de maneira linear, que há antecipações, retrocessos, reconstruções intensivas e fases de latência. Um ensino que quisesse seguir os ritmos do aluno não poderia se encerrar em uma estrita progressão de capítulo em capítulo. Uma pedagogia centrada sobre os aprendizes (Astolfi, 1992, Develay, 1992, Meirieu, 1989, 1990) só pode levar à fragmentação do princípio de uma progressão paralela de todos os alunos no domínio dos mesmos conteúdos. A avaliação tradicional, assim como a transposição didática da qual faz parte, impedem o desenvolvimento de pedagogias ativas e diferenciadas.

O TRABALHO ESCOLAR, PREPARAÇÃO À AVALIAÇÃO

A avaliação não é, em princípio, um objetivo em si, mas um meio de verificar se os alunos adquiriram os conhecimentos visados. Recomenda-se, todavia, quando se ensina, ter uma idéia bastante precisa da maneira como se procederá para avaliar os conhecimentos, o que evita introduzir uma grande ruptura entre os conteúdos e as modalidades do ensino e as exigências no momento da avaliação. Levada ao extremo, essa correspondência torna-se uma *perversão:* o ensino apenas se define como a preparação à próxima prova. As atividades de aprendizagem assemelham-se ao exercício, ao treinamento intensivo, no sentido em que o praticam certos esportistas que fazem e refazem os exercícios sobre os quais serão julgados no dia da competição. Essa forma de correspondência dá um peso desmesurado ao exercício escolar escrito. É por essa razão que, na maioria das aulas, os exercícios propostos nas provas escritas assemelham-se, como duas gotas d'água, ao trabalho escolar cotidiano. A única diferença é que este último não é avaliado, que "não conta", ao passo que no momento da avaliação introduz-se um pouco mais de cerimônia, de estresse e de eqüidade formal.

A avaliação funciona, sob este aspecto, como um fortíssimo *impedimento.* Os professores que tentam se distanciar dos exercícios escolares mais próximos das provas escritas sabem bem disto: quando se faz os alunos trabalharem em grupos, quando se dá importância às situações de comunicação, aos problemas abertos, às pesquisas, às enquetes, às atividades-meio, ao trabalho por situações-problemas, aos procedimentos de projeto, deve-se afrontar uma certa *angústia,* que pode se tornar insustentável. Ela se deve, inicialmente, à incerteza sobre a relação com o programa, sobre a natureza dos funcionamentos intelectuais que se favorece através de tais atividades amplas, sobre o que os alunos aprendem realmente. Outras angústias dizem respeito à administração do tempo ou à respeitabilidade de certas atividades aos olhos dos colegas, dos pais e até mesmo dos alunos. A isso se acrescenta o medo de não poder avaliar nas formas tradicionais: quando se mandam os alunos ao local, quando eles preparam um espetáculo ou escrevem um romance, quando passam horas medindo o pátio no quadro de uma situação matemática ou observando fenômenos naturais, o professor não vê muito bem como poderia validar essas aprendizagens por meio de uma nota que seja imparcial e, ao mesmo tempo, individual. Em uma pedagogia ativa, nem todo mundo aprende a mesma coisa no mesmo momento, nem se prepara para a mesma prova. Uma parte do que se aprende não encontra nenhum equivalente em questões de múltipla escolha ou exercícios escritos... Ainda aqui, a avaliação tradicional impede a inovação pedagógica, empobrecendo consideravelmente o leque das atividades praticáveis em aula.

A OBSESSÃO DA EQÜIDADE FORMAL DESVIA DAS APRENDIZAGENS DE ALTO NÍVEL

Mesmo quando a avaliação tradicional é contínua, dividida ao longo de todo o ano escolar, ela guarda do exame uma concepção da eqüidade que consiste em fazer as mesmas questões a todo mundo, no mesmo momento e nas mesmas condições. Como se houvesse razões para pensar que as aprendizagens podem ser sincronizadas a ponto de, durante exatamente o mesmo número de horas ou de semanas e estritamente em paralelo, os alunos aprenderem a mesma coisa. Essa *ficção*, por menos defensável que seja, subentende todo o sistema tradicional de avaliação formal. Na medida em que está em vigor e governa o destino escolar dos alunos, é bastante normal que fiquem, como seus pais, fortemente ligados à eqüidade formal diante da nota, na falta de igualdade real diante do ensino.

Isso leva os professores, na maior parte do tempo, a avaliar desempenhos estritamente individuais a partir de questões padronizadas e fechadas. Com efeito, quando se avalia o trabalho de um grupo, surge a suspeita de arbitrariedade: todos os membros do grupo deram uma contribuição equivalente? Eles sabem a mesma coisa? Seria justo dar a mesma nota aos líderes e àqueles que seguem, àqueles que concebem e àqueles que realizam? Do mesmo modo, avaliar produções qualitativamente diferentes ou respostas a questões muito abertas, aumenta o risco de arbitrariedade, de notação "pela cara do cliente". A produção de texto ou a dissertação beneficiam-se, sob esse aspecto, de um *status* especial e de uma reputação bem-estabelecida segundo a qual a nota reflete freqüentemente tanto os gostos e os caprichos do professor quanto as competências do aluno. Os estudos docimológicos mostram, aliás, variações espetaculares na notação dos mesmos textos feita por vinte corretores experientes. Observa-se também que a notação é menos severa quando parece arbitrária e pesa menos na seleção. Assim, durante muito tempo, a entrada para o Ciclo de Orientação genebrês foi determinada por três médias obtidas no sexto ano primário: a média de matemática, a média de ortografia e a de gramática ou de composição francesa. Neste último caso, escolhia-se a melhor das duas notas, gramática ou composição, de modo que este terceiro componente pesava muito pouco na seleção, porque a média de composição era, em geral, superior à média de gramática. Em definitivo, a seleção era feita sobre a matemática e a ortografia...

Pode-se dificilmente imaginar que uma tal arbitrariedade se estenda a todas as disciplinas. O que torna possível a composição ou a dissertação é seu caráter excepcional, o fato de que sua relativa arbitrariedade seja compensada pelas disciplinas que se prestam a uma avaliação aparentemente mais precisa, lá onde se podem contar erros ou atribuir pontos, fazendo corretores independentes entrarem em acordo.

Globalmente, a avaliação privilegia os saberes e competências que podem se traduzir em desempenhos individuais e se manifestar através das questões de múltipla escolha ou dos exercícios aos quais se pode imparcialmente atribuir um certo número de pontos. No conjunto dos saberes e das competências valorizados pelos planos de estudos, *a avaliação tradicional delimita um subconjunto bastante restritivo e relativamente conservador em relação às novas tendências dos programas*, que acentuam cada vez mais a transferência de conhecimentos e a formação de competências de alto nível taxonômico (Perrenoud, 1997b e d). As declarações de intenção privilegiam agora o raciocínio, a imaginação, a cooperação, a comunicação, o senso crítico... Muito bem, mas o problema maior da escola é *atuar*, dia após dia, na escolha das atividades e na ponderação das exigências. O sistema clássico de avaliação é um grande obstáculo a essa evolução, porque força os professores a preferir as competências isoláveis e cifráveis às competências de alto nível — raciocínio, comunicação —, difíceis de circunscrever em uma prova escrita e em tarefas individuais.

UMA ARBITRARIEDADE POUCO FAVORÁVEL AO TRABALHO EM EQUIPE PEDAGÓGICA

Nada é mais comum, parece, que os procedimentos tradicionais de avaliação: mesmo número de notas, de provas, de médias, mesmos prazos, mesmo boletim escolar; a normatização deveria permitir a quaisquer professores trabalhar juntos, já que tudo é decidido à revelia deles. Na realidade, os procedimentos de avaliação formal são um quadro impositivo, mas relativamente *vazio*, que deixa uma grande parcela de interpretação aos professores. O sistema não fixa nem o nível de exigência, nem a natureza das questões, dos itens, dos problemas, nem o grau de correspondência entre o ensino dispensado e o conteúdo da avaliação, nem as modalidades exatas de execução e de correção, nem a construção de tabelas, nem as modalidades de derrogação ou de negociação de caso em caso. O que equivale a dizer que o professor, se respeitar as formas, tem uma *liberdade imensa*, que autoriza, no mesmo quadro, avaliações indulgentes ou severas, ingênuas ou repressoras, flexíveis ou obsessivas, inventivas ou estereotipadas. Ora, as escolhas de um professor dependem, em grande parte, de suas crenças pessoais, de sua concepção da avaliação, de sua filosofia da seleção e do fracasso escolares, daquilo que ele considera uma avaliação justa ou eficaz.

Quando se quer formar uma equipe pedagógica, mesmo sem tocar no sistema formal de avaliação, não se pode deixar cada um continuar a avaliar como sempre fez, conforme suas preferências ou suas exigências estritamente pessoais. A coerência da equipe pedagógica também é julgada por sua forma de avaliar, sobretudo se os professores forem responsáveis pelos mesmos alunos e devem equiparar suas avaliações. Este é um obstáculo maior: é preciso "colocar na mesa", explicar, justificar práticas cuja arbitrariedade explode repentinamente, ao passo que anteriormente era ignorada ou minimizada. Junte três professores, que se entendem bem e ensinam o mesmo programa em classes paralelas, para redigir uma *prova comum*, destinada às suas três classes, corrigi-la de acordo com critérios homogêneos e fixar conjuntamente uma tabela. Você verá imediatamente surgirem desentendimentos, tanto mais difíceis de resolver porque cada um deles julga de modo bastante intuitivo, por exemplo, o nível ao qual se deve fazer corresponder a excelência ou a exigência mínima. Na mesma escola, professores acreditam firmemente que não se deve jamais dar a nota máxima, porque nenhum aluno alcança a excelência absoluta, ao passo que outros dão sistematicamente a melhor nota ao aluno que tem os melhores resultados, qualquer que seja seu nível absoluto. Pelas mesmas razões e devido à preocupação de não desconsiderar os alunos fracos, certos professores jamais recorrem às notas ou às apreciações mais desfavoráveis, enquanto que outros não hesitam em utilizá-las. Divergências também ocorrem no que se refere à questão de saber se uma prova com resultados globais coloca em questão o ensino ou os alunos, se deve ser anulada, e outra melhor concebida, refeita. Quanto ao modo de corrigir, de atribuir ou tirar pontos, pode variar ao infinito: dois erros de ortografia em uma única palavra equivale a um único erro para alguns, dois para outros. Em um trabalho de história ou de geografia, um corretor julga um erro de sintaxe sem relação com o assunto, ao passo que, para outro, leva a uma penalização legítima.

Eis o paradoxo de um sistema de avaliação muito restritivo e que deixa, simultaneamente, em detalhes, livre curso para as fantasias, até mesmo para as loucuras pessoais. Ora, a fantasia, *a fortiori* a loucura, são sempre muito difíceis de negociar no seio de um grupo (Perrenoud, 1996c, cap. 5). Mesmo quando uma equipe pedagógica entra em acordo sobre seus objetivos principais, corre o risco de tropeçar em detalhes, porque muitos professores estão mais presos a seu modo de corrigir ou de notar do que confessam e se chocam, às vezes, mais com modalidades, aparentemente menores, do que com grandes opções pedagógicas.

MUDAR A AVALIAÇÃO PARA MUDAR A PEDAGOGIA?

Nem todos os freios evocados funcionam necessariamente juntos e do modo mais brutal. É exatamente por isso que é possível, no ensino habitual, favorecer experiências e inovações pedagógicas. A avaliação não impede as transformações de programas, mesmo que limite sua operacionalização efetiva, em particular no caso da matemática de conjuntos e das abordagens comunicativas da língua. Tampouco impede a adoção de novos meios de ensino, novos métodos de aprendizagem, novas tecnologias audiovisuais ou informáticas. Essas mudanças têm um ponto em comum: *modernizam as práticas pedagógicas sem questionar seus fundamentos.*

Esquematizando, poder-se-ia dizer que a avaliação não impede a inovação, com a condição de que a mudança:

— não atinja a concepção fundamental da aprendizagem;
— não modifique a administração da classe e a consideração das diferenças;
— não altere muito o contrato didático;
— não transforme a natureza profunda do projeto pedagógico...

Pode-se então, à primeira vista, ter a impressão de que o sistema de avaliação não impede toda mudança. Ora, se houver interesse por uma mudança fundamental das práticas, a única proporcional ao fracasso escolar e às ambições da escola, a realidade parece menos cor-de-rosa. O que fazer? Dizer-se, talvez, de uma vez por todas que nenhuma inovação pedagógica maior pode ignorar o sistema de avaliação ou esperar contorná-lo. E concluir, a partir disso, consequentemente, que é necessário, em qualquer projeto de reforma, em qualquer estratégia de inovação, levar em conta o sistema e as práticas de avaliação, integrá-los à reflexão e modificá-los para permitir a mudança.

De modo geral, pode-se sustentar que uma avaliação baseada em objetivos e critérios de domínio será favorável tanto à pedagogia do projeto e das situações abertas quanto à diferenciação do ensino. E que uma avaliação mais formativa, dando menos importância à classificação e mais à regulação das aprendizagens, integrar-se-á melhor às didáticas inovadoras e a uma pedagogia de domínio. É por isso que a renovação das práticas de avaliação e o direcionamento para uma avaliação formativa (Allal, 1988b, 1991; Allal, Cardinet e Perrenoud, 1989; Allal, Bain e Perrenoud, 1993; Cardinet, 1986a e b) não poderiam ser reformas, dentre outras. Sem fazer disso o alfa e o ômega do sistema pedagógico, a avaliação tradicional é uma *amarra* importante, que impede ou atrasa todo tipo de outras mudanças. Soltá-la é, portanto, abrir a porta a outras inovações.

Talvez seja exatamente isto, afinal de contas, que dá medo e que garante a perenidade de um sistema de avaliação que não muda muito, ao passo que, há décadas, vem-se denunciando suas falhas no plano docimológico e seus efeitos devastadores sobre a autoimagem, o estresse, a tranqüilidade das famílias e as relações entre professores e alunos.

Capítulo 5

A PARCELA DE AVALIAÇÃO FORMATIVA EM TODA AVALIAÇÃO CONTÍNUA*

Seguindo Cardinet (1977a), afirmo que uma avaliação é *formativa* se, ao menos na mente do professor, supostamente contribuir para a *regulação* das aprendizagens em curso no sentido dos domínios visados. Essa linguagem abstrata permite definir a regulação por meio de suas *intenções*, sem se fechar de saída em uma concepção particular dos objetivos, da aprendizagem ou da intervenção didática. Isso é particularmente importante quando se tenta, como farei aqui, descrever a parcela de avaliação formativa em toda prática pedagógica, independentemente de qualquer referência ao vocabulário especializado e aos modelos prescritivos. Entretanto, ter-se-á o cuidado de não esquecer que é preciso um "aprendiz" para aprender, um professor para organizar e gerir as situações didáticas.

O SENHOR JOURDAIN E A AVALIAÇÃO FORMATIVA**

Com freqüência, apresenta-se a avaliação formativa como uma idéia ainda nova. Ao mesmo tempo, sugere-se habitualmente que uma "verdadeira" avaliação formativa só é possível no âmbito de pedagogias fortemente diferenciadas, até mesmo de pedagogias formais de domínio. Dentro dessa perspectiva, a avaliação formativa não encontraria seu verdadeiro espaço senão em uma *outra pedagogia*, até mesmo em uma *outra escola* (Allal, Cardinet e Perrenoud, 1989).

*Publicado em INRAP, *Evaluer l'évaluation*, Dijon, 1988, p. 203-210.
**N. do T. Referência ao personagem Jourdain, da obra *O burguês fidalgo*, de Moilère.

Quanto mais a avaliação formativa for relacionada a pedagogias fortemente diferenciadas, mais será confinada a algumas escolas experimentais ou algumas classes-pilotos. Uma diferenciação sistemática do ensino não parece, de fato, ainda hoje, muito compatível com as condições de trabalho do maior número das organizações escolares de massa: estruturação do curso em graus, efetivos carregados, rigidez do horário e do programa, peso da avaliação normativa tradicional (notas e boletins escolares), meios padronizados de ensino e pouco individualizados, formação inadequada dos professores, princípios de eqüidade que obrigam a tratar todos os alunos da mesma forma, etc. A avaliação formativa parece, portanto, se limitar a práticas inovadoras, quer sejam "selvagens" ou inscritas em um quadro experimental.

Para mim, as coisas não parecem tão definidas. Mesmo nos sistemas escolares tradicionais, certos estabelecimentos, certas equipes pedagógicas, até mesmo certos professores isolados, seduzidos pelas pedagogias diferenciadas, tentam aplicá-las à sua escala e com os meios que têm, sem pedir nada para ninguém, compondo com as restrições do sistema. Proponho considerar como *formativa* toda prática de avaliação contínua que pretenda contribuir para melhorar as aprendizagens em curso, qualquer que seja o quadro e qualquer que seja a extensão concreta da diferenciação do ensino. Essa ampliação corre o risco, de um ponto de vista prescritivo, de fazer com que a idéia de avaliação formativa perca seu rigor. Na perspectiva *descritiva* que aqui adoto, essa ampliação autoriza a dar conta das práticas correntes de avaliação contínua sob o ângulo de sua contribuição almejada ou efetiva para a regulação das aprendizagens durante o ano escolar.

Ensinar é esforçar-se para orientar o processo de aprendizagem para o domínio de um currículo definido, o que não acontece sem um mínimo de regulação dos processos de aprendizagem no decorrer do ano escolar. Essa regulação passa por intervenções corretoras, baseadas em uma apreciação dos progressos e do trabalho dos alunos. O que é isso senão uma forma rudimentar e "selvagem" de avaliação formativa? Como Bloom (1972, 1979, 1988) salientou a propósito da pedagogia do domínio, os modelos teóricos de avaliação formativa não fizeram senão *explicitar*, para otimizá-la e instrumentá-la, uma forma de regulação presente em toda ação educativa de uma certa duração.

Aquele que se preocupa com os efeitos de sua ação modifica-a para melhor atingir seus objetivos. Mesmo uma formação estritamente *ex cathedra* é parcialmente modulada, em seu ritmo e em seu nível, pela expressão, freqüentemente não-verbal, do interesse e da compreensão dos ouvintes. A esses indícios se acrescentam as informações obtidas à margem do curso, dos trabalhos práticos, seminários, questões e reações de certos estudantes, breves sondagens ou exames trimestrais. No ensino secundário, como lembra Chevallard (1991), e *a fortiori* no primário, a gestão do *contrato didático* exige um reajuste permanente dos conteúdos e dos ritmos do ensino em função do trabalho e do nível dos alunos, de sua participação, do nível de compreensão e de memorização que manifestam. Não se pode *segurar* uma turma durante todo um ano escolar sem tais regulações. Mesmo quando não são diferenciadas e se limitam a modular o ritmo e o conteúdo de um ensino frontal, baseiam-se em uma avaliação que se pode chamar de formativa, em sentido amplo, já que regula o ajuste do currículo real ao nível e ao ritmo de trabalho da turma.

Na maioria das turmas, em particular no ensino primário e no início do secundário, essa regulação coletiva é acompanhada de intervenções mais individualizadas: o professor atende particularmente alguns alunos, vigia-os mais de perto, auxilia-os com mais freqüência, dá a eles explicações extras, segura-os depois da aula, orienta-os para certos recursos de apoio (obras de referência, professores auxiliares, aulas de reforço). Estamos, sem dúvida, bem distantes da pedagogia sistematicamente diferenciada necessária para lutar de modo eficaz contra o fracasso escolar e as desigualdades (Perrenoud, 1996b, 1997e). O fato de que a diferenciação existente na maioria das classes não seja suficientemente constante, intensiva e proporcional à amplitude das diferenças entre alunos não autoriza a negar sua realidade. Nenhum ensino, mesmo o mais tradicional, é completamente indiferenciado (Favre e Perrenoud, 1985a e b; Perrenoud, 1982b, 1989b): o professor não age da mesma maneira com todos seus alunos, não exige deles exatamente a mesma coisa, personaliza a relação e individualiza o trabalho até um certo ponto. Essa diferenciação não está inteiramente investida na regulação das aprendizagens, mas é um de seus aspectos.

No amplo sentido aqui proposto, independentemente de qualquer rótulo e de qualquer referência explícita a um modelo prescritivo, *a avaliação formativa é um componente quase obrigatório de toda avaliação contínua*. Sem dúvida, muitos professores fazem, como o Sr. Jourdain, avaliação formativa sem saber e servem-se de informações pouquíssimo confiáveis, completas ou pertinentes para permitir uma regulação eficaz das aprendizagens. O observador se encontra diante de uma gama muito ampla de práticas pedagógicas nas quais a parcela de avaliação formativa é bastante variável.

A REGULAÇÃO COMO VONTADE E COMO REALIDADE

O ensino é uma ação parcialmente finalizada. Sua pura e simples descrição exige que se leve essa característica a sério e que se questione, por conseguinte, como o professor estabelece, no final do percurso, que atingiu os objetivos fixados e que meios utiliza, durante o percurso, para verificar que as aprendizagens progridem e para "retificar a mira". Tendo respondido a essa segunda pergunta, saber-se-á em que medida tal professor deseja otimizar as aprendizagens de seus alunos. Para compreender as representações que subentendem uma avaliação contínua parcialmente formativa, dever-se-ia fazer uma pesquisa junto a um conjunto diversificado de professores. Todavia, para saber se a regulação é efetiva, não basta interrogar o professor sobre suas intenções, nem mesmo descrever suas práticas. É preciso descobrir sua retroação sobre as aprendizagens. A rigor, isso só é possível em situação quase experimental. Quando se observam as interações em aula, com ou sem instrumentação, na maior parte das vezes, fica-se condenado a *supor* que tal intervenção modifica as aprendizagens do aluno. Baseamo-nos no conteúdo das interações didáticas, na análise das reações observáveis eventualmente em certos testes. Essa aproximação não é satisfatória, mas basta para ressaltar a distância entre as intenções e as regulações efetivas.

A definição da avaliação formativa aqui proposta se refere mais a suas intenções do que a seus efeitos atestados. Poder-se-ia fazer a escolha inversa. O importante, qualquer que seja a opção de terminologia, é não se furtar ao estudo de um aspecto fundamental das práticas: *a distância entre o que se quer fazer e o que se faz realmente!* Uma abordagem descritiva das práticas de avaliação deve levar em conta as intenções e as representações do professor, procurar delimitar o modelo de regulação que ele utiliza mais ou menos conscientemente e depois tentar determinar as regulações efetivas.

Nem toda avaliação contínua pretende ser formativa. Em uma classe comum, muitas intervenções do professor, baseadas em uma apreciação *realista* da situação, não têm por objetivo principal contribuir diretamente para a progressão das aprendizagens, porque sua tarefa não é somente ensinar, mas também manter a ordem, animar trocas, pôr para trabalhar, garantir uma coexistência pacífica e, se possível, feliz durante longas horas, ao longo de todo o ano, em um espaço exíguo. Sem dúvida, no total, todas as intervenções do professor favorecem supostamente as aprendizagens, ao menos indiretamente, criando ou mantendo condições propícias ao trabalho intelectual e à comunicação pedagógica. Sem negar a importância desse aspecto da prática pedagógica, distinguirei a regulação *direta* dos processos de aprendizagem, que passa por uma intervenção nos funcionamentos intelectuais do aluno centrado em uma tarefa, da regulação *indireta*, que age sobre as condições de aprendizagem: motivação, participação, implicação no trabalho, ambiente, estruturação da tarefa e da situação didática. A distinção não é absoluta, sobretudo nas novas pedagogias. Limitar-me-ei aqui às intervenções que pretendem agir *diretamente* sobre os mecanismos de aprendizagem.

OS OBSTÁCULOS A UMA REGULAÇÃO EFICAZ

Por que a regulação dos processos de aprendizagem é, freqüentemente, pouco eficaz? Porque o professor nem sempre consegue otimizar sua avaliação e suas intervenções. Para garantir uma regulação efetiva das aprendizagens, ele deveria dispor de informações pertinentes e confiáveis, interpretá-las corretamente, em tempo hábil, imaginar constantemente uma intervenção apropriada e conduzi-la de modo eficaz... Ora, é uma mente *humana*, com todas suas ambigüidades e limites, que capta a informação e a interpreta, concebe a intervenção e a orienta. Mesmo instrumentadas, racionalizadas, codificadas, otimizadas, assistidas por computador, a avaliação e a intervenção são, em última instância, operações e ações realizadas por seres humanos. Além disso, eles nem sempre estão em situação de refletir e de agir tranqüilamente, dada a urgência e a incerteza que caracterizam o ofício de professor (Perrenoud, 1996c). Cada professor está comprometido com interações densas e complexas no seio de um grupo, ele próprio inserido em uma organização impositiva. Os limites das regulações possíveis referem-se, então, à:

- quantidade, confiabilidade, pertinência das informações coletadas por um professor, por mais motivado, formado e instrumentado que seja;
- rapidez, segurança, coerência, imparcialidade no processamento dessas informações no nível da interpretação e da decisão;
- coerência, continuidade, adequação das intervenções que ele espera serem reguladoras;
- assimilação pelos alunos do *feedback*, das informações, questões e sugestões que recebem.

Sobre todos esses pontos, os modelos prescritivos têm em geral tendência a *idealizar* os agentes, a atribuir-lhes um funcionamento ótimo, um perfeito domínio de seus pensamentos e de suas ações, uma racionalidade de cada instante, posta prioritariamente a serviço da regulação. Uma abordagem *descritiva* das práticas parte do fato de que os agentes reais são com freqüência pessoas apressadas, emotivas, distraídas, cansadas, irritadas, preguiçosas, esquecidas, fantasiosas ou tudo isso ao mesmo tempo. Elas têm preconceitos, contas a acertar, sonhos a realizar, muitas razões para serem menos qualificadas e menos confiáveis que um computador. Em contrapartida, os seres humanos também podem ser intuitivos, imaginativos, inventar soluções inéditas ou encontrar espontaneamente as palavras ou gestos mais judiciosos. Em relação à racionalidade abstrata de um modelo cibernético, a regulação que passa por uma avaliação e por uma intervenção humanas é, certamente, menos rigorosa, menos previsível, mas também pode tirar partido da capacidade que têm os seres humanos de gerir a complexidade cognitiva e afetiva de uma maneira que nenhum método codificado poderia prescrever. De certo modo, poder-se-ia dizer que o *principal instrumento* de toda avaliação formativa é, e continuará sendo, o professor comprometido em uma interação com o aluno. Mesmo um modelo prescritivo de regulação deveria levar isso em conta. É o que ocorre quando se reabilita a *intuição* (Allal, 1983) ou quando se *legitima a subjetividade* (Weiss, 1986).

É sempre delicado descrever uma prática em relação à sua distância de um modelo ideal. Contudo, com a condição de se servir do modelo como de um instrumento heurístico, essa abordagem pode ser fecunda. Remeto a diversos modelos ideais de avaliação formativa (sobretudo Cardinet, 1986a) para uma explicação do estado ótimo em cada uma dessas fases. O que me interessa aqui é compreender melhor *por que* o professor nem sempre coleta informações pertinentes, nem sempre as interpreta judiciosamente, nem sempre intervém com discernimento.

É evidente, dirão talvez: sua formação não o prepara para isso, as condições de sua prática não lhe permitem avaliar e intervir constantemente com êxito. Tais respostas são globalmente aceitáveis, mas ainda é preciso saber o que se entende por formação dos professores e condições da prática. Existem professores mal-formados e mal-informados, indiferentes ao fracasso escolar, que jamais ouviram falar de avaliação formativa ou por objetivos, que funcionam na economia e se contentam com um ensino frontal. Se, além disso, tiverem uma turma numerosa e alunos difíceis, em um ambiente pouco propício, não será de espantar que sua maneira de ensinar não favoreça muito a regulação das aprendizagens. Esse quadro não se presta a todos os professores. A ótima regulação das aprendizagens individuais é bem difícil mesmo quando a classe comporta doze alunos, quando os professores trabalham em equipe, quando dispõem de recursos suplementares ou participam de um projeto centrado sobre o fracasso escolar e sobre a diferenciação do ensino (Haramein e Perrenoud, 1981; Hadorn, 1985; Grupo RAPSODIE 1989). Há, portanto, obstáculos menos triviais. Distinguirei quatro deles:

- Encerrar-se em uma lógica do conhecimento em detrimento de uma lógica da aprendizagem.
- Ater-se a uma imagem demasiadamente vaga dos mecanismos de aprendizagem.
- Deixar inacabadas muitas regulações, porém bem-iniciadas.
- Dar prioridade à regulação da tarefa em oposição à aprendizagem.

Analisemos mais de perto esses obstáculos.

UMA LÓGICA MAIS DO CONHECIMENTO DO QUE DA APRENDIZAGEM

O primeiro obstáculo é aquele que todas as pedagogias por objetivos procuram transpor: na maioria dos sistemas escolares, o *currículo formal* enfatiza mais os conteúdos a ensinar, as noções a estudar e a trabalhar do que os conhecimentos propriamente ditos. Cada um sabe mais ou menos em direção a que domínios os alunos devem progredir. Assim, na escola primária, visa-se principalmente ao domínio do raciocínio e ao da língua, que compreendem, mais especificamente, o domínio da leitura, da redação de textos, da morfossintaxe dos verbos, dos sistemas de numeração, das operações aritméticas, etc. Esses objetivos gerais bastam para regulações amplas: quando um aluno não sabe ler em uma idade avançada, isso salta aos olhos. Em situação cotidiana de trabalho, dá-se mais ênfase aos conteúdos do que às aprendizagens muito específicas que esta ou aquela tarefa supostamente favorece. Ora, a regulação não pode ser feita senão por meio de pequenos toques, no momento em que o aluno está às voltas com uma dificuldade concreta. Se o professor não tem *exatamente* em mente os domínios *específicos* visados, intervirá sobretudo para manter o aluno na tarefa ou para ajudá-lo a realizá-la, intervenções que não garantem absolutamente uma regulação das aprendizagens.

O *currículo real*, como conjunto de atividades e de experiências potencialmente formadoras (Perrenoud, 1994b, 1995a, 1996a), é organizado principalmente em função do corte do currículo formal em disciplinas, depois em "avenidas" e, finalmente, em capítulos sucessivos no interior de uma avenida. No âmbito de um capítulo, o currículo real se organiza em termos de lições, de tarefas ou de situações que têm, todas, o objetivo de fazer aprender, sem que o professor sinta constantemente necessidade de especificar detalhadamente as aprendizagens almejadas. Interrogado de imprevisto, poderá, ao preço de um certo esforço, identificar as aprendizagens que determinada tarefa favorece presumidamente. Todavia, em época normal, ele não explicita seus objetivos para organizar seu ensino e guiar cada uma de suas intervenções.

Sem dúvida, uma formulação dos planos de estudos em termos de objetivos e a lembrança sistemática das aprendizagens almejadas por determinada tarefa poderiam modificar a representação dos *elos* entre atividades constitutivas do currículo real e aprendizagens almejadas. Na realidade, é todo o processo de *transposição didática* (Chevallard, 1991; Conne, 1986) que é orientado, mesmo na escola elementar, pela lógica discursiva da transmissão dos saberes mais do que por uma lógica da aprendizagem e da construção dos saberes pelo aluno. O currículo real beneficia-se de uma certa autonomia em relação ao currículo formal, dada a margem de interpretação dos professores e o trabalho de transposição que devem admitir. Contudo, eles têm alguma dificuldade em se libertar de planos de estudos concebidos, antes de tudo, para padronizar os conteúdos do ensino e controlar o "texto do saber".

UMA IMAGEM MUITO VAGA DOS MECANISMOS DA APRENDIZAGEM

O segundo obstáculo que a regulação encontra deve-se à própria abstração da noção de aprendizagem. Para a maioria dos professores, a mente do aluno permanece uma *caixa preta*, na medida em que o que aí se passa não é diretamente observável. É difícil reconstituir todos seus processos de raciocínio, de compreensão, de memorização, de aprendizagem a partir daquilo que diz ou faz o aluno, porque nem todo funcionamento se traduz em condutas observáveis e porque a interpretação destas últimas mobiliza uma *teoria* inacabada da mente e do pensamento, das representações, dos processos de assimilação e de acomodação, de diferenciação, de construção, de equilíbrio das estruturas cognitivas. Mesmo quando a formação dos professores familiarizou-os com as principais noções de psicologia do desenvolvimento e da aprendizagem, seus conhecimentos teóricos são muito abstratos para que possam ajudá-los a compreender exatamente o que se passa em uma determinada aprendizagem.

Não se poderia recriminar os professores pela ignorância dos processos de aprendizagem. Com muita freqüência, os pesquisadores em psicologia e em ciências da educação não sabem muita coisa ou se esgotam em controvérsias. Quem poderia dizer exatamente como se aprende a ortografia ou como se enriquece o léxico? Essa impotência para se representar e sobretudo para compreender os mecanismos finos da aprendizagem não impede toda regulação, mas a condena a permanecer bastante global, tanto em nível do diagnóstico quanto da intervenção. Vê-se bem isso quando se trata de mandar um aluno para a aula de reforço: tanto o regente de classe quanto o professor de reforço dispõem apenas de uma linguagem e de conceitos bastante sumários para *descrever* as dificuldades específicas de uma criança e as eventuais remediações. No entanto, encontram-se aí em uma situação privilegiada, já que têm tempo para refletir sobre alguns casos a partir de uma série de observações. No trabalho cotidiano, as coisas andam muito mais depressa e são ainda mais vagas...

Os trabalhos sobre o erro (Astolfi, 1997) e os outros progressos da didática das disciplinas permitirão, pouco a pouco, alguns avanços. É necessário ainda que esses conhecimentos científicos se difundam e se articulem aos conhecimentos de experiência dos professores.

REGULAÇÕES INACABADAS

O terceiro obstáculo com o qual o professor se depara é a *falta de tempo*, o número impressionante de microdecisões a tomar durante o dia (Eggleston, 1979), a dispersão contínua entre mil problemas de ordens diversas. Huberman (1983) descreve muito bem a classe como uma cozinha no momento da preparação das refeições. Deve-se cuidar de tudo, estar em todos os lugares ao mesmo tempo, administrar o material, animar o grupo, ocupar-se dos alunos que apresentam um problema particular, levar em conta o tempo que passa, prever a continuação, confrontar-se com interrupções e incidentes, manter a ordem sem interromper o trabalho, etc. Em outro estudo (Perrenoud, 1994, cap. II), tentei analisar mais de perto essa *dispersão* e mostrar que não é imposta somente pelo ambiente, caderno de tarefas, número de alunos e sobrecarga dos programas, mas que também é uma fonte de prazer ou uma maneira de lutar contra a angústia. Portanto, a diminuição dos programas e dos efetivos não acarreta, ao que parece, uma redução proporcional da dispersão.

Quaisquer que sejam suas origens, essa fragmentação do tempo e das intervenções do professor tem efeitos consideráveis sobre a regulação das aprendizagens. Com um efetivo limitado e a vontade de diferenciar o ensino, é possível não trabalhar constantemente com o conjunto dos alunos, dedicar-se a subgrupos ou a indivíduos. As condições mínimas de uma regulação individualizada ou diferenciada estão, pois, parcialmente reunidas. Resta saber como o professor gerencia a divisão de seu tempo entre os subgrupos e entre os alunos. Em tal situação, ele tem a impressão de que deveria "se dividir em quatro": tenta estar "em todo lugar ao mesmo tempo", dedicar-se a cada um, estar disponível para todo mundo, para responder a seu sentimento pessoal da eqüidade — o direito que cada aluno tem de receber atenção — e também para fazer frente às demandas relativamente insistentes de uma parte dos alunos, a começar pelos mais favorecidos. Conseqüência: inúmeras intervenções reguladoras não têm efeito, porque permanecem *inacabadas* ou muito "descosturadas". Uma boa parte delas *começa* a auxiliar o aluno a aprender melhor, depois, no momento em que se deveria aprofundar, reconstruir, voltar atrás, tomar "caminhos alternativos" (Guignard, 1982), o professor é requerido em outras urgências. Do ponto de vista da regulação das aprendizagens, pode-se considerar a experiência de muitos alunos como uma *seqüência de ocasiões fracassadas*, de momentos propícios que não foram identificados ou não suficientemente explorados para que houvesse um verdadeiro progresso.

REGULAÇÕES MUITO CENTRADAS SOBRE O ÊXITO DA TAREFA

O quarto obstáculo com o qual se choca a regulação das aprendizagens é a prioridade dada pela maioria dos professores, com freqüência involuntariamente, à regulação das tarefas e ao controle do trabalho. Em princípio, as aprendizagens são determinantes. Todavia, no dia-a-dia, o importante é que o trabalho seja feito, que os alunos cheguem ao final de seus exercícios, que participem das lições e das atividades coletivas, que cumpram seu *ofício de aluno* (Perrenoud, 1996a).

A regulação é permanente em aula, mas se atém *primeiramente* às atividades e à progressão nas tarefas e não às aprendizagens subjacentes. *O que não é a mesma coisa!* Auxiliar um aluno a terminar uma tarefa não é certamente, em si, um obstáculo à aprendizagem. Tudo depende da natureza do auxílio prestado. O auxílio do psicólogo piagetiano, numa entrevista clínica, define um certo tipo de intervenção: o psicólogo se limita a fazer perguntas, a tentar compreender por que a criança responde ou age de determinada maneira, a fazer sugestões, a lembrar condutas anteriores. Em outras palavras, ele auxilia o sujeito a progredir em sua tarefa, sem substituí-lo, retransmitindo-lhe informações que poderão ser usadas para organizar sua própria progressão. É nesse sentido que Cardinet (1986a e b) define a intervenção reguladora ótima. Para tal, é preciso *tempo* e *continuidade*. Ora, para o professor, a curto prazo, a questão é que os alunos concluam seus exercícios, cheguem ao final de seu texto ou de sua construção geométrica. O mais eficaz parece-lhe, portanto, *orientar*, passo a passo, o trabalho dos mais lentos ou perdidos. Tal auxílio lhes dá a impressão de dominar a tarefa, mas não aprendem então grande coisa, porque todas as decisões importantes foram sugeridas pelo professor, todos os erros foram prevenidos ou corrigidos muito rapidamente, todos os obstáculos difíceis, ultrapassados "sob vigilância". Esse modo de orientação é o oposto dos princípios da escola ativa e da construção do saber pela atividade autônoma do sujeito. Isso não significa que o professor ignore esses princípios. Simplesmente, as exigências do trabalho escolar e a administração de uma classe não lhe permitem deixar aos alunos, sobretudo aos mais fracos, todo o tempo requerido para construir conhecimentos ou competências conforme seu ritmo.

Capítulo 6

RUMO A DIDÁTICAS QUE FAVOREÇAM UMA REGULAÇÃO INDIVIDUALIZADA DAS APRENDIZAGENS*

Há mais de vinte anos, todos aqueles que lutam contra o fracasso escolar preocupam-se com a *diferenciação da ação pedagógica* (Allal, Cardinet e Perrenoud, 1989; Haramein, Hutmacher e Perrenoud, 1979; Meirieu, 1989, 1990; Perrenoud, 1992b, 1996b) e com a *individualização das trajetórias de formação* (Favre e Perrenoud, 1985; Bautier, Berbaum e Meirieu, 1993; Perrenoud, 1993a, 1997e). Todavia, em razão da *divisão do trabalho*, tanto no mundo da pesquisa quanto entre os formadores, essas preocupações permanecem relativamente estranhas àqueles que elaboram programas ou procedimentos de ensino para esta ou aquela disciplina, que se atém ainda, com muita freqüência, a atividades e progressões didáticas destinadas a alunos *abstratos*, espécie de primos alemães do sujeito epistêmico piagetiano. Sem dúvida, eles se interessam, então, não pelo desenvolvimento operatório global, mas pela apropriação de saberes ou habilidades particulares. Isso não os leva necessariamente a reconhecer a diversidade dos alunos, em sua herança cultural, seu nível de partida, sua relação com o saber, sua maneira de aprender, suas atitudes. E mesmo quando essa diversidade é reconhecida — quem poderia realmente ignorá-la? —, isso não leva os criadores de programas ou de métodos a pensar em todas suas implicações didáticas.

*Publicado em Allal, L., Bain, D. e Perrenoud, Ph. (dir.) *Évaluation formative et didactique du français*, Neuchâtel et Paris, Delachaux & Niestlé, 1993, p. 31-48.

Os modelos de pensamento que subentendem maciçamente a formação dos professores e a elaboração dos cadernos de exercícios, dos manuais, dos "livros do professor" e outros guias metodológicos abrem, ainda hoje, um espaço muito marginal ao tema da regulação individualizada das aprendizagens e a seus instrumentos: modo de gestão da classe e de agrupamento dos alunos, observação formativa, dispositivos pedagógicos flexíveis e diversificados. Portanto, tudo se passa *como se* se voltasse aos defensores das abordagens transversais para pensar as diferenças e seu tratamento, para conceber dispositivos de individualização das trajetórias e estratégias de diferenciação das intervenções, para desenvolver procedimentos de observação e de avaliação formativa, para organizar a regulação personalizada dos processos de aprendizagem.

Nesse estado, ainda amplamente dominante, da divisão do trabalho, cabe, afinal de contas, aos professores, pelo menos àqueles que se mobilizam contra o fracasso escolar, "se virar" com esses aportes estanques. Devem, por um lado, planejar seu ensino em função de modelos didáticos que não levam realmente em consideração diferenças entre alunos e, por outro, enfrentar essas diferenças, inspirando-se em modelos de diferenciação e de avaliação formativa que não consideram realmente saberes e habilidades disciplinares. Como se espantar, nessas condições, que as práticas pedagógicas se restrinjam a regulações bastante grosseiras das aprendizagens?

Para acabar com essa divisão do trabalho, para tornar as metodologias disciplinares menos evasivas sobre a gestão das diferenças e a regulação individualizada das aprendizagens, bastaria a consideração da avaliação formativa na elaboração dos métodos de ensino e a consideração simétrica dos conteúdos disciplinares nos trabalhos sobre a pedagogia diferenciada e a avaliação formativa? Não creio. Deve-se, na minha opinião, repensar de modo mais *radical* o próprio lugar dos conceitos de diferença e de regulação na elaboração dos dispositivos didáticos. Alguns pesquisadores em didática do francês como língua materna (Bain, 1988a e b; Bain e Schneuwly, 1993; Grupo EVA, 1991; Mas, 1989; Nunziati, 1990; Schneuwly e Bain, 1993; Turco, 1989) trabalham há vários anos sobre as regulações e a avaliação formativa das aprendizagens. Seria imprudente, entretanto, agir como se o problema estivesse quase resolvido. Para acabar com os métodos de ensino que nada dizem sobre a regulação individualizada das aprendizagens, não basta que alguns pesquisadores de ponta caminhem neste sentido.

Poderíamos nos limitar a incitar os formadores e outros autores de manuais ou de guias a ampliar seu discurso, de sorte a cobrir não somente os métodos de ensino, mas também os métodos de avaliação, em particular de observação ou de avaliação formativa, em um campo disciplinar particular. Já seria um progresso. Entretanto, parece-me mais promissor dar um passo a mais e se situar à frente, para refletir sobre o lugar da *regulação dos processos de aprendizagem* nos dispositivos didáticos, em conexão não apenas com as idéias de avaliação formativa, mas também de individualização das trajetórias de formação e de diferenciação dos tratamentos pedagógicos. A emergência de uma didática teórica, à qual assistimos há vinte anos, torna possível essa junção no âmbito de uma *concepção global da regulação das aprendizagens*, tal como se opera ao sabor de interações didáticas diversas, dentre as quais a avaliação formativa.

DA AVALIAÇÃO FORMATIVA À REGULAÇÃO

Nenhuma pedagogia, por mais frontal e tradicional que seja, é totalmente indiferente às questões, às respostas, às tentativas e aos erros dos alunos. Mesmo quando uma aula segue "ao pé da letra" uma progressão planejada detalhadamente, mesmo quando uma seqüência didática se desenvolve de acordo com um roteiro bem preciso, há espaço para ajustes, remanejos no meio do trajeto, em função de acontecimentos parcialmente imprevisíveis, sobretudo as atitudes e as condutas dos alunos, que manifestam seu interesse, sua compreensão, mas também suas resistências ou suas dificuldades para seguir o ritmo ou assimilar o conteúdo. Portanto, sempre há um mínimo de regulação da aula, às vezes das atividades mentais dos alunos e, no melhor dos casos, de seus processos de aprendizagem.

A idéia de avaliação formativa

A idéia de avaliação formativa sistematiza esse funcionamento, levando o professor a observar mais metodicamente os alunos, a compreender melhor seus funcionamentos, de modo a ajustar de maneira mais sistemática e individualizada suas intervenções pedagógicas e as situações didáticas que propõe, tudo isso na expectativa de otimizar as aprendizagens: *"A avaliação formativa está portanto centrada essencial, direta e imediatamente sobre a gestão das aprendizagens dos alunos (pelo professor e pelos interessados)"* (Bain, 1988b, p. 24). Essa concepção se situa abertamente na perspectiva de uma *regulação intencional,* cuja intenção seria determinar ao mesmo tempo o caminho já percorrido por cada um e aquele que resta a percorrer com vistas a intervir para otimizar os processos de aprendizagem em curso.

A partir do momento em que a avaliação formativa se define claramente como fonte de regulação, surge uma questão: ela é a única? Ou é uma fonte de regulação *dentre outras*? Não se deveria reconhecer que a regulação dos processos de aprendizagem pode surgir das interações entre alunos, tal como permitida e delimitada pelo dispositivo e pela seqüência didáticos, ou então surgir da atividade *metacognitiva* do aluno, quando este toma consciência de seus erros ou de sua maneira de confrontar-se com os obstáculos? A concepção da avaliação formativa como intervenção deliberada do professor, induzindo uma regulação antecipada, interativa ou retroativa de uma aprendizagem em curso (Allal, 1988a), leva a um paradoxo: o conceito de avaliação formativa, assim que compreendido em termos de regulação, tende a se fundir em uma abordagem mais global dos processos de regulação das aprendizagens em curso em um dispositivo, seqüência ou situação didáticos.

A idéia de regulação

Denominarei aqui *regulação dos processos de aprendizagem*, em um sentido bastante amplo, o conjunto das operações metacognitivas do sujeito e de suas interações com o meio que modificam seus processos de aprendizagem no sentido de um *objetivo* definido de domínio. Com efeito, não há regulação sem referência a um estado almejado ou a uma trajetória ótima. A regulação faz parte de uma causalidade teleonômica, com anéis que modificam o presente em função de uma referência ao futuro desejado. Na ação humana, a capacidade de fazer projetos, definir objetivos e agir em conseqüência deles torna a regulação menos misteriosa do que em biologia ou em física, onde se trata de sistemas sem consciência, portanto, sem intencionalidade. A existência de um *sujeito* capaz de representação e de antecipação não dispensa as ciências humanas de dizer em referência a que normas ou finalidades e através de que agentes, as regulações se operam. Tampouco de considerar regulações que nada devem à intencionalidade e à consciência dos agentes, mas passam por cadeias causais tão involuntárias quanto aquelas que subentendem inúmeros processos naturais.

O conceito de regulação, em suas variantes mais simples, dá conta da manutenção de um estado estável. Aplica-se também à *otimização de uma trajetória* ou, mais globalmente, de um processo dinâmico finalizado. Assim, em astronáutica, a regulação passa por uma ação que tem por resultado manter ou recolocar um móvel na trajetória que presumidamente o leva ao objetivo. Evidentemente, a comparação tem limites, mas já nos sugere algumas precauções:

— a trajetória ótima não é necessariamente a linha reta; recolocar um móvel em uma trajetória ótima nem sempre equivale a aproximá-lo fisicamente do objetivo; certos desvios são atalhos;
— nem toda correção de velocidade ou de percurso é uma regulação; ela pode, ao contrário, afastar o móvel de uma trajetória ótima;
— em um ambiente cambiante, a trajetória ótima não pode ser descrita de uma vez por todas, deve ser recalculada, senão permanentemente, pelo menos a cada vez que um parâmetro importante modifique a situação ou que um erro de percurso tenha se tornado irreversível;
— pode acontecer que o objetivo visado se revele finalmente fora de alcance, devido a obstáculos imprevistos ou a uma série de erros; ele é então redefinido e a trajetória ideal, recalculada em função de um novo destino.

Essa complexidade aumenta quando se fala de aprendizagens humanas:

— não se dispõe nem de mapas completos, nem de teorias suficientemente fundamentadas para descrever o equivalente de uma "trajetória", menos ainda para calculá-la com precisão;

- não se sabe muito bem quem é o piloto: o aluno? O professor? Sempre há um piloto?
- o objetivo está longe de ser sempre claro e estável, por não ser com freqüência objeto de consenso;
- é raro perseguir um único objetivo de cada vez;
- a lógica da otimização entra freqüentemente em conflito com outras lógicas dos agentes em questão (conforto, poder, sedução, segurança, etc.);
- não é tão simples quanto em astronáutica saber se o objetivo está verdadeiramente próximo, nem mesmo demonstrar que foi atingido...

Logo, falar de regulação a propósito de um processo de aprendizagem guarda um sentido *metafórico*, na medida em que é difícil identificar com certeza as operações e as interações favoráveis, compreender exatamente por que otimizam a aprendizagem ou ainda guiá-las com precisão. No entanto, pensar em termos de regulação do processo de aprendizagem é indispensável para colocar a avaliação formativa no seu lugar exato, para situá-la em um conjunto de regulações parcialmente previstas, ou pelo menos autorizadas, pelo dispositivo didático.

POR PROCEDIMENTOS DIDÁTICOS QUE SIRVAM A "TODOS OS TERRENOS"

É difícil chegar a uma definição unânime de didática. Em seu sentido tradicional, ela é a arte de ensinar, arte que se pode tentar codificar, racionalizar, tornar metódica. Assim, os especialistas em didática são *experts* em metodologia do ensino, adotando uma postura normativa para responder à questão de saber *como* ensinar determinada disciplina, determinada noção, determinada habilidade. Conforme a maneira como se redefine hoje em dia a didática, assume-se uma distância mais ou menos radical dessa postura tradicional.

Disciplina de ação ou disciplina fundamental?

Em um sentido mais moderno, a didática se apresenta ou como uma *disciplina de ação* (de crítica e de proposta), baseada nas ciências de referência (matemática, biologia, lingüística, etc.) e nas ciências da educação (Bronckart e Schneuwly, 1991), ou como a ciência dos *fatos didáticos*, da formalização, da transposição, da negociação, da apropriação ou da avaliação dos *saberes* no sistema didático (no famoso "triângulo" professor-alunos-conteúdo), ou ainda a ciência do contrato e das interações *didáticas* (Chevallard, 1991). Esta última abordagem pretende ser *não-prescritiva*, mas antes de tudo descritiva e explicativa.

Conforme a perspectiva adotada, a ruptura com as abordagens tradicionais é maior ou menor: é total quando se opõe às didáticas prescritivas uma ciência puramente descritiva e explicativa dos fatos didáticos; é menor quando se prega uma disciplina de ação, uma engenharia fundada sobre os saberes científicos, mas também saberes de ação (Barbier, 1996; Perrenoud, 1996c). Em ambos os casos, dá-se uma importância decisiva e nova aos conhecimentos científicos sobre os saberes, sua transposição didática e sua apropriação pelos alunos e se espera fundar, sobre esses conhecimentos, métodos e procedimentos racionais de ensino, até mesmo de definição dos objetivos, dos programas, das progressões.

Essa evolução, em curso, pode ser retardada por diversos fatores. Alguns defensores ferrenhos de uma concepção da didática como ciência fundamental não têm pressa em se engajar em "aplicações" que os desviariam da pesquisa de ponta. Por outro lado, o mundo dos formadores, conselheiros pedagógicos, autores de manuais e de metodologias de ensino se divide: alguns têm os títulos e a trajetória que os autorizam a se apresentar como especialistas em didática no sentido moderno da expressão; outros, que têm menos capital simbólico para mostrar, vêem sua experiência desvalorizada e sua dependência crescente de campos científicos emergentes, a ciência ou a engenharia didáticas, que ocupam muito ativamente o terreno. Apesar dessas ambivalências, posso apostar que os novos saberes didáticos estarão, no futuro, entre os fundamentos obrigatórios tanto da formação dos professores quanto da elaboração dos meios e dos métodos de ensino.

Ganhar com as zonas de sombra

A didática do francês como língua materna propõe principalmente fundar os procedimentos de ensino sobre um duplo modelo (Bain, 1988b; Bain e Schneuwly, 1993):

— por um lado, um modelo das operações do sujeito que dominou o saber, por exemplo, um modelo do discurso oral ou escrito tal como funciona em um locutor competente;
— por outro, um modelo da gênese dessas operações, um modelo da aprendizagem.

Quando esses dois modelos se ancoram em pesquisas sólidas, a concepção dos procedimentos didáticos pode se basear em verdadeiros fundamentos teóricos. Mas, na elaboração de um currículo, não se pode dar conta das zonas de sombra e de luz delineadas pelo estado da pesquisa fundamental. Se bem que, como salienta Allal (1988b), não se dispõe, para certos componentes do currículo, de nenhum modelo satisfatório do funcionamento do especialista ou da gênese da especialização. Portanto, a didática, na falta de modelos das operações acabadas e dos processos de aprendizagem, não poderá esclarecer as práticas profissionais muito melhor do que as metodologias tradicionais.

No entanto, nem os professores, nem seus formadores, nem aqueles que lhes propõem modelos e métodos podem ignorar uma parte do currículo sob o pretexto de que faltam os conhecimentos fundamentais. O que se pensaria de uma medicina que se recusasse a tratar de certas doenças sob o pretexto de ainda não ter compreendido bem suas causas ou evoluções possíveis? Pode-se admitir que as ciências biológicas fundamentais sejam impotentes para descrever ou explicar certos mecanismos patológicos. Isso não dispensa a medicina de "fazer o que pode", ou seja, de manter um discurso mínimo, pragmático e baseado na tradição, no bom senso ou nos "remédios populares", quando não há fundamentos científicos suficientes para agir de outro modo. Se a pesquisa em didática fundamental pode se permitir ser seletiva e não ter nada a dizer sobre uma parte do currículo, a didática de orientação pragmática, como componente de uma bagagem profissional, deve *assumir o risco* de tratar a totalidade do currículo, reconhecendo abertamente que ainda não se sabe realmente como se adquire, por exemplo, o domínio do vocabulário e que, portanto, em certos domínios, está-se muito menos aparelhado do que em outros para fundar uma pedagogia racional. Pouco importa, a engenharia didática deve assumir o risco de combinar a arte e a ciência do ensino (Crahay e Lafontaine, 1986), revisando a mistura ao sabor dos progressos da pesquisa. É neste primeiro sentido que se pode falar de uma didática que sirva a *todos os terrenos.*

Ela também deveria sê-lo em relação às condições concretas de operacionalização do currículo nas classes e nos estabelecimentos. Em outras palavras, deveria ser uma *didática realista,* que três quartos dos professores não poderão ignorar, em sã consciência, pelo simples fato de que ela não convém manifestamente a seus alunos. Uma didática para grupos pouco numerosos, alunos curiosos e cooperativos e escolas vivendo na ordem e na paz no seio de um bairro próspero e tranqüilo seria apenas uma "didática de sonho", feita para um mundo que não se parece muito com aquele que conhece a maioria dos professores. A realidade das classes é feita, freqüentemente, de efetivos sobrecarregados, de condições precárias de trabalho, de alunos com níveis muito diversos de aquisição, de origens étnicas, lingüísticas, culturais múltiplas, que têm atitudes variadas frente à escola, indo da curiosidade ativa à apatia, da adesão à contestação permanente e à sabotagem sistemática, da comunicação cooperativa ao mutismo ou à imprecação.

Continuando com a metáfora, pensemos na medicina destinada aos trópicos hoje em dia. É verdade que é solicitada a colocar à disposição teorias, modos de diagnóstico e de terapia das doenças que ocorrem em uma determinada região do mundo. Espera-se igualmente que faça o mesmo com as condições locais de vida, de nutrição, de higiene, com as condutas dos pacientes, o modo de gestão, o desenvolvimento dos recursos hospitalares. É necessário, nas regiões desertadas do mundo, saber tratar quando as condições de assepsia são precárias ou inexistem, quando não se dispõe dos instrumentos de análise ou de tratamento que parecem elementares nos hospitais universitários das sociedades desenvolvidas.

De uma certa maneira, o ensino também revela profundas diferenças entre os lugares onde são pensados o currículo e as didáticas e os lugares onde devem entrar em vigor.

Freqüentemente, acontece que nem as condições materiais, nem as relações de trabalho, nem a implicação dos agentes tornam possível a operacionalização de uma didática ideal.

Certamente, é tentador colocar esses problemas sob a conta ou da pedagogia geral, ou da gestão do sistema educativo e concentrar o discurso didático sobre a língua e sua aprendizagem, fingindo considerar que as condições de trabalho e de comunicação não passam de pré-requisitos. Um tal recorte é tentador na lógica de produção de um saber didático fundamental submetido à aprovação da comunidade científica. Todavia, se quisermos uma didática da qual os professores possam se servir na prática, seu realismo é decisivo. Ela deve partir e falar de uma realidade que eles reconheçam como *sua*, inclusive e sobretudo quando não corresponder às condições ideais. Os professores confrontados com classes compostas por uma maioria de alunos não-francófonos, ou de adolescentes em ruptura com o saber e o mundo dos adultos, não têm nada a fazer com didáticas pensadas para crianças e adolescentes que não existem em *seu* mundo.

O realismo de uma didática tem vários aspectos. Diz respeito aos saberes, ao poder, ao inconsciente na relação, às condições e ao âmbito institucional da interação didática, às estratégias de negociação dos agentes. Limitar-me-ei aqui ao reconhecimento e ao tratamento das *diferenças*.

NA REALIDADE, A REGRA É A DIVERSIDADE

Não se trata aqui da diversidade das facetas da língua ou dos textos dignos de serem ensinados ou valorizados na escola. Esse problema, importante, diz respeito ao currículo e, portanto, a uma política da educação: na escola secundária, se quer preparar para o domínio de obras literárias, de textos teóricos, de fórmulas comerciais ou de documentações técnicas? A resposta dada a essa pergunta não é evidentemente estranha à distância que se cria entre as experiências de vida e as heranças culturais dos alunos e as normas escolares. Diversificando as formas de excelência, modula-se a fabricação do fracasso escolar (Perrenoud, 1991c; 1992b). Aqui, todavia, é a *diversidade dos alunos* que me interessa.

Reconhecer a diversidade dos aprendizes

Nenhuma didática deveria ignorar a heterogeneidade dos aprendizes (Schneuwly, 1991). Por mais selecionado que seja, nenhum grupo é totalmente homogêneo do ponto de vista dos níveis de domínio alcançados no início de um ciclo de estudos ou de uma seqüência didática. Por mais "neutro" que seja, nenhum programa está à mesma distância das diversas culturas familiares das quais os alunos são os *herdeiros*.

No que diz respeito à língua materna, a heterogeneidade é ainda maior, porque a língua participa plenamente da diversidade das culturas, dos modos de vida e de comunicação, dos registros de língua e das normas. O professor de francês é confrontado com uma diversidade que o professor de biologia pode ignorar em parte. Nenhuma didática do francês deveria considerar esse fenômeno como marginal, já que ele é, ao contrário, central na experiência de qualquer professor que mude de região ou de bairro. A consideração da diversidade pode e deve levar a procedimentos de individualização e de diferenciação das tarefas, das avaliações, dos atendimentos. Primeiramente, eu gostaria de salientar aspectos menos práticos.

a) Nem todos os alunos de uma turma têm a mesma *relação* com a língua e com a comunicação como instrumento de poder, de integração no grupo, de ação sobre o real; ora, essas diferenças são constantemente reinvestidas nas situações escolares. Bentolila (1996) dá uma surpreendente demonstração disso acerca do iletrismo.
b) Nem todos os alunos têm as mesmas razões para se envolver nos mesmos debates, para se interessar pelos mesmos romances e pelos mesmos contos, para ter vontade de ler ou de escrever os mesmos tipos de textos; as relações com a ficção, com a narração, com a teoria, com a argumentação tangem em parte às diferenças culturais entre classes sociais ou entre famílias, mas também à diversidade das personalidades e das maneiras de estar no mundo.
c) Enfim, não há razão para postular uma única maneira de aprender a ler, argumentar, elaborar um texto; se uma didática do francês prega um modelo de referência em matéria de funcionamento do discurso e em matéria de aprendizagem, esse modelo deve ser *plural* e considerar, no mínimo, a possibilidade de que os mesmos domínios se desenvolvam segundo trajetórias e ritmos diferentes e que englobem habilidades e operações diversas igualmente eficazes. Para escrever um texto, nem todo mundo precisa fazer um plano. Do mesmo modo, certos locutores só dominam uma conversa telefônica se a tiverem planejado e antecipado, enquanto que outros são capazes de improvisar. Só neste eixo há grandes diferenças culturais e individuais, de maneira que indivíduos diferentes não mobilizam os mesmos recursos para resolver os mesmos problemas.

Partir dos conhecimentos reais

Há áreas do currículo em que os alunos não trazem senão certas predisposições ou certos códigos gerais, ou eventualmente, como em física ou química, conhecimentos ingênuos ou alguns conhecimentos científicos ultrapassados, que podem mais retardar a aprendizagem do que estimulá-la. No domínio da língua materna, é exatamente o contrário. O essencial da língua oral se aprende fora da escola e bem antes da idade escolar obrigatória. Isso é menos evidente quanto à escrita e aos saberes de ordem metalingüística, mas, ainda aí, a escola não tem o monopólio das situações de aprendizagem: a vida tomada em sua totalidade, com seus componentes tanto escolares quanto extra-escolares, constitui o verdadeiro currículo. Nesse sentido, uma didática da língua materna deveria consagrar toda sua energia a desenvolver aprendizagens que só ocorrem na escola, sem perder seu tempo repetindo as aprendizagens que se produzem espontaneamente e melhor em outros âmbitos, mais de acordo com aquele "método natural" de que falava Freinet e que é tão difícil de reconstituir em uma aula.

A consideração sistemática dos conhecimentos extra-escolares e das aprendizagens paralelas poderia modificar fundamentalmente a organização do trabalho em aula. A maioria dos métodos de ensino age como se todos os alunos reunidos em uma turma tivessem que realizar as mesmas aprendizagens. Na realidade, sobretudo no domínio da língua, isso é pura ficção. Uma parte dos alunos do primeiro ano primário já sabe ler e gasta inutilmente tempo, espaço, energia que seriam melhor utilizados em favor dos alunos que precisam realmente aprender a ler. Uma parte das atividades orais no decorrer da escolaridade obrigatória é totalmente supérflua para alunos que se expressam correntemente e progridem sem que se organize sua trajetória.

Essa deveria ser a regra em todas as áreas, mas talvez seja ainda mais importante na da língua materna: se a escola dedicasse todos seus esforços aos alunos que *realmente* precisam dela, ela lutaria de modo mais eficaz contra o fracasso escolar. Boa parte do tempo e das energias de um professor é utilizada em proveito de alunos que, ou já sabem o que supostamente estão aprendendo, ou poderiam aprendê-lo por seus próprios meios ou em sua família, sem que se passem horas a lhes dar explicações, a corrigir seus textos, a alimentar suas conferências ou suas leituras. Não é certo que todos os indivíduos sejam capazes de aprender a falar, ler e escrever sozinhos fora de uma formação, mas é certo que, nesse domínio, a escola constantemente subestima as capacidades de autodidatismo ou de aprendizagem fora do âmbito escolar.

A *regulação de base* seria renunciar a fazer como se todo mundo estivesse à mesma distância do objetivo e, ao contrário, partir dos conhecimentos efetivos de cada um e dos recursos que consegue mobilizar para investir em função do caminho que lhe resta percorrer, dos obstáculos que vai encontrar, de sua adesão ao projeto de formação, etc. Há espaço, então, para uma avaliação formativa *proativa* (Allal, 1988a), ou seja, para uma atribuição diferenciada a situações didáticas adequadas.

APOSTAR NA AUTO-REGULAÇÃO

Para aprender, o indivíduo não deixa de operar regulações intelectuais. Na mente humana, toda regulação, em última instância, só pode ser uma *auto-regulação*, pelo menos se aderirmos às teses básicas do construtivismo: nenhuma intervenção externa age se não for percebida, interpretada, assimilada por um *sujeito*. Nessa perspectiva, toda ação educativa só pode estimular o autodesenvolvimento, a auto-aprendizagem, a auto-regulação de um sujeito, modificando seu meio, entrando em interação com ele. Não se pode apostar, afinal de contas, senão na auto-regulação.

Reforçar a auto-regulação

Nem todas as intervenções cuja *intenção* é reguladora estimulam da mesma maneira e no mesmo grau os mecanismos de auto-regulação do sujeito. Existem inúmeras vias pelas quais se pode tentar influenciar os processos mentais de outrem, jogando com as representações do saber ou da tarefa, com a construção do sentido, com a negociação da situação, com a relação, identidade, auto-imagem, cálculo estratégico, emoção, coragem, gosto pelo jogo, etc. Ao mesmo tempo, uma boa parte dessas tentativas está fadada ao fracasso porque se fundamenta em uma teoria inadequada, seja do funcionamento do aprendiz, seja da comunicação.

Apostar na auto-regulação, em um sentido mais estrito, consiste aqui em *reforçar* as capacidades do sujeito para gerir ele próprio seus projetos, seus progressos, suas estratégias diante das tarefas e dos obstáculos. Da mesma maneira, os medicamentos suaves apostam em um reforço dos mecanismos de autodefesa do organismo e do psiquismo. Essa opção procede muito naturalmente de uma constatação: as capacidades de auto-regulação cognitiva dos aprendizes são tão desiguais quanto as capacidades de autodefesa e de auto-regulação dos sistemas vivos. Então, por que não pensar em reforçar os mais fracos, mais do que remediar constantemente regulações deficientes?

O caminho mais antigo foi traçado pelas pedagogias do projeto e mais globalmente pelas pedagogias ativas (Hameline, Jornod e Belkaïd, 1995). Para que haja auto-regulação da aprendizagem, supõe-se ser necessário ao aprendiz um motivo forte, verdadeiros desafios que o sensibilizem profundamente, um desejo de saber e uma decisão de aprender (Delannoy, 1997). Se o aluno não aprende por "si mesmo", se suas incompetências e suas insuficiências em leitura ou em expressão escrita não o perturbam pessoalmente, não o impedem de fazer o que quer, ele só avançará ao sabor das chamadas externas à ordem, pois para ele não há desafio, salvo talvez um proveito ambíguo: antecipar as expectativas dos adultos, pais e professores, para lhes dar prazer, ter paz, ser recompensado.

Encontramo-nos aqui, mais uma vez, diante das promessas e dos impasses das novas pedagogias. Hoje em dia, não se pode mais agir como se todas as crianças e adolescentes tivessem constantemente vontade de aprender de modo espontâneo. Eles desmascaram, ao contrário, as novas pedagogias, como as outras (Perrenoud, 1988a). Ninguém pode crer que basta propor projetos ou apelar para a criatividade dos aprendizes para que todos se mobilizem, longa e seriamente, e assumam sua própria aprendizagem. O sentido dos saberes e do trabalho escolar não se encontra somente no plano didático (Bernardin, 1997; Charlot, Bautier e Rochex, 1992; Favre e Zanone, 1993; Perrenoud, 1993a, 1996a; Rochex, 1995; Vellas, 1996). Resta, na maioria das pedagogias, uma imensa margem para avançar útil e pragmaticamente no sentido das pedagogias ativas. Para a maior parte dos alunos no mundo, ler e escrever permanecem tarefas impostas, deveres, coisas que se deve fazer para ser "respeitável", mais do que por razões pessoais. Poderia ser diferente se essas aprendizagens tivessem um sentido menos escolar...

De uma pedagogia do projeto a uma auto-regulação dominada

Uma pedagogia e uma didática que desejem estimular a auto-regulação do funcionamento e das aprendizagens não se contentam em apostar na dinâmica espontânea dos aprendizes. É necessário, ao contrário, contratos e dispositivos didáticos muito engenhosos, estratégias de animação e de construção do sentido muito sutis para manter o interesse espontâneo dos alunos, quando existe, para suscitar um interesse suficiente quando a experiência de vida, a personalidade ou o meio familiar não predispõem a isso. Não há, neste campo, nenhuma receita simples, que dê sempre certo em todas as turmas, ou com todos os alunos, sob todas as latitudes. Entretanto, se de um lado, se partilhassem mais sistematicamente relatos de experiências e de atividades e, de outro, habilidades em termos de elaboração e de negociação de projetos, de divisão do trabalho, de animação ou de continuidade do processo iniciado, dar-se-ia a mais professores vontade e meios de se lançar em pedagogias mais ativas.

As renovações do ensino do francês como língua materna caminhavam nesse sentido, propondo atividades-meio (Besson *et al.*, 1979). Porém, o discurso didático, que se pretendia voltado aos professores em aula, permaneceu extremamente abstrato e não enfrentou os verdadeiros problemas (Favre, Genberg e Wirthner, 1991; Wirthner, 1993). Foi como se bastasse ter boas idéias, sugerindo algumas atividades-meio padrões: fazer uma exposição, construir um fichário para a biblioteca, fazer uma pesquisa, escrever um romance ou um conto, ao passo que o essencial dos problemas não tange ao conteúdo das atividades, mas às dinâmicas individuais e coletivas que as subentendem e que mantêm o interesse e o projeto. Nesse domínio, uma didática do francês é também uma psico-sociologia do grupo, uma teoria do poder.

A insistência sobre a auto-regulação também pode ser entendida num sentido mais estrito, em três direções complementares.

1. Uma certa insistência sobre a *metacognição*, apostando-se que a regulação passa, em parte, por uma conscientização dos mecanismos da linguagem, dos funcionamentos discursivos, das interações verbais (Allal, 1993a e b).
2. O desenvolvimento de práticas e de instrumentos de auto-avaliação e de *apropriação dos critérios de avaliação* dos discursos, por exemplo, na linha dos trabalhos de Nunziati (1990).
3. Uma formação propriamente metalingüística ou, em todo caso, uma prática sustentada da *metacomunicação* em situação, se levantarmos a hipótese de que o retorno sistemático ou ocasional aos funcionamentos permite dominá-los melhor e, sobretudo, dá a cada um a oportunidade de situar seu próprio funcionamento em relação àquele dos outros ou aos domínios esperados.

A COMUNICAÇÃO COMO MOTOR DA REGULAÇÃO

Se há auto-regulação é, em parte, porque o indivíduo se encontra em situações de comunicação que o colocam em confronto com seus próprios limites e que o levam, no melhor dos casos, a ultrapassá-los. As situações de comunicação são, para a língua, mais do que para qualquer outra aprendizagem, pedras de toque, ocasiões de testar e de manifestar seu domínio (Cardinet, 1988).

Porém, não é apenas nesse sentido que a comunicação pode participar da regulação das aprendizagens. Pode-se sustentar que ela é, ao contrário, o motor principal dos progressos. Não por exercer uma regulação direta sobre as aprendizagens, mas por estruturar muito fortemente o funcionamento da linguagem e portanto também, indiretamente, as aprendizagens.

O modelo subjacente é evidentemente aquele da restrição *funcional*, mais do que normativa: para conseguir se fazer ouvir, se fazer compreender, ter ganho de causa ou simplesmente ter a palavra, uma criança ou um adolescente devem resolver um certo número de problemas de ordem lingüística e comunicativa.

Uma didática que depositasse muitas esperanças na regulação pela comunicação iria no sentido preconizado por Weiss (1989) ou pelo CRESAS (1987, 1991), quando defendem as *pedagogias interativas*. Trata-se de colocar os alunos, tão freqüentemente quanto possível, em situações de confronto, de troca, de interação, de decisão, que os forcem a se explicar, se justificar, argumentar, expor idéias, dar ou receber informações para tomar decisões, planejar ou dividir o trabalho, obter recursos.

Esse é o quadro geral das pedagogias ativas, porém com uma nuance importante: a insistência sobre a comunicação, a cooperação. Levar os alunos a redigirem textos livres, mesmo que os leiam em seguida a seus colegas, não é criar situações em que eles devam negociar um texto comum porque não há outros meios de se chegar a seus fins. Uma didática que deposita esperanças na interação deveria propor inúmeras pistas em matéria de organização e de estruturação das trocas, sabendo que o motor não é uma injunção externa — como ainda ocorre freqüentemente no trabalho de equipe —, mas uma *necessidade própria à tarefa, concebida de tal modo que não se possa realizá-la sem se comunicar*. Portanto, a didática é a arte de criar tais situações e administrá-las, com os problemas decorrentes de tempo, de espaço, de autodisciplina.

Nenhuma situação didática está inteiramente sob o controle do professor. Os alunos são constantemente *agentes* que reinvestem na situação desafios, estratégias, maneiras de ser que vêm de fora. Em uma aula de francês, particularmente se a comunicação, seja oral ou escrita, tem amplo espaço, o fenômeno é ainda mais evidente. Em outras palavras, uma didática do francês deve preparar o professor para compreender o que se passa *espontaneamente* em um mercado lingüístico, analisar e, em parte, neutralizar os fenômenos de poder, de competição, de luta pela distinção ou pela diferença, de classificação dos locutores e das formas de expressão, tudo o que se produz espontaneamente entre os alunos, que o professor não pode, nem quer impedir totalmente, mas que pode antecipar, canalizar, analisar e integrar a seu procedimento. Vê-se aqui que uma didática da língua materna se apóia em uma sociolingüística e em uma sociologia da cultura e da comunicação (Perrenoud, 1991a, Capítulo 8 nesta mesma obra).

Como demonstra Weiss (1993), mesmo colocando os alunos regularmente em situações de comunicação bastante fortes e constrangedoras para forçar a implicação e a aprendizagem, pode-se duvidar que todos os conhecimentos lingüísticos requeridos no decorrer da escolaridade obrigatória possam se construir, apostando na comunicação espontânea como fonte maior de regulação das aprendizagens ou, se assim se preferir, como principal estímulo de uma auto-regulação intensiva. O comum na escola é não esperar que a aprendizagem seja necessária para suscitá-la. Pode-se lamentar isso, mas seria absurdo solicitar aos especialistas em didática escolar que fizessem esquecer totalmente a arbitrariedade dos programas, a violência simbólica da relação pedagógica e a caminhada forçada para os saberes que são a própria essência da escolarização obrigatória.

Não menos absurdo seria colocar a comunicação induzida pelo professor em uma categoria estanque apenas porque ele tem a intenção de favorecer aprendizagens. Nem toda interação que produz efeitos de regulação pode ser comparada a um procedimento de avaliação formativa. Sob certos aspectos, o professor é um interlocutor como os outros, que engendra, voluntariamente ou não, certos efeitos, seja intervindo diretamente nos processos de construção dos saberes, seja induzindo expectativas e restrições na comunicação.

A INTERVENÇÃO DO PROFESSOR COMO MODO DE REGULAÇÃO

Uma didática orientada para a regulação dos processos de aprendizagem não deposita muitas esperanças nas remediações maciças. Investe mais na *regulação interativa* no sentido definido por Allal (1988a): uma observação e uma intervenção *em situação*, quando a tarefa não está terminada, sendo o professor capaz e assumindo o risco de interferir nos processos de pensamento e de comunicação *em curso*.

De um certo modo, em uma classe de francês, o professor é um agente como outro qualquer, que "dá a réplica" e estrutura a comunicação, principalmente porque dispõe de um poder e de uma competência que os alunos não têm. Assim, o professor desempenha um importante papel nas regulações que passam pela própria comunicação.

Ele também pode, por ser seu papel e sua competência, *intervir diretamente no nível da regulação da aprendizagem*, o que não é a mesma coisa. Como todo treinador esportivo, o professor pode "jogar com" seus alunos, servir de destinatário potencial para eles, de parceiro competente, que difere dos outros porque seu objetivo é mais favorecer a aprendizagem do que ganhar uma partida ou mostrar sua habilidade. Nesse sentido, o professor é um parceiro específico, cuja lógica é otimizar a aprendizagem do outro, em vez de suas próprias vantagens na situação de comunicação. Porém, quando se fala de *regulação interativa,* no sentido dos trabalhos sobre a avaliação formativa (Allal, 1988a), não se trata mais somente de parceria inteligente. É uma *intervenção sobre a própria construção dos conhecimentos*, que freqüentemente supõe uma mudança de registro, um parêntese metalingüístico ou um desvio por meio de uma instrumentação ou a consolidação de noções ou de competências parcialmente estranhos à tarefa em questão. Trabalhando com um aluno que redige um texto, o professor pode servir de parceiro para ele, de pessoa-fonte para clarear suas idéias e colocá-las em ordem, mas também pode intervir, em um nível metalingüístico, sobre os organizadores, os articuladores, as funções da pontuação, etc.

Tal funcionamento supõe competências e talvez instrumentos em matéria de observação e de intervenção. O essencial permanece sendo a disponibilidade do professor, função de uma *organização de classe* que não mobiliza três quartos de seu tempo para administrar o sistema ou dirigir-se à totalidade dos alunos. As regulações interativas são inúteis se forem aleatórias e episódicas. Para torná-las densas e regulares, é necessário um *sistema de trabalho* bastante diferente do que se observa na maioria das classes secundárias e mesmo primárias. Nesse campo, o discurso didático não deveria passar a responsabilidade à pedagogia geral sob o pretexto de que se trata de administração de classe. É verdade que professores que pertencem a movimentos de escola ativa ou de nova escola podem buscar referências numa experiência interdisciplinar para organizar seu ensino diferenciado. Um militante do movimento Freinet não precisa sem dúvida de uma didática do francês para saber como organizar sua classe de modo cooperativo. Em contrapartida, para a maioria, a didática não deveria agir como se todos os professores soubessem se organizar de modo a não serem constantemente o centro das trocas de um grande grupo. Nesse sentido, um discurso didático conseqüente não pode permanecer mudo sobre a gestão de classe, a disposição dos espaços, o agrupamento dos alunos, a questão do poder e do controle social, etc. O triângulo didático professor-aluno-saber não atinge somente pessoas, mas agentes coletivos. As relações que se estabelecem nesse triângulo não são de ordem puramente epistemológica, elas passam por uma organização do tempo e do espaço, por hábitos e por normas de trabalho e de comunicação. A passagem a uma pedagogia ativa, cooperativa e diferenciada exige inúmeros *lutos* em relação à identidade habitual dos professores (Perrenoud, 1992a, 1996b).

A avaliação formativa apresenta-se então, antes de mais nada, sob a forma de uma *regulação interativa*, isto é, de uma observação e de uma intervenção *em tempo real*, praticamente indissociáveis das interações didáticas propriamente ditas. Por outro lado, há espaço, em uma classe de francês, para uma avaliação formativa *retroativa*? Sem dúvida, e é necessário que os modelos de competência e de aprendizagem sejam coerentes, que não se criem grades de critérios sem relação com o modelo lingüístico de referência ou com o ensino efetivamente dado. Há, na avaliação formativa mais clássica, precauções a tomar para que ela não seja uma peça à parte, um acréscimo bastardo ao edifício, mas faça parte, ao contrário, de um sistema didático tão coerente quanto possível. São os apelos de Bain (1988b) e Allal (1988b) a uma colaboração entre especialistas em didática e em avaliação formativa.

Insistirei aqui em uma tese que será desenvolvida no próximo capítulo: a avaliação formativa, sobretudo se for retroativa, deveria permanecer uma *regulação por falta*, que intervém quando os outros modos de regulação não funcionaram ou não foram suficientes.

Equivale a dizer que a regulação, no funcionamento da linguagem e na aprendizagem da língua materna, não depende senão parcialmente da avaliação formativa, inclusive a regulação interativa. Em outras palavras, deve-se *conceber a regulação como produto de múltiplos processos complementares*, tendo a didática a tarefa de orquestrá-los e estimulá-los mais do que privilegiar um dentre eles. Nesse sentido, a avaliação formativa é apenas um elo da engrenagem. *Está inteiramente do lado da regulação, mas não a esgota.* Deveria, ao contrário, intervir apenas como último recurso.

Em uma pedagogia de sonho, estimulando fortemente a auto-regulação e a regulação pela comunicação, a avaliação formativa deveria ser marginal e assumir sobretudo a forma de uma regulação interativa em situação. Sendo as coisas o que são, tanto do ponto de vista das condições de trabalho, quanto dos programas e da formação dos professores, deve-se provavelmente aceitar que, em muitas classes ainda, e por muito tempo, a principal regulação em andamento seja retroativa. Se esta é a realidade, melhor reconhecê-la e favorecer essa forma de regulação do que nenhuma. Mas isso é apenas um paliativo e o desenvolvimento dos trabalhos em didática deveria tornar essa situação excepcional!

UM REALISMO SURREALISTA?

Para levar em conta as diferenças e pensar as regulações individualizadas, no quadro de um dispositivo e de seqüências didáticas, é necessário afrontar uma complexidade que descarta definitivamente receitas, modelos metodológicos prontos para uso. Portanto, aceitar romper com as necessidades de grande parte dos professores, assumir o risco de lhes propor procedimentos que não correspondem nem à sua imagem da profissão, nem a seu nível de formação. E aceitar sem dúvida também entrar em conflito com uma classe política e com autoridades escolares que não pedem tanto e das quais, ao menos uma parcela se conforma muito bem com a relativa ineficácia das pedagogias em vigor.

É que há realismo e realismo. Um deles *conservador*, de visão curta, que se esconde por detrás das tradições e interesses adquiridos para se resignar às desigualdades com um fatalismo sombrio ou alegre. Esse realismo não pode persistir senão recusando-se a ver uma parte da realidade ou inventando fatalidades biológicas ou socioculturais que o protejam de qualquer questionamento.

Existe um outro realismo, mais inovador, que se preocupa com o futuro, tanto dos indivíduos quanto das sociedades, que não se conforma com o fato de que tantas crianças e adolescentes passem tantos anos na escola para sair dela sem dominar verdadeiramente sua língua materna, sem ler correntemente e gostar disso, desamparados diante de um texto simples, desprovidos de meios de argumentação ou de expressão dos sentimentos. O realismo didático, tal qual defendo aqui, consiste em considerar os aprendizes *como são*, em sua diversidade, suas ambivalências, sua complexidade, para melhor levá-los a novos domínios. Talvez seja um realismo utópico. Será que temos realmente escolha?

Capítulo 7

UMA ABORDAGEM PRAGMÁTICA DA AVALIAÇÃO FORMATIVA*

A idéia de avaliação formativa presta-se a debates especializados sobre questões muito agudas. É necessário, periodicamente, encontrar uma visão de conjunto e se indagar: os professores e os pesquisadores se fazem as perguntas certas? Quais são, hoje, os conhecimentos e as incertezas.? Os impasses e as pistas fecundas? Entre a abstração um tanto vazia e a tecnicidade limitada, entre a autonomia e a fusão com a didática, a avaliação formativa procura ainda seu caminho. Sobre a concepção dos objetivos, a natureza da instrumentação, as relações entre avaliação formativa e pedagogia, ninguém pode pretender deter verdades definitivas. Sobre a maneira de integrar a avaliação à prática, sobre as estratégias de mudança ou de formação dos professores, diversas concepções também se confrontam.

Não pretendo fazer aqui uma obra de síntese entre os diversos paradigmas (De Ketele, 1993), mas, antes, apresentar de maneira condensada o que *me* parece o caminho mais fecundo para orientar tanto a pesquisa quanto a formação no curso dos próximos anos.

UTILIZAR TODOS OS RECURSOS POSSÍVEIS!

É formativa toda avaliação que ajuda o aluno a aprender e a se desenvolver, ou melhor, que participa da *regulação* das aprendizagens e do desenvolvimento no sentido de um projeto educativo. Tal é a base de uma abordagem pragmática. Importa, claro, saber *como* a avaliação formativa ajuda o aluno a aprender, por que *mediações* ela retroage

---

*Publicado em *Mesure et évaluation en éducation.* 1991, v. 14, n. 4, p. 49-81.

sobre os processos de aprendizagem. Todavia, no estágio da definição, pouco importam as modalidades: *a avaliação formativa define-se por seus efeitos de regulação dos processos de aprendizagem*. Dos efeitos buscar-se-á a *intervenção* que os produz e, antes ainda, as *observações* e as *representações* que orientam essa intervenção.

A avaliação formativa foi por muito tempo associada à imagem de um teste de critérios, que se aplica após um período de aprendizagem, acompanhado de uma seqüência de *remediação* para os alunos que não dominam todos os conhecimentos visados. Há uma década, os pesquisadores francófonos esforçam-se em ampliar esse modelo, conservar mais sua inspiração global do que modalidades pouco compatíveis com as teorias construtivistas da aprendizagem ou as didáticas de referência. Pode-se, pois, esperar hoje não ter mais que pleitear longamente a *ampliação* da observação, da intervenção e da regulação.

Uma concepção ampla da observação

Melhor seria falar de *observação formativa* do que de avaliação, tão associada está esta última palavra à medida, às classificações, aos boletins escolares, à idéia de informações codificáveis, transmissíveis, que contabilizam os conhecimentos. Observar é *construir uma representação realista das aprendizagens*, de suas condições, de suas modalidades, de seus mecanismos, de seus resultados. A observação é formativa quando permite orientar e otimizar as aprendizagens em curso sem preocupação de classificar, certificar, selecionar. A observação formativa pode ser instrumentada ou puramente intuitiva, aprofundada ou superficial, deliberada ou acidental, quantitativa ou qualitativa, longa ou curta, original ou banal, rigorosa ou aproximativa, pontual ou sistemática. Nenhuma informação é excluída *a priori*, nenhuma modalidade de percepção e de tratamento é descartada.

Sem dúvida, uma observação medíocre tem pouca chance de orientar uma intervenção eficaz. Evite-se, contudo, comparar a qualidade de uma observação à sua conformidade a padrões metodológicos desenvolvidos no domínio da medida. Uma medida digna desse nome deve ser válida, fiel, precisa, sem desvios, estável. Uma avaliação formativa não deve dobrar-se a esses critérios por pura preocupação com respeitabilidade. Sua lógica é diferente, contam somente seus efeitos de regulação.

Já o campo do observável é tão diverso e complexo quanto os processos de aprendizagem e de desenvolvimento e suas *condições* (Cardinet, 1983b, 1986b). Nada impede avaliar conhecimentos, fazer balanços. Para reorientar a ação pedagógica, é preciso, em geral, ter uma idéia do nível de domínio já atingido. É possível também interessar-se pelos processos de aprendizagem, pelos métodos de trabalho, pelas atitudes do aluno, por sua inserção no grupo, ou melhor dizendo, por todos os aspectos cognitivos, afetivos, relacionais e materiais da situação didática. Para compreender certos erros de leitura a partir de uma interpretação psicanalítica, à maneira de Bettelheim e Zélan (1983), é necessário evidentemente observar algo bem diferente de um simples nível de desempenho.

O que conta mais na observação é menos sua instrumentação do que os quadros teóricos que a orientam e governam a *interpretação* do observável. Ainda aqui, evitemos as normas *a priori:* algumas teorias científicas e explícitas da aprendizagem e do desenvolvimento orientarão certas formas de observação formativa, mas teorias mais ingênuas, paradigmas mais vagos, representações mais pessoais dos processos e das causalidades em curso também poderão revelar-se bem eficazes. No estado atual das ciências humanas, não se pode esperar dispor de modelos teóricos fundamentados e compartilhados por todas as aprendizagens prescritas pelo currículo. Mesmo existindo tais modelos, não se poderia esperar que todos os professores os compreendessem, os aceitassem e os internalizassem a ponto de fazê-los funcionar com rigor em todas as situações didáticas.

Uma concepção ampla da intervenção

Não há razão alguma para associar a idéia de observação formativa a um tipo particular de intervenção. O desenvolvimento e a aprendizagem dependem de múltiplos fatores freqüentemente entrelaçados. Toda avaliação que contribua para otimizar, por pouco que seja, um ou vários dentre esses fatores pode ser considerada formativa. Não se vê motivo para se restringir à definição da tarefa ou às instruções, ao procedimento didático e a seus suportes, ao tempo conferido ao aluno ou ao apoio que a ele se dispensa. O clima, as condições de trabalho, o sentido da atividade ou a auto-imagem importam tanto quanto os aspectos materiais ou cognitivos da situação didática.

Pode-se ajudar um aluno a progredir de muitas maneiras: explicando mais simplesmente, mais longa ou diferentemente; engajando-o em nova tarefa, mais mobilizadora ou mais proporcional a seus recursos; aliviando sua angústia, devolvendo-lhe a confiança, propondo-lhe outras razões de agir ou de aprender; colocando-o em um outro quadro social, desdramatizando a situação, redefinindo a relação ou o contrato didático, modificando o ritmo de trabalho e de progressão, a natureza das sanções e das recompensas, a parcela de autonomia e de responsabilidade do aluno.

A ampliação da intervenção segue várias direções complementares. Ela leva a se desvincular:

— dos "sintomas", para ater-se às causas profundas das dificuldades;
— do programa em curso, para reconstruir estruturas fundamentais ou pré-requisitos essenciais;
— da correção dos erros, para se interessar pelo que eles dizem das representações dos alunos, para servir-se deles como pontos de entrada em seu sistema de pensamento (Astolfi, 1997);
— das aquisições cognitivas, para levar em conta as dinâmicas afetivas e relacionais subjacentes;
— do indivíduo, para considerar um contexto e condições de vida e de trabalho na escola e fora dela.

Resta, evidentemente, encontrar os recursos, os métodos e as regras deontológicas que permitirão ir nesse sentido, sem, no entanto, ampliar a intervenção a ponto de desviá-la para uma forma selvagem de trabalho social, de terapia familiar ou de atendimento clínico. Trata-se de se acantonar na pedagogia, em sentido lato. Essa ampliação da intervenção, baseada em teoria, que responde à complexidade do real e adota uma abordagem sistêmica, encontra na prática inúmeros obstáculos: identidade e competência dos professores, falta de disponibilidade, divisão do trabalho entre professores, bem como com outros intervenientes (psicólogos e assistentes sociais).

Uma concepção ampla da regulação

Historicamente, a idéia de avaliação formativa se desenvolveu em uma lógica do *a posteriori*. Pode-se tentar desembaraçar a idéia de remediação de suas conotações ortopédicas ou curativas, considerar que ela faz parte das regulações *ordinárias* da aprendizagem, que pode intervir bem antes do fracasso e que concerne a todo aluno que não aprende espontaneamente. Resta que a remediação é da ordem da reação e da retroação no fim de uma ou de várias seqüências de aprendizagem, considerados os conhecimentos e as dificuldades observáveis.

A propósito de avaliação formativa e, mais geralmente, de pedagogia de domínio, Allal (1988a) distinguiu três tipos de regulação:

- as regulações *retroativas,* que sobrevêm ao termo de uma seqüência de aprendizagem mais ou menos longa a partir de uma avaliação pontual;
- as regulações *interativas*, que sobrevêm ao longo de todo o processo de aprendizagem;
- as regulações *"proativas"*, que sobrevêm no momento de engajar o aluno em uma atividade ou situação didática novas.

Essas três modalidades podem combinar-se. Nenhuma deveria ser associada a um procedimento estereotipado. A regulação retroativa *pode* tomar a forma de uma remediação, mas essa não é a única possibilidade. A remediação deve, ela também, ser entendida em um sentido amplo: "remediar" não quer dizer necessariamente retrabalhar as *mesmas* noções e habilidades, mesmo com novas explicações, com mais tempo, com um material diferente. Uma remediação ampla pode levar a reconstruir elementos bem anteriores, renunciando provisoriamente às aprendizagens problemáticas. Pode também levar a agir em outras dimensões da situação didática, até mesmo da trajetória escolar. Intervir *a posteriori* não significa *ipso facto*: refazer imediatamente o mesmo caminho em melhores condições.

A regulação "proativa" situa-se nos limites da avaliação formativa. Allal (1988a) definiu-a, aliás, como uma forma de regulação, não necessariamente de avaliação. Antes de ensinar, parece razoável indagar-se a quem se destina esse ensino, o que os alunos já sabem, quais são suas disposições de ânimo e seus recursos, que dificuldades correm o risco de encontrar. Assim, não se está em uma lógica da orientação, nem mesmo da atribuição a níveis ou tratamentos pedagógicos separados, mas do ajustamento das tarefas e das situações à diversidade dos alunos.

Quanto à regulação interativa, é preciso associá-la a uma modalidade de direção de classe e de diferenciação do ensino. Certamente, definindo microsseqüências de trabalho, ou mesmo de ensino, pode-se levar toda regulação interativa a uma regulação proativa ou retroativa e reencontrar-se em uma lógica da antecipação ou da remediação. O interesse do conceito é justamente fazer a avaliação formativa pender para o lado da comunicação contínua entre professores e alunos (Cardinet, 1988). Nesse espírito, melhor seria considerar as regulações proativas e retroativas como formas um pouco frustradas de regulação interativa, concessões às condições de trabalho que, na maior parte das classes, impedem uma interação equilibrada com todos os alunos. A regulação interativa é prioritária porque só ela é verdadeiramente capaz de agir sobre o fracasso escolar.

Os limites da ampliação

A ampliação da observação, da intervenção, dos momentos e modalidades de regulação vai no sentido não só de uma outra avaliação, mas de uma pedagogia mais eficaz. Por mais gratificante que seja, essa evolução levanta, entretanto, problemas conceituais significativos, ligados à representação da regulação e à própria definição da avaliação formativa como prática identificável, distinta das outras formas da ação pedagógica. Essa tendência se acentua graças aos mais recentes aportes da pesquisa sobre a integração da perspectiva formativa à didática, sobre o papel da metacognição e da auto-avaliação, sobre as regulações inscritas nas interações didáticas.

Talvez tenha chegado o momento de construir mais explicitamente uma problemática central, organizada em torno do conceito de *regulação* das aprendizagens, considerando a avaliação formativa como uma forma de regulação *dentre outras*. Proporei até mesmo concebê-la como uma *regulação por falta,* não intervindo senão em última instância, quando outras formas de regulação esgotaram (provisoriamente) suas possibilidades. Não para minimizar o papel do professor e do seu trabalho de observação e de intervenção, mas para não desperdiçar esse recurso raro! Todas as regulações que funcionam *sem o professor* são outros tantos *trunfos* de uma pedagogia diferenciada.

DIDÁTICA E REGULAÇÃO DAS APRENDIZAGENS

Pode-se considerar que todo *feed-back* é formador, venha de onde vier e qualquer que seja sua intenção, visto que contribui para a regulação da aprendizagem em curso. Deve-se, então, falar de avaliação ou de observação formativa? Não se corre o risco de dissolver o "formativo" à força de ampliá-lo?

Essa ampliação está na linha de uma abordagem pragmática: querendo-se aumentar a eficácia do ensino, é indispensável interessar-se por *tudo* o que contribui para a regulação do desenvolvimento e das aprendizagens. A avaliação não é, portanto, senão uma peça de um dispositivo mais vasto. Dever-se-ia, então, por deslizamentos sucessivos, estender a noção de avaliação formativa a ponto de nela englobar o conjunto do dispositivo de regulação?

Mais vale reconhecer que as pesquisas sobre a avaliação formativa levam parcialmente a *sair disso*, a constituir ou a desenvolver teorias mais gerais das interações e regulações didáticas, teorias que ainda não encontraram sua unidade e sua ancoragem, mas que se organizam em torno de uma questão fundamental: *como conceber dispositivos didáticos favoráveis a uma regulação contínua das aprendizagens?*

Não dissociar a avaliação formativa da didática

Fazendo parte da reflexão sobre a eficácia do ensino, a avaliação formativa devia ser pensada no âmbito de uma didática. Isso parece evidente, mas a especialização das pesquisas e das formações tende a reservar a alguns o território da avaliação, a outros o das didáticas de disciplinas.

Nas últimas décadas, não faltaram reformulações de programas e de didáticas. Freqüentemente em ruptura com as didáticas tradicionais (e implicitamente com suas formas de avaliação cumulativa, a prova escrita ou oral), as novas didáticas não foram, em geral, muito imaginativas no que concerne à avaliação. Talvez porque, na mente dos reformuladores, a avaliação fica do lado das obrigações, da instituição, da tradição e eles aspiram a "desembaraçar-se delas". Ou porque eles antecipam, com resignação, um "retorno do recalcado", como se as práticas tradicionais de avaliação tivessem força suficiente para sobreviver a qualquer renovação e para se impor aos professores contra o espírito de toda nova pedagogia.

Talvez esse raciocínio seja válido no que tange à avaliação certificativa ou somativa, especialmente às notas e aos boletins escolares tradicionais. Mesmo nesse caso, é uma política de pouca visão a de ignorar essas formas de avaliação quando se quer reformular, por exemplo, a didática da matemática ou da língua materna. De qualquer maneira, o raciocínio não se aplica à avaliação formativa, que deveria ser levada em conta em toda reformulação didática. Esse modo de pensar ainda está longe de alcançar unanimidade. Por isso, os professores mais preocupados com a eficácia ficam freqüentemente entre dois modelos: um modelo didático sedutor (pedagogia das situações matemáticas, do projeto, da comunicação), mas que não diz grande coisa da avaliação, e um modelo de avaliação formativa transdisciplinar, inspirado pela pedagogia de domínio, ou de outras teorias da aprendizagem e da regulação, que se desenvolveu independentemente da didática e do currículo específico de uma disciplina. O exemplo mais evidente, na escola primária, é o confronto entre as novas pedagogias, derivadas dos princípios da escola ativa, mas mudas sobre a avaliação, e modelos de avaliação formativa fiéis aos primeiros trabalhos de Bloom. A didática fala então a linguagem das situações de comunicação, das atividades-meio, dos problemas abertos, das pesquisas, das pesquisas de campo, do engajamento do grupo-classe em diversos empreendimentos ambiciosos, ao passo que os modelos clássicos de avaliação formativa falam a linguagem de objetivos específicos, de testes formativos, de seqüências de remediação. Daí a importância de se buscar uma *ampliação* da pedagogia de domínio (Allal, 1988a). Trata-se de inventar regulações adaptadas às novas pedagogias, a seus objetivos e a suas teorias de aprendizagem em vez de fazer essas pedagogias regredirem para que se ajustem ao molde clássico ensino-testes-remediações.

Talvez seja necessário ir ainda mais longe. Desde 1987, no âmbito dos encontros francófonos sobre avaliação, Daniel Bain afirmava: *"A avaliação formativa está no caminho errado"* (1988a). Negando que a avaliação formativa seja constituída em campo autônomo, ele pleiteava uma "entrada pela didática", ou melhor, uma problemática da avaliação formativa, construída a partir dos conteúdos e estruturas específicas do saber, bem como dos mecanismos de aprendizagem correspondentes. Tomando o exemplo da pedagogia da expressão escrita, ele mostrava que uma avaliação formativa, nesse domínio, supõe uma *teoria do texto e da produção de textos* e deve inserir-se em um procedimento didático coerente, com hipóteses precisas sobre a maneira como se constroem as competências e sobre a natureza dos erros ou dos desregramentos prováveis dos alunos. Esse alerta provocaria, um ano mais tarde, em Friburgo, um confronto amigável entre Daniel Bain (1988b), que desenvolvia sua tese, e Linda Allal (1988b), que, sem se opor a toda entrada pela didática, afirmava, contudo, o valor de uma abordagem transdisciplinar da avaliação formativa a partir das teorias gerais dos objetivos, da aprendizagem e das regulações cognitivas e metacognitivas.

Coexistem, de fato, *dois* debates distintos. Um diz respeito à especificidade relativa de cada tipo de conhecimento e de aprendizagem: não se adquire o domínio de uma língua estrangeira como se constrói um saber matemático. As regulações, no sentido mais amplo, e notadamente as que dizem respeito à avaliação formativa no sentido mais estrito usado aqui, não deveriam ser concebidas como processos gerais senão em um primeiro momento, porque esse é heurístico. Em um segundo momento, importa especificá-los. Parece, nesse ponto, possível e necessário manejar um *vaivém* entre teorias da aprendizagem relativamente independentes dos conteúdos, que propõem *paradigmas gerais*, e teorias do conhecimento, da transposição didática e da construção de saberes no interior de campos delimitados, que correspondem aos recortes atuais do currículo escolar.

O segundo debate me parece mais complexo. Incide sobre as *relações entre avaliação formativa e didática*. Na medida em que se define a avaliação formativa por sua contribuição *in fine* à regulação das aprendizagens, não se pode evitar a questão: o que distingue a avaliação formativa da pedagogia pura e simples? A pergunta é ainda mais pertinente se concebe a didática, no significado mais amplo, como um *dispositivo de regulação das aprendizagens no sentido de objetivos declarados*.

A didática como dispositivo de regulação

Conceber a didática como dispositivo de regulação é romper com uma distinção clássica, senão sempre explícita, entre um tempo do ensino, no sentido amplo, e um tempo da regulação. Esse esquema supõe que se possa, com razão, dissociar dois momentos sucessivos na ação pedagógica:

— em um *primeiro momento*, o professor faria os alunos trabalharem, na base de uma hipótese didática otimista;
— em um *segundo momento,* ele se dedicaria (na medida de seus meios) a corrigir e a diferenciar essa primeira ação global, intervindo junto a certos alunos ou subgrupos em dificuldade.

Essa dissociação convém, sem dúvida, a certas ações técnicas, alicerçadas em uma ciência de referência sólida e formalizada. Quando se lança um foguete, pode-se *calcular* o essencial da trajetória. O cálculo funciona, então, como uma regulação antecipada. A regulação em tempo real torna-se uma regulação *residual*, que permite enfrentar as perturbações menores do ambiente. A pedagogia aspira a se aproximar desse modelo. Teria ela os meios para isso? Seria razoável apostar tudo na construção de um currículo, de um curso, de seqüências didáticas bem-feitas, na esperança de que, então, a aprendizagem "se fizesse por si"? Todo autor de manual ou de um método gostaria de crer que o procedimento de ensino que propõe é "tão bem-pensado" que antecipa os questionamentos do aluno, suas perplexidades, suas dúvidas, suas descobertas, suas trajetórias, o que deveria permitir fazer a economia de qualquer grande regulação durante a aprendizagem. Nas obras metodológicas, encontram-se, em profusão, seqüências e situações didáticas *exemplares*, consideradas produtoras de efeitos de aprendizagem muito valiosos. A questão do fracasso ou da conclusão parcial do procedimento, ao menos para alguns alunos, parece depender de um outro registro, o da vida cotidiana, com suas imperfeições. O discurso didático se move ainda muito freqüentemente em um mundo de *ficção*, onde os alunos querem aprender, dominam os pré-requisitos e não resistem à natureza do método...

Talvez algum dia se chegue a esse grau de domínio antecipado dos processos sociais e mentais. Hoje, as didáticas melhor concebidas não asseguram de antemão senão as aprendizagens de uma *fração* dos alunos, os melhores, dos quais se diz habitualmente que aprendem a despeito da escola e se conformam com todos os tipos de pedagogias. Dentre outras coisas, impõem-se nuanças: alguns aprendem só o suficiente para sair-se honrosamente e progredir de série em série. Outros não aprendem nada ou quase nada e se acham rapidamente em situação muito difícil. Para além da diversidade dos destinos escolares, percebe-se um único fenômeno: a impotência das pedagogias para gerar na maioria dos alunos, pelo menos nos momentos compartilhados, aprendizagens à altura das ambições declaradas da escola.

Pode-se analisar essa impotência de diversas maneiras, insistir sobre o currículo, os meios de ensino, o método, os suportes audiovisuais, a relação pedagógica, etc. Sem descartar totalmente esses fatores, julgo que eles passam ao lado do essencial: *o sucesso das aprendizagens se passa na regulação contínua e na correção dos erros, muito mais do que no gênio do método.* Sabe-se muito bem disso quanto à leitura: há toda sorte de maneiras de ensinar e de aprender a ler. Sem as opor, seria melhor procurar o que as aprendizagens eficazes têm em comum. Encontrar-se-ia sem dúvida um denominador constante: *regulações intensas e individualizadas* ao longo de todo o processo.

Daí decorre a concepção da didática defendida aqui: um *dispositivo que favorece uma regulação contínua das aprendizagens.* No jogo de xadrez, se os primeiros lances são importantes, raramente comandam por si sós a solução da partida. Um jogador experiente se preocupa em escolher uma boa estratégia de abertura, mas mais ainda em ajustá-la permanentemente ao comportamento do adversário, chegando, se necessário, a mudá-la totalmente. Uma entrevista aprofundada de pesquisa não se resolve nas três primeiras perguntas. O essencial é a capacidade de o entrevistador enfrentar o imprevisto, de improvisar, de decidir em situação. Da mesma forma, um terapeuta sabe que deverá reorganizar constantemente sua ação para dar conta da evolução da situação e da relação. A didática, tal como é concebida, deveria concernir ao mesmo registro: antecipar, prever tudo o que fosse possível, mas saber que o erro e a aproximação são a regra, que será preciso retificar o alvo constantemente. Nesse espírito, *a regulação não é um momento específico da ação pedagógica, é um componente permanente dela.*

Em que se transforma a avaliação formativa nessa perspectiva? É uma forma de regulação *dentre outras.* Antes de recorrer a isso, cumpre, caso se privilegie a regulação *no curso da aprendizagem,* alicerçar mais estratégias educativas sobre o próprio dispositivo didático e, em particular, sobre dois outros mecanismos que, eles sim, não exigem a intervenção constante do professor: a regulação pela ação e a interação e a auto-regulação de ordem metacognitiva.

A regulação pela ação e a interação

Weiss (1989, 1993) propôs falar-se de *interação formativa* pensando não só nas interações didáticas clássicas, mas em todas as situações de comunicação nas quais a estimulação ou a resistência da realidade não são assumidas somente pelo professor, mas por outros parceiros. Nem toda aprendizagem exige um *feedback ad hoc.* De um lado, ela se nutre das regulações inseridas na própria situação, que obriga o aluno, conforme as interações, a ajustar sua ação ou suas representações, a identificar seus erros ou suas dúvidas, a levar em conta o ponto de vista de seus parceiros, ou seja, a aprender por ensaio e erro, conflitos cognitivos, cooperação intelectual ou qualquer outro mecanismo.

A idéia de que a aprendizagem e o desenvolvimento passam por uma interação com o real não é nova. Toda a psicologia genética piagetiana é indissociavelmente *construtivista e interacionista* (Perret-Clermont, 1979, Mugny, 1985). Por sua vez, todas as pedagogias novas, modernas, ativas insistem na importância da ação do sujeito que quer atingir um objetivo e se choca com a realidade. Podem-se evocar também os trabalhos sobre os conflitos sociocognitivos e as interações didáticas (Perret-Clermont e Mugny, 1985; Perret-Clermont e Nicolet, 1988; Schubauer-Leoni, 1986, Schubauer-Leoni e Perret-Clermont, 1985). Ou ainda afirmar que *não se aprende sozinho!* (CRESAS, 1987, 1991).

Alguns insistem mais sobre as dimensões *sociais* da interação, seja ela conflitual, seja cooperativa. Outros dão à noção de interação um sentido mais geral de *confrontação com o real*, presente tanto no trabalho solitário quanto na troca com outrem. A informática e outras máquinas audiovisuais favorecem uma interação intermediária, pois confrontam o aluno com mecanismos programados pelo homem para lhe servir de parceiro. Papert (1981) fala do computador como uma "máquina para pensar junto". A ação é fator de regulação do desenvolvimento e das aprendizagens muito simplesmente porque *obriga* o indivíduo a acomodar, diferenciar, reorganizar ou enriquecer seus esquemas de representação, de percepção e de ação. A interação social o leva a decidir, a agir, a se posicionar, a participar de um movimento que o ultrapassa, a antecipar, a conduzir estratégias, a preservar seus interesses.

A aula tradicional "modernizada" é uma forma de interação social. Pode-se duvidar de sua eficácia, especialmente quanto à participação dos alunos mais fracos. As pedagogias ativas buscam, pois, estruturas de interação menos dependentes do professor como personagem central (trabalhos de grupo), menos fechadas na escola (investigações, espetáculos) e que sejam acompanhadas de projetos, regras do jogo ou problemas que têm, para os alunos, mais sentido e atrativo do que os exercícios escolares convencionais. Meu propósito não é debater aqui pedagogias ativas e interativas em detalhe, mas assinalar que essa é uma das problemáticas às quais a perspectiva pragmática conduz no momento em que se está mais preocupado com as regulações do que com a avaliação.

A auto-regulação de ordem metacognitiva

A outra via promissora concerne ao que Bonniol e Nunziati chamaram de avaliação *formadora*. Portanto, não se trata mais de multiplicar os *feedbacks* externos, mas de *formar o aluno para a regulação de seus próprios processos de pensamento e aprendizagem*, partindo do princípio de que todo ser humano é, desde a primeira infância, capaz de *representar,* pelo menos parcialmente, seus próprios mecanismos mentais. Aliam-se, assim, — o que não exclui nem as diferenças, nem o debate — diversas correntes de pesquisa parcialmente independentes:

— os trabalhos da equipe de Aix-en-Provence sobre a avaliação formadora (Bonniol e Genthon, 1989; Nunziati, 1988, 1990);
— os trabalhos sobre a auto-avaliação entendida como representação de suas próprias competências e maneira de aprender mais do que como participação forçada ou espontânea na avaliação feita pelo professor (Allal, 1984, 1988c, 1993a; Allal e Michel, 1993; Paquay, Allal e Laveault, 1990; Salamin, 1986);

- os trabalhos das equipes de didática do texto, por parte do INRP* (Garcia-Debanc, 1989; Mas, 1989; Turco, 1989) ou da comissão genebrina de pedagogia do texto (Comissão Pedagogia do Texto), 1985; 1988; Bain e Schneuwly, 1993);
- a aplicação dos trabalhos sobre a metacognição (Allal e Saada Robert, 1992; Allal, 1993a e b; Grangeat, 1997).

Ainda aqui, a abordagem absolutamente não exclui a avaliação explícita feita pelo professor, especialmente como encarnação de um modelo de objetivação dos processos e dos conhecimentos, de explicação dos objetivos e das expectativas. Contudo, se está bem longe dos testes com critérios seguidos por remediações. Finalmente, a avaliação formadora tem apenas um parentesco limitado com a avaliação formativa. Ela privilegia a auto-regulação e a aquisição das competências correspondentes.

UMA REGULAÇÃO POR FALTA: A AVALIAÇÃO FORMATIVA

As duas abordagens que acabam de ser esquematicamente descritas são promissoras. Recobrem o que o Grupo Francês de Educação Nova chama "auto-socioconstrução dos saberes", que insiste sobre a auto-organização do sujeito e, simultaneamente, sobre a interação social como recursos principais na construção dos conhecimentos. A inspiração é globalmente a mesma: combater o fracasso escolar através de uma pedagogia mais eficaz, alicerçada sobre *feedbacks* freqüentes e pertinentes, bem como sobre uma auto-regulação (*Groupe Français d'Éducation Nouvelle*, 1996).

Que os adeptos da avaliação formativa sejam também ativos partidários de uma evolução da escola para pedagogias mais ativas e interativas de uma parte, mais reflexivas, de outra; quem se queixaria dessa proposta? Que a idéia de avaliação formativa contribua para renovar o debate pedagógico; há algo melhor? Isso não justifica que se amplie indefinidamente o campo coberto pela avaliação formativa. Conforme já indiquei, parece-me mais claro e mais fecundo conservar-lhe uma significação precisa que remeta a uma ação do professor. Isso não leva a isolá-la, salvo atendo-se alguém a definir um campo de pesquisa por uma única palavra-chave.

Três campos de pesquisa

Podem-se esboçar três subconjuntos:

1. No mais vasto campo, trata-se de desenvolver por si mesma, ainda que a partir de questões sugeridas pela avaliação, uma teoria geral das regulações meta-

---

*N. do T. Institut National de Recherches Pedagogiques.

cognitivas e interativas das aprendizagens e do desenvolvimento, em geral em situação escolar, sem querer absolutamente, sob este ângulo, distinguir, no conjunto dos *feedbacks* que participam da regulação das aprendizagens, o que resulta de uma avaliação formativa e o que faz parte de outras lógicas de ação.
2. No campo intermediário, o desafio é construir uma teoria do *ensino* como construção de um dispositivo didático que permita a criação e a gestão de *situações didáticas* que supostamente estimulem e, ao mesmo tempo, regulem certas aprendizagens.
3. No campo mais restrito, far-se-á um esforço para pôr em evidência, no interior do sistema de intervenção do professor, certas condutas ditas de avaliação formativa, caracterizadas por modos *específicos* de coleta de informações e de ação. Sem que sejam dissociadas completamente da ação pedagógica, elas podem constituir o objeto de uma reflexão, de uma formação, de instrumentação particulares.

Esses três campos poderiam ser esquematizados como segue (Fig. 1):

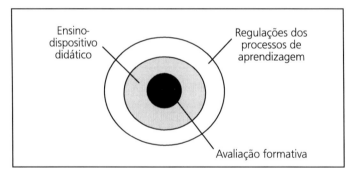

FIGURA 1

Reconhecer que a avaliação formativa não é senão uma regulação *por falta* não é desvalorizá-la, mas afirmar:

— que, na teoria, ela faz parte de um campo mais vasto e se articula a outros modos de regulação;
— que, na prática, não se deveria sonhar com isso senão *em última instância*, após ter desenvolvido tão bem quanto possível as outras regulações disponíveis (dispositivo didático, auto-regulação, interações).

Haraquiri?

Essa seria uma forma de haraquiri para os "especialistas" da avaliação? De modo algum. Há mais de dez anos eles tentam reencontrar a unidade dos processos, tanto da parte do aluno quanto da parte do professor e do sistema didático. Por que não tirar disso as conclusões epistemológicas que se impõem?

Em ciências humanas, seja pelo modo descritivo ou prescritivo, tratamos com totalidades complexas, que não são inteligíveis senão ao preço de um trabalho permanente de análise e de construção conceitual. A emergência da noção de avaliação formativa representou uma etapa importante e permitiu aproximar avaliação e didática. Talvez hoje seja necessário ir rumo a uma redefinição *explícita* dos recortes e, portanto, de nosso vocabulário. Se a avaliação formativa é doravante concebida como uma modalidade *dentre outras* de regulação das aprendizagens, é melhor redefinir e renomear explicitamente esse campo mais vasto do que deixar duradouramente a parte representar o todo. Por isso, deve-se confiar a *pesquisa* sobre os processos de regulação somente aos didatas ou teóricos da aprendizagem? No estado atual da divisão do trabalho e dos territórios, isso não seria muito prudente, pelo menos por quatro razões:

1. Subsistem *mecanismos comuns* e *paradigmas gerais* de regulação cognitiva e metacognitiva; seria absurdo reinventar a roda em cada domínio.
2. Cumpre levar em conta, notadamente no ensino elementar e primário, os *objetivos interdisciplinares* ou *transdisciplinares* e objetivos de desenvolvimento, que exigem uma regulação, sem inserir-se no quadro das disciplinas.
3. Uma parte das situações e condições de aprendizagem se desenrola no nível da *administração da classe*, até mesmo do estabelecimento, em termos de disposição dos espaços e do tempo, do contrato didático, das regras disciplinares, da concepção do trabalho escolar e dos saberes.
4. Por fim, uma parte dos didatas manifestou até agora uma profunda indiferença pela avaliação, seja certificativa ou formativa, até mesmo pelos processos de regulação interativa; prefere não levar isso em conta, para não complicar sua reflexão. Tanto na formação dos professores quanto na concepção das metodologias e dos meios de ensino, a avaliação e a regulação dos processos de aprendizagem continuam sendo, freqüentemente, os parentes pobres.

REGULAÇÃO DA APRENDIZAGEM OU DA ATIVIDADE?

Ser pragmático não é virar as costas à teoria, não é, como certos professores ficam tentados, "mandar para o espaço" os conceitos complicados e as hipóteses incertas sobre os mecanismos de aprendizagem. O que mais ameaça a idéia de regulação das aprendizagens é a *confusão* entre aprendizagem e atividade. Intelectualmente, cada um pode estabelecer a diferença entre a atividade mais ou menos visível na qual um aluno está engajado em um momento preciso e os conceitos, os esquemas, as habilidades que essa atividade, no melhor dos casos, contribui para desenvolver ou para consolidar. Infelizmente, no calor da ação, a distinção se dissolve.

Segue-se que inúmeras intervenções do professor não são reguladoras senão da atividade em curso e do funcionamento da classe. Isso é um problema? Sem dúvida, não se pode aprender sem ser ativo. Todavia, *nem toda atividade gera automaticamente aprendizagens*. A confusão entre regulação das aprendizagens e regulação das atividades é ainda maior porque a regulação é mais interativa, pois ela intervém no curso da atividade; na urgência, o professor deve conciliar ao menos duas lógicas:

— a *primeira* visa levar a atividade a bom termo, manter o ritmo, o clima, a coesão do grupo, a continuidade da ação, o sentido da atividade;
— a *segunda* visa contribuir para as aprendizagens previstas, logo, maximizar o conflito cognitivo e todos os processos suscetíveis de desenvolver ou fortalecer esquemas ou saberes, e isso em um domínio previamente delimitado.

Essas duas lógicas não se combinam facilmente. Nem toda decisão favorável à gestão da atividade em curso contribui necessariamente para a regulação das aprendizagens. Ao contrário, certas regulações das aprendizagens podem ser destrutivas ou perturbadoras para a atividade em curso. O problema continuaria complicado, mesmo que a dissociação fosse evidente e explícita. Na realidade, *a aprendizagem que está sendo realizada não é observável*. Fica-se, então, reduzido a indícios visíveis, dentre os quais o envolvimento na tarefa e a participação nas atividades coletivas. O professor deve, pois, no fluxo dos acontecimentos, conduzir uma dupla interpretação: de um lado, fixar e compreender o que o ajudará a animar a atividade; de outro, fixar e compreender o que o ajudará a favorecer as aprendizagens.

Um certo número de propostas das novas pedagogias pode aumentar a confusão. Elas insistem, com razão, sobre a importância da comunicação, dos projetos, das atividades-meio, das pesquisas, dos momentos de criação, etc. Essas atividades complexas apresentam uma dupla vantagem: de um lado, têm um sentido imediato para uma boa parte dos alunos e os mobilizam fortemente, com a condição de serem bem incentivadas. De outro, apelam para competências de alto nível taxonômico e favorecem, em princípio, aprendizagens transferíveis: saber antecipar, comparar, decidir, raciocinar, comunicar, negociar.

Para cumprir suas promessas, tais atividades exigem do professor que invista muito tempo e energia na preparação, na animação do grupo, na orquestração das atividades de uns e de outros. Preparar um espetáculo, montar uma exposição ou conduzir uma investigação são empreendimentos ambiciosos, que fazem correr riscos sociais, psicológicos, pedagógicos, às vezes, físicos, quando, por exemplo, se deixa a escola ou se trabalha com certos materiais ou certas ferramentas. Então, freqüentemente acontece que a vigilância do professor é inteiramente absorvida pela preocupação de fazer funcionar o grupo e contribuir para o avanço da tarefa.

Assim, as *regulações* dizem mais respeito à ação do que à aquisição de competências. Não se pode, pois, falar de avaliação formativa, mesmo implícita ou informal. O professor funciona *como os alunos*, ele está também centrado na tarefa de obter um bom resultado, mais do que na aprendizagem a construir. Ademais, freqüentemente ele tem consciência de conduzir o empreendimento e se acha, por conseguinte, duas vezes mais envolvido e responsável do que seus alunos... Claro, um professor experiente pode, ao participar ativamente da encenação de uma peça de teatro, da elaboração de um jornal ou da preparação de uma investigação, observar em seus alunos toda sorte de funcionamentos e de competências que motivarão mais tarde uma ou outra forma de intervenção didática. As situações de interação são, *potencialmente,* situações privilegiadas de observação. Ao vivo, a ação do professor consiste em assumir ou em organizar a resistência do real à ação, ou em se engajar ao lado do aluno para superá-la. O que lhe resta então como disponibilidades e como forças para fazer uma representação dos conhecimentos e dos processos de aprendizagem em jogo? Freqüentemente, pouca coisa. Sua ação é formadora, mas nem por isso há "avaliação formativa".

É difícil escolher entre o apoio a atividades promissoras e uma observação mais acurada do que se passa na cabeça dos alunos. Portanto, aqui se coloca um verdadeiro dilema: para manter as interações, uma pedagogia ativa exige opções e um olhar pouco compatíveis com a postura do observador atento. Ora, na aula, é preciso escolher. Por preocupação com realismo, Cardinet (1983b, 1986b) propõe, sobretudo em situação de regulação interativa, centrar a observação mais sobre as *condições de aprendizagem* do que sobre os resultados, que não aparecerão claramente senão mais tarde. Contudo, não é fácil, concretamente, dissociar as condições da aprendizagem do bom funcionamento global do grupo-aula ou mesmo da situação didática.

A regulação das condutas pode evidentemente, na melhor das hipóteses, provocar uma regulação das aprendizagens. Gerenciando o grupo e suas tarefas, o professor se engaja em interações com os alunos e, sobretudo, estimula-os a interagir entre eles. Resta saber, dentre essas intervenções, quais produzem aprendizagens, por modificação, diferenciação, coordenação dos conhecimentos e dos esquemas adquiridos e quais contribuem simplesmente para o bom funcionamento do empreendimento. É toda a questão das pedagogias ativas, dos trabalhos de grupo, das tarefas cooperativas, do conflito cognitivo. Como distinguir as interações *fecundas* do ponto de vista das aprendizagens, das interações *úteis* do ponto de vista do sucesso da atividade em curso? Como favorecer as primeiras contendo as segundas no limite do necessário? Essas questões poderiam ser melhor respondidas por uma *metodologia da regulação* do que pela avaliação formativa *stricto sensu*. Os processos em jogo são, em parte, da mesma ordem: identificar, no fluxo e na complexidade do real, as variáveis simultaneamente pertinentes e mutáveis...

As pedagogias ativas podem também, sob certas condições, estimular todos os mecanismos de auto-regulação ao mesmo tempo:

- porque fazem pesar, sobre cada um, expectativas mais sociais do que escolares, que incitam os alunos a assumir suas responsabilidades e a manter seus compromissos;
- porque o planejamento coletivo de uma pesquisa, de um romance ou de um espetáculo obriga a explicitar modelos de gestão de tarefas intelectuais para dividir e organizar o trabalho, negociar e manter um planejamento, avaliar a progressão.

Paradoxalmente, a ampliação da perspectiva formativa a diversos modos de regulação tende a tornar a ação educativa simultaneamente mais eficaz e mais disseminada, porque aumenta, em conseqüência, o número de elementos a coordenar na classe. A regulação se torna, mais claramente ainda, inseparável da administração da classe.

ESTRATÉGIAS DOS AGENTES E CONTRATO DIDÁTICO

O *angelismo* é um dos defeitos da pedagogia diferenciada e da avaliação formativa. Mesmo na universidade, não se pode agir como se todos os alunos tivessem constantemente vontade de aprender, soubessem por que vêm às aulas e quisessem cooperar para sua própria formação.

A avaliação formativa deve compor com outras *racionalidades:* as racionalidades desiguais dos sistemas escolares e dos estabelecimentos (Grisay, 1988), bem como as dos consumidores de escola (Ballion, 1982) e as de todos aqueles cuja preocupação é a de se desprender da armadilha escolar (Berthelot, 1983) e de triunfar na competição pelos títulos e pelos cargos.

Integrar a avaliação formativa ao contrato didático

O *contrato didático* (Brousseau, 1980, 1994, 1996; Jonnaert, 1996; Joshua, 1996b; Schubauer-Leoni, 1986, 1988) é o acordo implícito ou explícito que se estabelece entre o professor e seus alunos a propósito do saber, de sua apropriação e de sua avaliação. Esse contrato, tal como funciona em muitas classes, quase não deixa lugar a uma avaliação formativa. Ora, o professor não é livre para redefinir esse contrato à sua vontade. As expectativas dos alunos se forjaram conforme suas experiências escolares anteriores; eles aprenderam que o ofício de aluno (Perrenoud, 1996a) consiste geralmente em saber e em mostrar, no momento certo, *apenas o suficiente* disso para ter paz; que a arte consiste em trabalhar de maneira bem aplicada e intensiva apenas o suficiente para que o tempo passe e que se chegue ao fim de um período sem atrair para si uma repreensão, um trabalho suplementar ou um atendimento *ad hoc,* que obrigaria a ficar em aula na hora do recreio ou a ir para uma aula de reforço.

É claro que, em uma classe, há alguns alunos dispostos a trabalhar mais do que a média, para aprender mais, agradar aos adultos ou outras razões. Esses prestar-se-ão de bom grado ao jogo da avaliação formativa, que exige sua plena cooperação, tanto no estágio da coleta da informação quanto no da regulação. Isso não é evidente em relação a todos os alunos. Alguns resistem à idéia de revelar sua maneira de se organizar, de pensar, de construir um texto ou um raciocínio, de levantar hipóteses. À curiosidade do professor a respeito de seus processos cognitivos, eles opõem uma *resistência,* ativa ou passiva. Ora, a intervenção que poderia ajudá-los a progredir supõe boa vontade, tempo, um trabalho suplementar e um face-a-face com o professor. Um certo número de alunos não aspira a aprender o máximo possível, mas se contenta em "sair-se bem", em chegar ao fim da aula, do dia ou do ano sem catástrofe, tendo poupado suas forças para outras atividades que não o trabalho escolar. Todo contrato didático é um *acordo frágil:* o professor deve "puxar" bastante seus alunos para que dominem uma parte do programa e se dêem bem na série seguinte, mas cuidando para não quebrar a dinâmica com exigências excessivas, que provocariam uma revolta aberta ou estratégias de defesa menos controláveis, absenteísmo, trapaça, atitude burocrática ou ausência de iniciativa (Chevallard, 1986a; Merle, 1996; Perrenoud, 1996a).

A avaliação formativa supõe sempre um deslocamento desse ponto de equilíbrio para mais trabalho escolar, mais seriedade na aprendizagem, menos defesas contra a instituição escolar. Para o aluno, as vantagens de um investimento mais relevante nem sempre são fáceis de antecipar. A escola, abusando do ritual *"Pode fazer melhor!",* pouco a pouco privou de credibilidade seu discurso incitante. Os alunos podem sentir-se na armadilha do jogo da avaliação formativa e da busca constante de mais domínio dos saberes e das habilidades, embarcados no "sempre mais". Outro aspecto: a avaliação formativa supõe uma visibilidade, uma transparência, que se opõe às estratégias de dissimulação das crianças e adolescentes acostumados às manhas do ofício de aluno. Os trabalhos sobre avaliação formativa prestam uma crescente atenção nos fenômenos de comunicação (Weiss, 1991), mas aí também o angelismo ameaça, como se verá no próximo capítulo.

O peso do contrato didático é ainda maior, porque a avaliação formativa e a diferenciação do ensino são muito desigualmente praticadas de um professor para outro, de uma série para outra. Cada professor que deseja praticar uma avaliação formativa deve *reconstruir o contrato didático contra os hábitos adquiridos por seus alunos.* Ademais, ele lida com algumas crianças ou adolescentes fechados em uma identidade de maus alunos e de oponentes. Mesmo que a avaliação formativa preveja os interesses bem compreendidos do aluno, entenda ele ou não, isso não é suficiente para assegurar sua cooperação...

Avaliação formativa e corrida aos diplomas

A avaliação formativa e, de maneira mais geral, a pedagogia de domínio partem do princípio idealista e muito otimista segundo o qual é a competência que conta e que é preciso, por conseguinte, otimizar os processos de aprendizagem para ampliar os saberes e as habilidades da maioria. Na verdade, o que interessa a uma parte dos alunos e de suas famílias é atingir, na hierarquia de excelência, uma posição suficiente para passar à série seguinte, ingressar na melhor habilitação, obter seu *baccalauréat* ou qualquer outro diploma almejado. Para isso, na lógica atual do sistema escolar, não é necessário dominar o essencial dos conhecimentos e habilidades inseridos no programa. Basta ser melhor ou menos ruim do que os outros. A escola continua a ser um campo de batalha onde *o que conta é a classificação, mais do que o saber* (Perrenoud, 1995a; 1996a).

Em uma perspectiva *estratégica*, não é absolutamente indispensável que um aluno leve a sério todas as expectativas da escola. Para ter êxito no conjunto de uma carreira escolar, ele deve, ao contrário, saber "pegar e largar", investir em ramos seletivos no momento decisivo, depois deixar-se viver, para recobrar forças, nas disciplinas secundárias ou nos períodos calmos do ano escolar. Na competição escolar, responder constantemente à mais exigente das normas não é a melhor maneira de sobreviver, mais vale saber dosar o esforço, manter a distância. A avaliação formativa e as pedagogias de domínio voltam as costas a essas *estratégias utilitaristas*, até mesmo cínicas. Postulam que o aluno não deveria parar de trabalhar antes de dominar sólida e duradouramente o essencial dos saberes e habilidades ensinadas, o famoso 80% de Bloom (1972, 1979, 1988). Aqueles que conhecem, por experiência, o bom uso da instituição escolar compreenderam que, nesse jogo, às vezes mais se perde do que se ganha.

Isso não quer dizer que a avaliação formativa será constantemente combatida. Ao contrário, ela será *utilizada* quando servir aos interesses das famílias e dos alunos melhor colocados, isto é, quando o investimento no saber parecer uma boa solução. Em todos os domínios em que basta fazer a prova e se está apto a passar para a série seguinte ou ao ciclo superior de estudos, é preciso contar com estratégias muito mais econômicas, e as famílias incentivam seus filhos a fazer *"só o que é preciso"*.

ESPAÇOS DE JOGO E QUALIFICAÇÃO DOS PROFESSORES

A reflexão sobre a avaliação formativa insiste geralmente sobre a construção de uma representação dos conhecimentos e dos processos sobre a parte de interpretação do observável (Cardinet, 1986a e b). Este é evidentemente um aspecto decisivo. Se o professor não constrói para si uma imagem adequada do que se passa "na cabeça dos alunos", há pouca chance de sua intervenção ser decisiva na regulação da aprendizagem. Contudo, seria lastimável esquecer que a avaliação formativa não tem efeitos senão quando praticada *em situação*, por um agente que raramente a tem como única preocupação e cujas estratégias de ensino são limitadas tanto pelas exigências do meio quanto por suas próprias competências.

Não há avaliação formativa sem diferenciação

Mesmo no âmbito de um ensino frontal totalmente indiferenciado, a idéia de avaliação formativa conserva um certo sentido. Um professor universitário que se dirige a várias centenas de estudantes, rostos anônimos em um imenso anfiteatro, pode praticar uma parte de avaliação formativa caso se dê ao trabalho de ajustar o conteúdo e o ritmo de seu ensino às reações ou aos conhecimentos parciais de seu público. Portanto, a avaliação formativa é apenas uma expressão científica para caracterizar o fato de que nenhuma pedagogia, por mais coletiva que seja, é totalmente insensível às reações dos destinatários. Há sempre uma forma de *feedback,* nem que sejam os sinais de atenção e de interesse que o conferencista capte. Não é evidentemente sem importância organizar a coleta de informação fazendo de tempos em tempos uma sondagem, deixando um espaço para as perguntas, aplicando algumas provas antes de um exame final. Pode-se até, mais seriamente, construir testes criteriosos e avaliar periodicamente o nível de domínio dos estudantes.

Nascerá, assim, o paradoxo que me interessa aqui: *quanto mais a informação se especifica, mais ela se individualiza.* Para adaptar o ensino, então, não basta mais, por exemplo, reexplicar, desacelerar o ritmo, voltar para trás ou adotar um modo mais concreto de exposição. Todo público escolar, por mais selecionado que seja, é *heterogêneo.* Defrontados com o mesmo ensino, os alunos não progridem no mesmo ritmo e da mesma maneira. Caso se aplique uma avaliação formativa, cedo ou tarde sobrevém um momento em que é preciso render-se à evidência: *nenhum ajuste global corresponde à medida da diversidade das necessidades.* A única resposta adequada é a de *diferenciar o ensino.*

Que a avaliação formativa esteja ligada à diferenciação do ensino não é uma descoberta quando se está no âmbito das pedagogias de domínio (Huberman, 1988). A avaliação formativa parece, então, um componente obrigatório de um dispositivo de individualização das aprendizagens, de diferenciação das intervenções e dos enquadramentos pedagógicos, até mesmo dos procedimentos de aprendizagem ou dos ritmos de progressão, ou ainda, dos próprios objetivos.

No Capítulo 5, defendi a idéia de que havia uma parcela de avaliação formativa, ao menos potencial, em toda avaliação contínua e que não era preciso, por conseguinte, reservar a avaliação formativa para as classes e para as escolas abertamente engajadas em uma experiência pedagógica diferenciada. Ao contrário, é inútil insistir sobre a avaliação formativa onde os professores não têm nenhum *espaço de jogo,* onde a diferenciação não é senão um sonho jamais realizado, porque as condições de trabalho, o efetivo das classes, a sobrecarga dos programas, a rigidez dos horários ou outras exigências fazem do ensino frontal uma fatalidade, ou quase.

Praticada com uma certa constância, a avaliação formativa *incita à diferenciação.* Se esta última se chocar com uma resistência insuperável, seguir-se-ão conflitos e frustrações, portanto, uma regressão a métodos de ensino e de avaliação mais conformes às exigências dos professores. Há, em todo ator social, uma vontade de *não saber aquilo com o que ele não pode fazer nada.* É uma das formas de prevenção da dissonância cognitiva que todos praticam constantemente. Para que se chocar todos os dias contra os mesmos obstáculos? Ressaltei a importância do sonho na dinâmica de mudança das práticas para mais diferenciação (Perrenoud, 1996b). O sonho vira um pesadelo se terminar, *sempre*, em uma constatação de fracasso: "Não se pode fazer nada", "Isso não dá certo", "Isso não é suficiente", "Isso não vale a pena".

É, portanto, pouco razoável, tanto em teoria quanto na prática, pleitear uma avaliação formativa sem se preocupar imediatamente com o espaço de jogo de que dispõem os professores, de fato ou de direito, em uma organização escolar especial. Se eles não têm, ou pensam não ter, possibilidades de diferenciação, não há razão alguma que os engaje em uma avaliação formativa, que não lhes deixará senão amarguras ou frustrações. Saber mais sobre seus alunos, o que eles dominam, a maneira como aprendem só é motivador quando se pode reinjetar imediatamente uma parte dessas informações na ação pedagógica.

Reinventar a avaliação formativa

É natural que os especialistas da didática ou da avaliação cheguem o mais longe possível na construção conceitual e no desenvolvimento de modelos de avaliação formativa e de regulação. Lembremo-nos, todavia, de que não são os especialistas que atuam no dia-a-dia das aulas. Pode-se, certamente, "fazer como se" conceitos claros, modelos prescritivos realistas e uma formação adequada permitissem aos professores que se apropriassem da avaliação formativa e a pusessem em prática. O fracasso de inúmeras reformas autoriza tal otimismo?

Parece-me mais razoável admitir que toda prática de avaliação formativa em aula passe por uma *apropriação* e uma *reconstrução* das intenções, bem como dos processos, que nenhum reformador, nenhum formador podem "programar" inteiramente do exterior. A aposta essencial é, parece-me, *a identidade* e a *qualificação* dos professores. Da identidade dependem os investimentos profissionais: enquanto um professor não se concebe como alguém *capaz de fazer todo mundo aprender* — com a condição de se entregar a isso de maneira adequada — não tem razão alguma para se interessar pela avaliação formativa. Enquanto um professor julga que o fracasso está "na ordem das coisas", que há bons e maus alunos, que seu trabalho é o de dar aulas e não o de assegurar uma regulação individualizada dos processos de aprendizagem, os mais sofisticados modelos de avaliação formativa continuarão sendo indiferentes para ele.

Não basta ser adepto da idéia de uma avaliação formativa. Um professor deve ainda ter os meios de *construir seu próprio sistema de observação, de interpretação e de intervenção* em função de sua concepção pessoal do ensino, dos objetivos, do contrato didático, do trabalho escolar. Propor modelos de ação que exigiriam do agente a renúncia ao que ele é, ao que ele faz de boa vontade, ao que ele crê justo ou eficaz não pode levar a uma mudança duradoura das práticas; daí a importância, nessa problemática como em muitas outras, de investir na qualificação *pedagógica* dos professores: *"Mais vale aprender a pes-*

car do que ganhar um peixe." Uma prática da avaliação formativa supõe um domínio do currículo e dos processos de ensino e de aprendizagem em geral. De nada serve querer implantar um dispositivo sofisticado em uma pedagogia rudimentar. A avaliação formativa evoluirá, portanto, como a diferenciação do ensino, com o nível médio de qualificação pedagógica e de profissionalização dos professores (Gather Thurler e Perrenoud, 1988; Perrenoud, 1994a, 1996c, 1997e).

UMA AVALIAÇÃO ECONÔMICA E PRATICÁVEL

A avaliação formativa tem, historicamente, ligação com a pesquisa e as ciências da educação. Quer dizer que ela está muitas vezes do lado da racionalidade e, simultaneamente, da utopia. A própria noção de regulação funciona ainda melhor porque é utilizada em um nível elevado de abstração. Na imprecisão da ação cotidiana, torna-se difícil identificar o que cabe à regulação no fluxo dos acontecimentos. A avaliação formativa tem também um parentesco com a docimologia e as metodologias da medida, das quais herda as normas de eqüidade e de transparência e uma preocupação de precisão e de validade. Nesses dois domínios, mais valeria desfazer-se de um excesso de perfeccionismo e de igualitarismo para ir na direção de uma avaliação mais econômica e realmente praticável.

Avaliar em função das necessidades

Quando a avaliação tem funções de prognóstico, é normal que diga respeito a todos os que visam seguir determinada formação exigente. Quando é certificativa, ao fim de um ano escolar ou de um ciclo de estudos, a avaliação deve dirigir-se a todos os que pretendem obter um certificado. Quando é normativa e visa construir uma classificação e hierarquias de excelência, é justo que cada um seja submetido às mesmas provas em condições idênticas. É a moral do exame *eqüitativo*.

Quando se pensa em avaliação formativa, deve-se *romper com esse esquema igualitarista*. Não há razão alguma de dar a todos os alunos a mesma "dose" de avaliação formativa. A diferenciação começa com um investimento na observação e interpretação dos processos e dos conhecimentos proporcional às necessidades de cada aluno. O paralelo com o diagnóstico médico se impõe: o importante não é administrar a todos os pacientes os mesmos testes, as mesmas análises, os mesmos exames. É chegar a estabelecer um diagnóstico correto para cada um, a identificar uma patologia e, se possível, suas causas. Em certos casos, o diagnóstico é mais do que evidente e não requer nenhuma análise especial. Em outros, ele passa por uma sucessão de hipóteses e de verificações que mobilizam equipamentos, especialistas, muito tempo e energia. Como o diagnóstico médico, a avaliação formativa exige *investimentos diferenciados*.

Essa diferenciação operar-se-á segundo vários eixos:

- inicialmente, segundo a *gravidade* presumida da situação; certos alunos aprendem facilmente, quase em quaisquer condições; mesmo que manifestem algumas lacunas e, às vezes, cometam erros, a avaliação formativa é, para eles, de uma certa maneira, um *luxo*, porque apenas confirma o que é evidente, o que cada um pode constatar "a olho nu";
- em seguida, as investigações devem ser proporcionais à *complexidade* do fenômeno; teoricamente todo aluno é uma *caixa preta* e o professor está condenado a inferências; mas, às vezes, os indícios disponíveis e os modelos de interpretação permitem inferências rápidas, porque o quadro "clínico" é coerente, evoca configurações de indícios já observados e se insere em esquemas explicativos ou preditivos que foram provados; em outros casos, ao contrário, é a incerteza total, o observador não compreende nada dos mecanismos em causa, não tem nenhuma hipótese séria sobre o que bloqueia a aprendizagem.

Uma avaliação formativa digna deste nome não produz informações e verificações por simples espírito de sistema ou de eqüidade para fazer funcionar uma máquina avaliativa ou para tranqüilizar quem quer que seja. Ela visa dar ao professor, *nem mais nem menos,* informações de que ele necessita para intervir eficazmente na regulação das aprendizagens de seus alunos. Deve também levar em conta a rotina, o erro de apreciação ou a imprecisão. Às vezes, um professor acha mais simples aplicar um teste a toda a classe do que indagar-se longamente para que alunos ele é útil e como justificar uma diferença de tratamento. Pode-se, em uma perspectiva pragmática, aceitar que se avalie *um pouco mais* do que o necessário. Os médicos fazem também certos exames de rotina, "por descargo de consciência" e para ganhar tempo. Resta prevenir os abusos e, sobretudo, banir todo espírito igualitarista. Afinal, a única igualdade que conta é a das competências adquiridas!

Deve-se temer avaliar demais? Melhor dizendo, a avaliação formativa mesmo inútil, pode fazer mal? Consideremos pelo menos três aspectos:

- A avaliação, formativa ou não, tira tempo e energia das aprendizagens; é certo que um teste de critérios ou uma prova escolar são ocasiões de exercitar, de rever, de consolidar; toda avaliação não é, pois, tempo inteiramente perdido, mas nada garante que sempre "se mate dois coelhos com uma cajadada só".
- A avaliação absorve também o tempo e a energia do professor: fazendo demais, em certos momentos, em certos domínios ou para certos alunos, ele desperdiça forças que poderiam ser melhor investidas em outras situações; freqüentemente, mais vale investir na observação formativa acurada de três alunos em vinte do que em uma avaliação superficial de toda a classe.
- Toda avaliação, mesmo formativa, é uma forma de controle social e de coerção que não se deve estender inutilmente. Analisar-se-ão, no próximo capítulo, os desvios da *Glasnost* pedagógica.

Cardinet (1977, 1979, 1981, 1982) insistiu na necessidade de distinguir as funções e de proporcionar os instrumentos e os procedimentos às finalidades da avaliação. Infelizmente, essa racionalidade continua a ser, muitas vezes, atacada pela confusão teórica ou pela esperança de "matar dois coelhos com uma cajadada só". É verdade que, enquanto a escola der tanta importância às notas e à avaliação formal, os professores ficarão tentados a fazer avaliação formativa "suplementarmente" e a utilizar informações e procedimentos que lhes são impostos pelo boletim escolar.

Aliar a intuição e a instrumentação

Allal (1983) situou claramente a questão: encontrar, para a avaliação formativa, uma linha mediana *entre a intuição e a instrumentação*. Isso não quer dizer que se deva praticar constantemente uma avaliação "semi-instrumentada":

— em numerosos momentos, a intuição *basta*, porque a regulação diz respeito a aspectos muito visíveis ou porque a experiência do ensino permite, sem instrumentação, compreender bastante rápido o que se passa na cabeça do aluno, por que ele é bloqueado, como trabalha, etc.;
— em outros momentos, para certos alunos, a intuição *não basta* e é preciso, com conhecimento de causa, apelar a grades, testes, procedimentos sistemáticos de observação.

Ser pragmático é ser eclético. É *legitimar a subjetividade* (Weiss, 1986) quando ela é *defensável e eficaz,* mas é também defender a instrumentação quando é indispensável em razão da complexidade ou da ambigüidade da realidade. A questão não é teológica, mas prática: a instrumentação é sempre mais custosa do que a intuição; não se justifica, pois, a não ser que esse custo seja garantia de representações mais acuradas ou mais confiáveis.

O PRAGMATISMO É UMA DOUTRINA...

Já ficou claro que a abordagem pragmática aqui defendida não leva de modo algum a dar as costas à teoria. Para ser eficaz na regulação das aprendizagens, é melhor não se contentar com palavras, não se esconder atrás de princípios inaplicáveis. Mesmo que o pragmatismo desconfie dos modelos descritivos, exige uma lucidez constante sobre as condições e os limites da ação pedagógica, portanto, uma forma de teorização da aprendizagem e de seus mecanismos. Privilegiar a regulação é renunciar sem hesitação a atividades, meios, idéias que não ajudem a aprender, a despeito da dedicação com que se possa tratá-los por outras razões.

Para ser pragmático, com continuidade e método, é necessária uma grande coerência pessoal, aliada a uma certa tranqüilidade de espírito. Isso porque é quase indispensável que o pragmatismo seja compartilhado, assumido *coletivamente* por professores que visam juntos aos mesmos objetivos. Em matéria de avaliação formativa, *não é pragmático quem quer.* O pragmatismo custa talvez ainda mais, porque os professores que se engajam realmente em uma prática regular de avaliação formativa buscam nela uma forma superior de racionalidade...

Capítulo 8

AMBIGÜIDADES E PARADOXOS DA COMUNICAÇÃO EM AULA*

Nem toda interação contribui para a regulação das aprendizagens! Não basta, pois, comunicar-se bem em aula para que se instaure uma avaliação formativa.

Quem não desejaria uma comunicação *eficaz* entre professores e alunos? Eficaz porque os ajudaria a viver em bom entendimento, porque criaria as condições de um trabalho intelectual sereno e de um funcionamento didático feliz. Eficaz, sobretudo, porque veicularia, no momento certo, as questões e as respostas, as demandas e os *feedbacks*, as estimulações e os reforços, as hipóteses e os argumentos que alimentam o funcionamento cognitivo de uns e de outros e permitem regulações contínuas e pertinentes dos processos de aprendizagem.

Essa esperança, mesmo que fundada, não corre o risco de alimentar mais uma vez recomendações idealistas? Os professores não esperaram os especialistas da avaliação para que fosse exaltado para eles o pedagogo ideal, que não deixa escapar nada, que solicita sem bloquear a espontaneidade, que acolhe as iniciativas, que intervém com conhecimento de causa e no nível correto, que organiza o conjunto das atividades, que fica disponível para todos, que transmite uma imagem realista *e* construtiva dos progressos e dificuldades, que...

É claro, seria uma alegria que a comunicação em aula fosse inteiramente posta a serviço das aprendizagens e sua regulação e que fosse dominada pelos professores, mas também gradativamente pelos alunos. Aprender a comunicar-se não é aprender a aprender? Mas eis que, na realidade das salas de aula, a comunicação tem toda espécie de usos e funções. Ir à escola para aprender não significa que todas as interações cotidianas se organizem com essa finalidade. A comunicação em aula tem outras funções e segue

---
*Publicado em Weiss, J. (dir). *L'évaluation: problème de communication*, Cousset, DelVal-IRDP, 1991, p. 9-33.

outras lógicas, que não podem ser ignoradas, sobretudo querendo-se otimizar as aprendizagens.

Esboçando a análise das ambigüidades e dos paradoxos da comunicação em aula, não afirmo que tudo é negro lá onde outros vêem a vida cor-de-rosa. Dizer *ambigüidade* é considerar que a comunicação pedagógica pode impedir, tanto quanto favorecer, aprendizagens. Dizer *paradoxo* é lembrar que as melhores intenções, às vezes, têm efeitos perversos. O professor tenta certamente controlar a comunicação em aula, mas empreende sempre várias coisas ao mesmo tempo e deve compor com outros agentes...

CONCEITO OU *SLOGAN*?

A comunicação é um valor que está na moda: *"É preciso comunicar-se!"*, repete-se aos chefes de empresas e aos políticos, às enfermeiras e aos médicos, aos funcionários e aos professores. Os publicitários são os gurus da época. Freqüentemente, censuram-se mais os governos, as administrações, os hospitais, as empresas por não saberem explicar o que fazem do que por fazê-lo mal. Esse movimento participa de uma louvável preocupação de abertura, de diálogo, de transparência. Na escola, esses termos são valorizados, preconiza-se a cooperação com as famílias, o trabalho em equipe, a participação na vida dos estabelecimentos, a abertura, a expressão serena dos conflitos e das divergências.

Não gostaria de entrar em guerra contra uma ideologia da comunicação à qual as ciências humanas não são estranhas. Tanto os analistas da família quanto os cientistas políticos, os psiquiatras ou os sociólogos das organizações mostram que o funcionamento das instituições e dos grupos, a emergência e a resolução das crises e dos conflitos coletivos, bem como das patologias e dos problemas das pessoas, dependem, em boa parte, das redes e dos modos de comunicação em vigor. Segue-se que, freqüentemente, pode-se tentar acertar as coisas melhorando a comunicação. O fato de que certos "especialistas" aí encontrem seu interesse, que a comunicação se tenha tornado uma profissão e uma brecha no mercado da formação, da intervenção, do conselho, da pesquisa aplicada não basta para invalidar os fundamentos teóricos do procedimento.

Todavia, a moda não nos deveria fazer esquecer que, como a língua de Esopo, *a comunicação não é boa nem má, por si mesma*. Tudo depende dos poderes, das estratégias e das finalidades a que ela serve.

- Comunicação não é sinônimo de cooperação: é também instrumento de difamação, de crítica, de repressão, de exclusão, de conflito simbólico.
- Comunicação não é sinônimo de confiança: comunica-se também para mentir, enganar, falsificar a realidade.
- Comunicação não é sinônimo de transparência: comunica-se igualmente para desinformar, manipular, "atirar areia nos olhos", construir uma fachada, salvar as aparências.

- Comunicação não é sinônimo de igualdade, de simetria: comunica-se também para comandar, justificar uma hierarquia, privilégios, segregações.
- Comunicação não é sinônimo de liberdade: comunica-se também para fazer "lavagem cerebral", para alienar, fazer internalizar normas, instaurar tabus.
- Comunicação não é sinônimo de racionalidade: a publicidade e a propaganda (política, religiosa, comercial) agem largamente sobre o inconsciente e os motivos menos racionais do ser humano. O Dr. Goebbels, a esse respeito, levava léguas de vantagem...
- Comunicação não é sinônimo de aprendizagem: na vida cotidiana, o papel principal da conversação não é abalar, mas reforçar preconceitos, fortalecer em cada um seus estereótipos e seus hábitos de pensamento.

Não é evidente: a comunicação, modalidade essencial da ação e da interação dos seres humanos, participa inevitavelmente das mesmas ambigüidades e dos mesmos paradoxos. Por que seria diferente na escola? Por que a comunicação estaria aí inteiramente do lado da liberação, da autonomia, do progresso? Por que não seria a comunicação, como em outros lugares, um instrumento de alienação, de exclusão, de dominação, de desinformação, de seleção? Além dessas banalidades, resta explorar, de maneira mais precisa, os caracteres *específicos* da comunicação em aula e nos estabelecimentos escolares. Entre o professor e o aluno, instaura-se um contrato pedagógico e didático singular em torno de tarefas particulares. Em torno do saber, de sua transmissão e de sua manifestação, entrelaçam-se propostas próprias da escola.

Pode-se considerar a comunicação em aula como um fenômeno geral, relativamente independente da avaliação. Não há avaliação sem comunicação, nem, provavelmente, comunicação sem uma parte de avaliação no sentido mais banal do termo. Apesar desses laços, seria possível, e certos psicólogos sociais, sociólogos e antropólogos o fazem, estudar os processos de comunicação e de interação em aula sem atribuir à avaliação uma importância particular, nem se preocupar, além da medida, com a pedagogia. Assim, Sirota (1988) estuda as estratégias da comunicação dos alunos em uma perspectiva sociológica a fim de contribuir para a explicação das desigualdades sociais perante a escola, sem julgar o que se passa de um ponto de vista normativo, nem se centrar na avaliação. Adotarei aqui uma perspectiva menos ampla, focalizando a análise sobre os processos de comunicação que me parecem suscetíveis de favorecer ou de inibir *a regulação das aprendizagens*.

Para que uma regulação interativa se opere regularmente, é necessário que essa preocupação domine a comunicação em aula. Nada mais simples, talvez se pense. Trata-se de ensinar mais eficazmente, de favorecer as aprendizagens. Não é esta a prioridade na escola? Não se vai aí para trabalhar e para aprender? Seria menosprezar outras "lógicas" em operação na escola. Em um grupo humano, as propostas são múltiplas, a comunicação tem, pois, funções diversas, às vezes contraditórias, seja porque diz respeito a atitudes e climas antagônicos, seja simplesmente porque o tempo é contado: quando se fala por falar, para se distinguir, para manter a ordem ou a relação, não se comunica para favorecer as aprendizagens.

Meu propósito aqui não é recensear todos os desafios, todas as funções da comunicação em uma sala de aula. Ater-me-ei a alguns aspectos que têm uma incidência direta, eventual ou certa, sobre a regulação interativa das aprendizagens.

A *GLASNOST*, UM VELHO SONHO DE PEDAGOGO

Entrando pela primeira vez em uma sala de aula, um antropólogo que ignorasse tudo da tradição escolar ficaria impressionado inicialmente com o fato de que, durante as horas de escola, não se conceda praticamente nenhuma *esfera privada* aos alunos. Isso o surpreenderia tanto mais porque eles vivem em uma sociedade desenvolvida, impregnada de individualismo, em que cada um aspira a dispor de um território protegido, no qual se ache "em casa", abrigado do olhar de outrem, livre de seus gestos e de seus humores.

Fisicamente a aula é um espaço *exíguo,* no qual se concentram, durante longas horas, com pausas bem distantes e muito curtas, de vinte a trinta pessoas. Desse ponto de vista, o professor se encontra na mesma situação dos alunos. Certamente, ele dispõe de uma mesa um pouco maior, alguns cartazes, às vezes uma salinha contígua. Não pode, mais do que seus alunos, isolar-se fisicamente em uma outra peça ou mesmo se abster da interação. Seu espaço próprio não é protegido da intrusão dos outros senão por limites simbólicos, os da escrivaninha ou da zona que ele geralmente ocupa. A situação dos alunos é ainda mais precária. Eles têm uma cadeira, uma carteira de um metro de largura ou uma parte de uma mesa maior. Conforme as atividades, são deslocados, convidados a se instalar no chão, em bancos, em uma mesa grande. No ensino secundário, inúmeras classes não têm local próprio e se deslocam ao sabor das aulas. Freqüentemente, por temor aos roubos e depredações, não se pode deixar nada sobre as mesas, nem nas gavetas, nem nas paredes.

Nos espaços concedidos a cada aluno (interior de uma minúscula carteira, armarinho pessoal), o essencial do local é tomado pelos livros, cadernos, equipamentos de ginástica e outros instrumentos requeridos pelo exercício do ofício de aluno. Ademais, as carteiras dos alunos geralmente não são fechadas e são acessíveis a todos na ausência do "proprietário". O professor tem o direito, alguns dirão até o dever, de inspecionar regularmente o interior das carteiras e dos armários dos alunos, nem que seja para certificar-se de que eles mantêm uma certa ordem ou não guardam objetos ilícitos (revistas pornográficas, facas, produtos tóxicos, animais, comida). Em uma sala de aula, o aluno não dispõe de nenhum abrigo seguro para proteger seu material ou seu corpo do olhar dos outros. É difícil para ele bocejar, coçar o nariz, balançar-se, comer, conversar, ir ao banheiro sem ser visto e chamado à ordem. A promiscuidade é tanta que os ruídos e os odores mais íntimos não escapam à vizinhança.

Nenhum professor vê nem sabe tudo o que se passa em sua sala de aula. Aliás, ele não está, de modo algum, empenhado em tudo ver e saber. Inúmeros alunos *imaginam,* todavia, que ele sabe ou poderia saber. Atribuem-lhe mais ubiqüidade do que ele tem. Se o professor quer saber, tem alguns meios de investigação, mesmo quando a realidade é fugidia ou incerta. Um aluno trapaceou? Uma criança um pouco marginal foi ameaçada? Injuriou-se uma outra chamando seus pais por nomes de pássaros? Para sabê-lo, não adianta nada examinar sua carteira, mas basta, muitas vezes, interrogar seus colegas. No seio do grupo confinado em um espaço tão exíguo, poucas palavras ou gestos escapam ao olhar deste ou daquele que, por ingenuidade ou interesse, pode "entregar". Há uma solidariedade parcial entre os alunos, que contribui para "confundir", para mascarar alguns desvios ou incompetências. Assim, em aula, a visibilidade das crianças e dos adolescentes é muito mais forte do que na maior parte dos outros ambientes de vida, inclusive na família, onde cada um — nas sociedades e classes sociais mais favorecidas — tem seu próprio quarto ou, ao menos, um espaço protegido.

Algumas experiências realizadas no âmbito da defesa civil (simulação de catástrofes ou de conflitos) ou os relatos de pessoas que realmente viveram graves acontecimentos, confinados em um espaço fechado, mostram que adultos condenados a viver juntos dessa maneira, durante dias ou semanas, sentem isso como um *stress* significativo por toda espécie de razões, mas especialmente porque elas se sentem *desnudadas*. Em um espaço fechado, os tiques, os medos, as obsessões de uns e de outros não escapam por muito tempo a seus vizinhos. Identificam-se logo o egoísmo, o gosto pelo poder, o ciúme. Toda espécie de traços de caráter ou de fantasias se denunciam nos pequenos gestos cotidianos. Na escola, não se passa o dia inteiro juntos, e as condições não são dramáticas. Salvo nas colônias de férias de inverno ou de verão, não se dorme no mesmo quarto, não se come juntos, não se faz a toalete coletivamente. Contudo, a promiscuidade é suficiente para que a pessoa se sinta entregue sem defesa aos olhares do outro, privado de certos meios simbólicos de construir uma fachada, de salvar as aparências.

Mesmo que alunos se entreguem a um trabalho puramente material, sem fortes implicações intelectuais ou afetivas, isso não ficaria sem conseqüências. Ora, em uma sala de aula, a visibilidade vai bem além dos comportamentos: incide sobre atitudes, modos de dizer, de responder, de perguntar, de se perturbar ou de se irritar, de partilhar ou de se isolar. O que se passa no coração e na mente dos indivíduos não é, por certo, diretamente observável, mas professores e alunos são, desde cedo, treinados para decodificar todas as espécies de signos e para fazer inferências. Um aluno que gagueja, que se engana, que intervém de maneira intempestiva, que se queixa ou tenta seduzir o professor expõe mais do que uma conduta. Por trás da conduta, todos vêem ou crêem ver um caráter, uma cultura familiar, uma condição social, uma estratégia de ator.

A tudo isso se junta o poder *inquisitorial* do professor: nada do que se passa em sua aula é considerado estranho a ele. Pode intimar um aluno a lhe trazer um bilhete que passa de mão em mão, exigir que lhe seja repetida uma conversa particular, perguntar quem é o autor de uma brincadeira lançada *mezza voce*, ou qual a significação de um grafite, abrir os cadernos, os arquivos, até mesmo, em caso de suspeitas, revistar a pasta ou as roupas de um aluno acusado de falcatrua ou de furto. A prisão ideal, do ponto de vista do carcereiro, é a que dá ao detento a impressão de ser vigiado permanentemente, porque *ele ignora se é ou não observado*. Vigiar sem o conhecimento de outrem, ver sem ser visto: essas fantasias se materializaram na arquitetura das prisões, em sua disposição interna e na concepção dos dispositivos de vigilância. Remeto aqui à análise feita por Foucault (1975) do *Panopticon* de Bentham. Na escola, a assimetria é menos forte, pois o professor está exposto aos olhares do aluno, mais do que o vigia de uma prisão o está ao olhar dos detentos. A sociedade, nas instituições de atendimento, dá ao professor de escola, como aos pais, ao carcereiro, ao médico, ao educador, o direito e o dever de *vigiar* as pessoas pelas quais é responsável para melhor cumprir sua tarefa. Esse direito é justificado pela preocupação de proteger, de cuidar, de instruir, de fazer o bem das pessoas atendidas, mesmo que elas não saibam disso. Tende-se hoje a limitar esses poderes, a explicitar os direitos do doente, do "louco", do detento, da criança. Eles continuam importantes.

O professor da escola contemporânea não é mais um diretor de consciência, mas conserva poderes inquisitoriais, que dizem respeito às condutas em aula e no ambiente escolar e se estendem às vezes às atitudes, aos valores, às crenças mais pessoais dos alunos. O professor tem, sobretudo, o direito e o poder de se informar sobre os processos intelectuais do aluno, seus conhecimentos e lacunas, seus raciocínios e suas falhas, seus modos de aprendizagem e de trabalho, suas estratégias de resolução de problemas e de organização diante de uma tarefa, etc. Esse direito do professor de olhar os processos de pensamento e as representações do aluno reforça o efeito da coexistência em um espaço exíguo. O aluno é *duplamente desnudado,* de uma parte, porque vive vinte a trinta horas por semana sob o olhar de um professor; de outra parte, porque este último tem o direito e o dever de tentar compreender seu caráter, seus raciocínios, sua representação do mundo, suas atitudes em relação a toda sorte de desafios educativos ou ligados à coexistência na aula.

Nesse estado de dependência e de vigilância, a comunicação assume um sentido particular. Em certos aspectos, ela se torna inútil ou derrisória, uma vez que o professor *sabe* ou se presume que saiba o que se passa sob seus olhos. Basta que lhe seja atribuída uma forma de ubiquidade e de onisciência para que se sinta sob vigilância. Fantasia de jovens alunos, que se atenua com a experiência. Fantasia bem real em seus efeitos: o sentimento de viver sob controle, a impressão de que é inútil tentar enganar o professor quando não lhe faltam meios de verificar ocularmente que o aluno efetivamente compreendeu, fez seu trabalho, respeitou a regra, etc. O professor se preocupa com a ordem, com o silêncio, com a disciplina, a atenção ao trabalho, a concentração, a utilização adequada dos instrumentos de referência, de cálculo e de desenho, o progresso da tarefa prescrita. Sobre muitos desses aspectos, a realidade se deixa ver a quem quer observá-la bem. O aluno que nega a evidência e se aferra a uma argumentação sem conclusão dá simplesmente a impressão de falta de maturidade, de ser fabulador ou desonesto, de ter uma relação confusa, até mesmo patológica com a realidade...

A visibilidade das condutas e dos pensamentos, mesmo que seja menos forte do que muitos alunos imaginam, *retira da* comunicação uma de suas funções essenciais: iludir, exercer através de seus propósitos e seus silêncios um certo domínio sobre a imagem que os outros fazem de alguém. A promiscuidade e a ausência de esfera privada reduzem consideravelmente a margem de manobra dos alunos, e até do professor, em relação a outras situações de comunicação. Ainda que, em inúmeras relações sociais, a comunicação permita mascarar ou enfeitar a realidade, em aula, se está bem desprovido de tais artifícios. O aluno pode tentar dizer que fez seus deveres, começou seu texto, organizou sua prova de matemática ou preparou sua exposição de história: o professor que duvida disso pedirá que lhe seja mostrado o caderno ou seu arquivo ou, menos cortesmente ainda, se apossará deles *manu militari*, para verificar por si mesmo. Fora da escola, a comunicação é uma "arma", que permite ao indivíduo dominar a auto-imagem que ele transmite, pôr em evidência o que o enaltece, mascarar o que o desacredita. Em aula, a visibilidade é tal que a comunicação não é muitas vezes senão um subterfúgio desastrado para negar a evidência, minimizar um erro ou excusar uma falta à regra.

O que isso tem a ver com a regulação formativa das aprendizagens? Por razões merecidas, esse procedimento propõe *estender o campo da observação*. Conforme a teoria das dificuldades escolares e suas causas que segue, o professor, ao praticar uma avaliação formativa, pode ser levado a se interessar pelos menores aspectos da personalidade, do funcionamento mental e da vida cotidiana de alguns de seus alunos. Apegando-se ao *status* do erro, à hesitação, à relação com o saber, ao conflito cognitivo, ao sentido da situação e da tarefa para o aluno, a seu grau de implicação, à sua representação dos objetivos, à sua auto-imagem, à sua forma de pensamento, vai-se *bem além* daquilo que fornece os meios para o julgamento do professor.

O engenheiro ou o técnico em informática precisam saber tudo o que se passa no sistema que analisam para melhor controlar seu funcionamento ou sua construção. O médico ou o professor têm, em parte, a mesma ambição. A diferença é que o "sistema" é então uma pessoa, preocupada em conservar o controle de sua imagem e em proteger sua esfera privada. O "sistema" vai, portanto, defender-se quando sente a observação como uma *agressão*.

Freqüentemente, os doentes são ambivalentes: sabem que dizer tudo, mostrar tudo é de seu interesse, do ponto de vista da medicina. Psicológica ou sociologicamente, a transparência pode limitar sua autonomia, eles bem o sentem: dizer o que se bebe ou quantos cigarros se fuma realmente, confessar que não se pára de mastigar assistindo à televisão é condenar-se a ouvir: "Em seu estado, para seu coração, seus pulmões, sua saúde, seu futuro, seria melhor...". E é também dever enfrentar a realidade. Ora, o pensamento mágico ("Tudo vai dar certo!") funciona melhor na imprecisão.

Não é diferente na escola: reconhecer ou revelar lacunas, incompreensões, bloqueios seja talvez uma boa estratégia a longo prazo. A curto prazo, e talvez em visão restrita, ela leva a enfrentar uma realidade pouco gratificante, a se colocar em posição de fraqueza, a se privar das vantagens concedidas aos bons alunos, a ser colocado sob vigilância ou simplesmente *se mostrar como se é*, aos olhos das outras crianças: um aluno que não sabe consultar o dicionário, distinguir a esquerda da direita ou memorizar uma informação simples por mais de cinco minutos.

A prova cumulativa e o exame dão ao aluno uma chance — real ou imaginária — de enganar: preparação intensiva de última hora para o *baccalauréat*, "cola", auxílio mendigado, sedução desarmadora, ausências calculadas (Perrenoud, 1995a), permitindo-lhe influenciar o julgamento do professor. Da mesma maneira, o professor pode enganar durante o tempo de uma inspeção. A avaliação formativa, contínua e intensiva, não oferece proteção alguma aos alunos para quem a preguiça ou a indiferença do professor são as únicas chances.

A avaliação formativa, como observação sistemática, até mesmo obsessiva de tudo o que esclarece os processos de aprendizagem e favorece sua regulação, é uma forma de encarnação do *Grande Irmão**. Que este inferno esteja cheio de boas intenções não impede os alunos de vivê-la como uma *ameaça*. A mais inteligente avaliação formativa é também a mais sofisticada das *vigilâncias*. Se o professor é formado para melhor observar, percebe ou adivinha melhor o que se passa na "caixa preta", fazendo recuar ainda mais os limites da esfera privada. Com as melhores intenções do mundo...

A *Glasnost* é um velho ideal da escola. Repusseau (1978) sublinha que, para muitos professores, o aluno ideal é aquele que *nada tem a esconder*, que se pode decifrar "como um livro aberto". Hoje a atitude é menos moralista. Há menos interesse pela alma do que pelos processos cognitivos. Os alunos sabem estabelecer a diferença? A avaliação formativa e a didática substituem uma transparência moral por uma transparência cognitiva. Isso não muda necessariamente a relação de forças e a maneira como o aluno vive o que se faz para ele, especialmente na escola obrigatória!

COMUNICAR PARA CONVIVER

Sem dúvida, este é o imperativo primeiro quando se é condenado, vinte e cinco a trinta horas por semana, durante quarenta semanas por ano, a *coexistir*. No espaço exíguo da sala de aula, uma parte das conversações não tem outra razão de ser senão manifestar o pertencimento ao grupo, permitir a todos encontrar seu lugar nele, ser reconhecido integralmente como seu membro, nele defender seus direitos, seus recursos, seu espaço vital. A aula é o principal quadro *coletivo* de vida das crianças e dos adolescentes, seis a sete horas por dia, durante anos. Portanto, é lá que eles se divertem, contam histórias, representam mil jogos relacionais de sua idade, fazem e desfazem bandos, criam e superam conflitos.

Alguns professores compreendem mal essa necessidade de falar, às vezes "para nada dizer". Terminam com a tagarelice, penalizam os reincidentes, remetem as conversas particulares a outros momentos e outros lugares: o recreio, o caminho da escola, os feriados. Outros professores, menos intransigentes, deixam momentos de descontração mais numerosos ou toleram algumas conversas particulares durante o tempo de trabalho. Mesmo assim, a necessidade de falar é sempre mais forte do que as ocasiões legítimas. É por isso que, salvo quando a repressão é feroz, a *comunicação privada* se infiltra em todos os interstícios do tempo de trabalho escolar. Todos os momentos de hesitação do professor

---

*N. do T. Referência à obra de Georges Orwell, 1984.

são aproveitados: entre duas atividades, enquanto o professor está ocupado com outras tarefas, por ocasião de um trabalho em grupo, os alunos continuam a contar-se o que lhes interessa muito, a gerir seus conflitos, a praticar toda sorte de trocas materiais e simbólicas.

Sirota (1988) propôs distinguir uma *rede oficial* e uma *rede clandestina* de comunicação na aula. Mais do que realmente escondida, esta última é reprovada e combatida. Funciona um pouco à maneira como são trocados a droga e o dinheiro nos lugares públicos: sub-repticiamente, em meio a gestos anódinos. Em uma classe comum, o professor consegue manter a comunicação paralela nos limites que lhe permitem ignorá-la em tempo normal e prosseguir com seu ensino. Quando a bagunça se instala, às vezes cronicamente, é a comunicação pedagógica que se torna marginal. Nesse caso extremo, que se apresenta especialmente em certos estabelecimentos secundários muito desfavorecidos onde os alunos não têm o que fazer com a cultura escolar, vê-se bem que a regulação das aprendizagens não tem lugar algum, pois as próprias aprendizagens quase não o têm...

Em outra parte, nas condições mais tranqüilas, a avaliação formativa entra também em conflito com a rede paralela de comunicação. Paradoxalmente, uma pedagogia diferenciada que privilegia a regulação interativa das aprendizagens aumenta e diminui ao mesmo tempo os espaços de liberdade dos alunos.

Ela os aumenta porque o professor pode dificilmente entrar em comunicação intensiva com todos os alunos ao mesmo tempo. A regulação interativa concerne, pois, simultaneamente a um pequeno grupo ou a um só aluno. Enquanto está engajado nessa tarefa, o professor perde de vista o resto da turma. No melhor dos casos, faz isso serenamente:

— seja porque criou um sistema de trabalho que permite aos outros alunos serem a uma só vez ativos, autônomos e relativamente calmos;
— seja porque ele não é obcecado pelo barulho e pela agitação, não se empenha em controlar tudo, não fica permanentemente inquieto com a idéia de que os outros alunos *não fazem nada* ou pior, *fazem qualquer coisa.*

Parece-me que essas condições são bastante difíceis de preencher, mesmo nas classes mais comuns. É um dos limites de qualquer pedagogia diferenciada. Com efeito, muitos professores, quando trabalham com um ou com alguns alunos têm muito rapidamente a impressão de perder o controle do conjunto da classe.

Para os alunos, esse sistema de trabalho tem dois lados, na perspectiva aqui adotada. Estão menos freqüentemente sob o olhar do professor do que no quadro de um ensino mais frontal, mas quando se encontram nessa situação, estão realmente aí! Em uma pedagogia pouco diferenciada em que o professor interage sobretudo com o grupo em seu conjunto, ele não controla tudo a todo instante. Um aluno hábil pode sonhar, tagarelar discretamente ou fazer certas brincadeiras sem se arriscar demais. Quando o professor trabalha individualmente com seus alunos, eles não podem mais "safar-se", fingir a participação e a compreensão, deixar os outros fazerem o trabalho.

Em suma, talvez isso compense aquilo, para os alunos decididos a viver a alternância entre momentos de grande concentração e momentos de distensão. Outros preferem ficar permanentemente "perdidos na multidão", apanhando aqui e ali um espaço privado, sem, no entanto, desejar ficar entregues a si mesmos. De uma parte, é o *jogo com as regras* que interessa certos alunos. É porque a comunicação é proibida que ela é divertida. Comunicar a despeito das proibições permite aos alunos manifestar uma certa solidariedade, é uma maneira de se defender contra a instituição (e contra o professor primário ou o secundário), de resistir à obrigação e à disciplina escolar, de desafiar a autoridade. E também, mais simplesmente, é um meio de matar o tempo e de suportar as longas horas de escola.

O contrato didático que tentam instaurar alguns professores que praticam a pedagogia diferenciada não é aceito por todos os alunos: "Trabalhar duro durante um bom tempo, depois distender-se um pouco" não os contenta; preferem um meio-termo permanente. Cumpre dizer também que, como a natureza, os professores têm horror ao vazio. Muito poucos estão dispostos a aceitar a idéia de que trabalhando intensivamente duas horas por dia, poder-se-ia *não fazer nada* o resto do tempo. Não é, pois, realmente uma alternância entre momentos de trabalho e momentos de distensão que eles propõem, mas entre dois sistemas de trabalho: um com uma forte interação, freqüentemente sob seu controle direto, e o outro conforme a lógica de um plano de trabalho, de uma lista de tarefas que o aluno deve realizar, de maneira mais autônoma, mas com um controle e uma correção efetuados em princípio no fim do dia ou da semana.

COMPETIÇÃO E BUSCA DE DISTINÇÃO

Freqüentemente, a avaliação formativa se insere em uma pedagogia igualitária, que privilegia mais as aquisições reais de todos do que as hierarquias de excelência. Isso basta para banir qualquer espírito de competição das turmas? Certamente que não, por pelo menos três razões:

1. A primeira resulta das *ambivalências* do próprio professor; é preciso uma fé e uma força consideráveis para se privar destes motores formidáveis que são a competição, o desejo de ultrapassar os outros, de se distinguir; pode-se recusar as ilusões mais superficiais (prêmio de excelência, honra, boas notas) e valorizar outras formas de superioridade (sentimento de domínio, auto-estima, reputação), consideradas mais nobres...
2. Mesmo que o professor não favoreça a competição, ele ensina, salvo exceção, em um sistema escolar no qual ela permanece a regra, no qual se pratica uma seleção conforme o mérito. Os alunos e seus pais seriam muito insensíveis ao ignorar a realidade do funcionamento da escola e do sistema social. As turmas ou as habilitações de pedagogia diferenciada não passam de *oásis*, nos confins dos quais se encontra a competição.

3. Os alunos, desde a mais tenra idade, competem em todos os tipos de campo. Ganha quem for o mais corajoso, o mais forte, o mais hábil, o mais engraçado, o mais elegante, o mais astuto, o mais insolente, o mais escatológico... A escola não inventa as hierarquias de excelência, nem as estratégias de distinção. Apenas as legitima e lhes oferece novos campos.

Algumas das hierarquias de excelência presentes em uma turma são reconhecidas, inclusive valorizadas, pelo professor: cada avaliação, formal ou informal, tratando das aquisições ou do comportamento, indica quais são as expectativas do professor e do sistema escolar: pontualidade, aplicação, concentração, precisão, ordem, organização, participação, honestidade, graça, lealdade, entusiasmo, cortesia, bom humor acrescentam-se aos saberes e competências propriamente escolares. Basta percorrer alguns boletins escolares para estabelecer a lista impressionante das qualidades que fazem o bom aluno. Algumas crianças, aquelas que possuem os meios, engajam-se na competição pela excelência intelectual ou moral, conforme as normas do professor. Outras (ou uma parte das mesmas, que joga dos dois lados) engajam-se em uma competição por outras formas de reconhecimento social, que os professores ignoram ou desaprovam: a força física, a experiência sexual ou, mais freqüentemente, o conhecimento das coisas da vida, a arte de trapacear, o atrevimento, o gosto pelo risco, o desembaraço, a habilidade em diversos jogos relacionais, a liderança, a sedução, etc.

É amplamente através da comunicação que se manifestam essas diversas formas de excelência, começando pela excelência escolar mais oficial. Qualquer que seja a forma de excelência considerada, as normas, os julgamentos, as classificações, as *classificações de classificações* (Bourdieu, 1979) são o objeto das *conversas* cotidianas, como em qualquer grupo humano. Com efeito, a excelência apenas se torna realmente interessante se dela se fala, se reputações se fazem ou desfazem, se uma imagem favorável for atribuída aos excelentes alunos, às jovens mais sedutoras ou aos campeões de basquete.

Por que esse fenômeno banal teria alguma incidência sobre a avaliação formativa, sobre a regulação interativa das aprendizagens? Simplesmente porque a avaliação formativa supõe uma forma de humildade, o reconhecimento por cada um de suas lacunas e de suas incompreensões. Para que uma regulação intervenha, geralmente é preciso um pedido de ajuda explícito ou implícito, fundamentado em uma constatação de fracasso ou de incapacidade: "Eu não consigo. Como poderia fazer?"

Para jogar regularmente esse jogo, é preciso que *a cooperação prevaleça sobre a competição*, que o aluno tenha suficientemente confiança para não ter a impressão de "dar panos para manga" quando desvela suas dificuldades e suas incertezas. É preciso, em uma palavra, que, no jogo da *transparência*, os alunos tenham a impressão de ter menos a perder do que a ganhar. Depende de seu interesse a longo prazo, pensam os defensores da avaliação formativa. Sem dúvida, eles têm razão, mas aqui somente conta o ponto de vista efetivo dos alunos. Muitos não estão fechados ou indiferentes à idéia de que se poderia melhor ajudá-los se reconhecessem suas dificuldades e pedissem abertamente ajuda. Essa atitude conveniente é neutralizada, muitas vezes, por outras preocupações, às vezes em muito curto prazo: não perder seu prestígio, não dar chance à zombaria ou à piedade, não ser rotulado ou colocado em uma situação de dependência, não arriscar um acréscimo de trabalho ou de responsabilidade, quando se tem sobretudo vontade de brincar e de conversar.

Mais fundamentalmente, uma parte dos alunos receia, desvelando falhas escolares excessivamente gritantes, comprometer seu estatuto global baseado em outros trunfos. Na maior parte das turmas, alguns alunos compensam suas fracas capacidades escolares por meio de seu humor, sua camaradagem, sua coragem, seu talento esportivo. Esse equilíbrio frágil supõe que se joga um véu púdico sobre suas dificuldades propriamente escolares. Esses alunos fogem muito racionalmente — de seu ponto de vista — das situações de fracasso, em vez de encará-las. Se não têm escolha, esforçam-se mais para salvar as aparências do que para reconhecer e vencer suas dificuldades.

Isso não condena toda avaliação formativa. Pelo contrário, considerando as competições que se organizam em torno de diversas formas de excelência e as estratégias que disso resultam, o professor poderá contornar certos obstáculos. O professor que lê para toda turma, sem poupar seus sarcasmos, as dissertações mais lamentáveis não pretende fazer avaliação formativa. Se torna público o fracasso de alguns alunos, é para melhor derrotá-los. Outros professores, que verdadeiramente querem ajudar os alunos com dificuldade, não estão por vezes suficientemente atentos ao enorme peso do julgamento dos demais. Não basta afirmar "Não há vergonha em não saber, não compreender, não dominar": desde a infância, as crianças recebem, em sua família e fora dela, a mensagem contrária. Aprendem muito rápido a mascarar suas incompetências, interiorizando o princípio segundo o qual: "tudo o que você declarar poderá ser usado contra você!"

Há uma outra interferência maior entre regulação interativa das aprendizagens e busca de distinção. De fato, o modo de tomar a palavra e de se expressar em aula é ele próprio uma forma de excelência. Como em qualquer mercado lingüístico (Bourdieu, 1982), existem aqueles que *sabem o que falar, que dizer* e outros que titubeiam, falam "a torto e a direito", fogem do assunto ou não conseguem alinhar três frases com nexo. Além dessas competições pela distinção e pela excelência, a sala de aula é o palco de concorrências específicas: a maior oferta na participação das *interações didáticas* e na *comunicação contestatória*.

Mesmo em uma pedagogia frontal, o professor dialoga com a turma. Ora, esta última funciona apenas excepcionalmente como um coro antigo. Os solistas têm o papel essencial, os bons solistas são escutados, aqueles que fazem boas perguntas, que respondem adequadamente, que "fazem a lição avançar". Nas interações em pequeno grupo, ou no frente a frente entre professores e alunos, as expectativas são diferentes e menos estereotipadas, embora também existam. No "jogo" da comunicação didática, alguns alunos adoram jogar, outros não. Alguns se superam em dizer exatamente o que o professor necessita, outros respondem com monossílabos quando deveriam argumentar, enredam-se em uma história laboriosa quando deveriam ser chocante, intervêm sem ter solicitado a palavra e sem conhecimento de causa, antecedem as perguntas, desperdiçam o efeito de surpresa ou fazem observações deslocadas sobre o interesse ou o nível do curso.

Não são necessariamente os melhores alunos que mais se engajam na comunicação didática. Sirota (1988) mostra que, nas turmas primárias francesas que estudou, as diferenças de estratégia na participação na rede oficial de comunicação devem muito à *classe social* da qual provêm os alunos. As crianças de classe média parecem muito mais "participativas" do que aquelas cujos pais são executivos ou exercem uma profissão liberal. Para estas últimas não faltam, contudo, os meios. Talvez estando seu êxito escolar freqüentemente garantido, não necessitam entrar no jogo do professor e podem se permitir mais distância. A participação mantida no jogo pedagógico é uma forma de hipercorreção própria da pequena burguesia.

Quaisquer que sejam as razões de uns e de outros, a participação nas interações didáticas dá origem a uma forma de excelência valorizada pelo professor e por uma parte dos alunos. O professor, ainda que não seja completamente tolo, pouco pode privar-se de alunos cooperativos, que o ajudem a construir um "diálogo socrático" nos limites do programa e do tempo disponível. Essa forma de excelência relaciona-se com a excelência escolar simplesmente, e os alunos que se engajam nessa competição reforçam verdadeiramente suas próprias aprendizagens e, de qualquer modo, seu valor escolar. Esses fenômenos limitam fortemente o domínio das interações, especialmente no que concerne à *tomada da palavra* e *ao tempo de fala* durante as horas de aula. O espírito de uma pedagogia diferenciada desejaria que a interação com os alunos fosse tanto mais intensiva quanto mais útil. Ora, as observações de aula mostram que a distribuição da palavra segue outras regras, ou antes, que não segue regras, mas resulta da confrontação de estratégias de uns e de outros. O professor pode, com certeza, tentar conter as tomadas de palavra dos alunos que buscam um proveito de distinção ou uma aprovação, mas sempre dentro de certos limites. A isso se acrescenta o fato de que o direito e o tempo de fala não podem ser regidos apenas pelas restrições da tarefa. Não se pode regularmente reduzir um aluno brilhante ao silêncio sob o pretexto de que outros têm mais dificuldades!

A *comunicação contestatória* indica freqüentemente uma busca de distinção. Não responde às expectativas do professor, mas à necessidade de alguns alunos de se afirmarem face à autoridade, de encarnarem um contrapoder ou uma crítica do saber ou do trabalho escolares. Há nesse registro também uma *maior oferta*, da qual participam inclusive alguns bons alunos. Arte de desnortear, de provocar o "sor", de atrair os que riem, de criar um mal-estar, de chamar a atenção, de brincar com as regras: inúmeros modos de manifestar uma forma de coragem e de *savoir-faire* em matéria de comunicação. Inúmeras interferências com a regulação das aprendizagens em nome da distinção.

VIOLÊNCIA SIMBÓLICA E REGULAÇÃO INTERATIVA

Dentre os postulados da pedagogia de domínio e de qualquer procedimento similar, o mais otimista é, sem dúvida, que os alunos querem aprender. Na prática, nada é menos evidente. Primeiramente, porque, para alguns, a cultura escolar não tem qualquer sentido, portanto, nenhum atrativo. Alguns alunos adotam a atitude de seus pais, que resistem à escolarização e aos valores que a escola encarna. Mesmo quando os pais afirmam que é importante aprender a ler ou a escrever, as crianças não são tolas, percebem que esses saberes não têm qualquer lugar na vida de sua família. Gostar da escola é, então, renegar, inclusive rejeitar seus pais, ou, pelo menos, sua cultura.

Para outras crianças, a cultura escolar não é realmente hostil ou estranha, mas, em compensação, vivem a organização cotidiana do trabalho escolar como ameaçadora e constrangedora. Ameaçadora porque constantemente as coloca em situação de serem julgadas, de responderem a expectativas, porque faz pesar sobre elas o risco de descrédito e de fracasso. Constrangedora porque impõe horários, hábitos, regras, restringe sua liberdade de movimento e, sobretudo, lhes impõe um trabalho regular de escuta, memorização, escrita, etc.

Por fim, algumas crianças resistem à escolaridade porque receiam ou vivem dolorosamente as relações com o professor ou certos colegas. Para algumas crianças pequenas, o simples fato de serem confrontadas com os outros é um suplício de vários anos. Outras têm a má sorte de cair em um grupo que lhes é hostil ou com um professor de que não gostam ou que lhes causa medo.

Essas diversas formas de *rejeição* podem se associar. Meu propósito não é o de recensear aqui todas as razões que podem conduzir a recusar ou a não gostar da escola. Basta ver que elas não faltam e, portanto, que a instrução é, para uma fração de alunos, uma forma de *violência*. Violência física por vezes: existem aqui e ali castigos corporais. Em numerosas escolas, ainda se encontram punições humilhantes, trabalhos impostos do tipo "copiar cem vezes...", suspensão dos dias de folga, troças. Essa violência, a mais visível, que geralmente responde a um desvio, mascara uma outra: a *obrigação* escolar, a concentração de dezenas de crianças em um espaço exíguo durante horas e anos. O fato de que seja "para o bem das crianças e da sociedade" pode eventualmente justificar essa violência; ela nem por isso deixa de existir.

A violência escolar é sobretudo *simbólica*: é uma pressão moral e psicológica constante exercida sobre os alunos para obter sua adesão, sua atenção, seu trabalho. Há, é claro, crianças felizes em ir à escola e que têm espontaneamente desejo de aprender. Uma maioria incerta suporta sua condição sem realmente sofrer, passando de momentos de tédio, ou de revolta, a outros, de entusiasmo e de adesão. Ocorre contudo que os alunos em dificuldade ou em fracasso não são aqueles que parecem os mais felizes na escola. Como surpreender-se com isso?

Pode-se esperar que uma pedagogia diferenciada, praticada com coerência desde o início da escolaridade, consiga prever as rejeições da escola baseadas no ressentimento, na desvalorização de si mesmo, na amargura que acompanha o fracasso escolar. De imediato, toda tentativa de pedagogia diferenciada esbarra em desigualdades bem-instaladas e em alunos que rejeitam a escola, porque ela os rejeitou.

Da violência simbólica, poder-se-ia privilegiar os *momentos difíceis*: humilhações, punições, chantagens e regateios afetivos, culpas, ameaças, gritos, voz sem timbre, dramatizações, seduções... É evidente que, nesses momentos, o professor não pensa em ensinar, mas simplesmente em preservar ou em criar as condições do trabalho escolar. Quanto ao aluno, está demasiado tomado de medo, raiva, agressividade, mau humor para pensar no teorema de Pitágoras ou em qualquer outro conhecimento escolar igualmente essencial. Não se trata, então, de avaliação formativa, salvo se considerarmos que a manutenção da ordem e a incitação enérgica ao trabalho dizem respeito a uma regulação elementar dos processos de aprendizagem.

Do ponto de vista da avaliação formativa, os momentos de crise não são, portanto, os mais interessantes, pois ninguém tem a ilusão da harmonia. Trata-se de sobreviver e de funcionar. Fora desses momentos difíceis, a situação é mais ambígua, a relação de força não desaparece, mas a manutenção da ordem toma contornos de uma rotina, freqüentemente não-desprovida de humor, afeto, bonomia. Pode-se, então, ter a impressão de que cada um trabalha com satisfação, com uma certa serenidade, até com bom humor. A comunicação parece diretamente mobilizável em proveito das aprendizagens e de sua regulação.

Na realidade, ao menos para alguns alunos, a relação pedagógica permanece constantemente um combate, o silêncio e a palavra tornam-se armas para ganhar alguns instantes de tranqüilidade, assegurar-se uma margem de autonomia, negociar uma organização dos limites. O aluno dirá não o que pensa, mas o que lhe parece *útil* para chegar a seus fins. Toda violência simbólica suscita mecanismos de defesa e faz da comunicação uma fonte a serviço de uma *estratégia*.

A avaliação formativa se constrói em uma lógica *cooperativa*, baseada na hipótese de que o aluno *quer aprender* e faz tudo o que pode para esse fim. Na escola obrigatória, essa não é a definição da situação. O aluno deve ir à aula, quer queira ou não. Como surpreender-se com a ambivalência permanente ou episódica de uma parte dos alunos? Já vimos que um aluno pode ter interesse em mascarar suas dificuldades para salvaguardar sua reputação ou sua esfera privada. Aqui, o que está em jogo é sua liberdade, a margem de manobra permitida. Em uma *instituição total* (Goffman, 1968), que exige muito amplamente dos indivíduos, sua única chance é a de tirar proveito das incoerências do sistema, passar entre as malhas, fazer-se esquecer. Ora, a avaliação formativa restringe as falhas.

Em alguns hospitais, as internações duram mais tempo que o necessário porque, para alguns doentes, ninguém toma uma decisão terapêutica nova durante um ou vários dias consecutivos. Não porque seja prudente esperar, mas porque a organização dos exames e o emprego do tempo do pessoal são de tal modo distribuídos que não se pode ocupar-se de todos por falta de forças suficientes ou porque a distribuição do tempo de diagnóstico e de intervenção não é muito racional. A informatização dos hospitais permitiu, sobretudo, detectar rapidamente os doentes esquecidos para incitar a tomada de decisões a seu respeito.

Guardadas as devidas proporções, a avaliação formativa segue a mesma inspiração. Ela deveria diminuir o tempo perdido, multiplicar as decisões, fundar a não-intervenção em uma decisão positiva ("Vamos dar-lhe tempo...") em vez de permitir um *laisser-faire*.

Defendi em outro momento que a diferenciação do ensino exige passar, no trabalho do professor, de uma gestão com *fluxo impulsionado* a uma gestão com *fluxo mantido*, com uma otimização dos processos de decisão e de regulação (Perrenoud, 1997e).

Uma regulação das aprendizagens passa principalmente por uma multiplicação e uma intensificação dos momentos de retroação e de reorientação da atividade dos alunos. Para isso, basta que cada professor esteja presente e se interesse pelo que faz um aluno, para poder, em caso de fracasso, ajudá-lo, orientá-lo para uma nova pista, propor-lhe uma hipótese ou um instrumento de trabalho.

Do ponto de vista das aprendizagens, a densidade e a individualização das regulações constituem inegavelmente um progresso. Do ponto de vista da liberdade dos indivíduos na instituição escolar, isso é menos certo. De certo modo, uma pedagogia diferenciada pode aumentar as tensões, porque exige mais freqüentemente que os alunos orientem-se e que conseqüentemente ajam. Quando a aprendizagem responde, em cem por cento, ao projeto pessoal do aluno, como por vezes acontece, mesmo na escola obrigatória, a regulação é bem-vinda. Em todos os demais casos, pode entrar em conflito com outros projetos e ser vivenciada como um limite suplementar.

O PREÇO DO SILÊNCIO

"Calado, não se consegue mais pensar!": no "burburinho", é com efeito difícil de se concentrar. Ora, o barulho não é necessariamente a algazarra. É, talvez, o burburinho de conversas particulares, ou até o monólogo de um professor que não pára de falar e que chega a representar, na mente dos ouvintes cativos, uma formidável fonte de barulho. A maioria dos professores esforça-se para manter o silêncio, disciplinar as tomadas de fala. Persiste então, se sua empresa tem êxito, a comunicação *legítima*, útil à gestão da aula e do trabalho escolar, à transmissão e à manifestação dos conhecimentos. É, do ponto de vista do professor, o contrário de um barulho, uma vez que essa parte da comunicação está *sob seu controle*, ele a organiza e a identifica com seu projeto pedagógico. Para o aluno, é diferente! Uma lição da qual nada compreende é uma forma de *barulho*. Uma conversa, por mais ordenada e inteligente que seja, torna-se barulho se dela você não participa e se o impede de pensar.

Que relação existe entre essas banalidades e a regulação das aprendizagens? Sem dúvida, o trabalho da aula impede alguns de cochilar ou de sonhar. Como isso poderia interferir em suas aprendizagens, visto que, justamente, "eles não fazem nada"? Às vezes, é verdade, mas também ocorre que um aluno aparentemente "na lua" esteja, simplesmente, tentando compreender alguma coisa, reconstruir um raciocínio, assimilar uma explicação, encontrar uma lembrança.

Chevallard (1991) insiste, com todo o direito, na heterogeneidade radical do *tempo do ensino* e do *tempo da aprendizagem*. Mostra sobretudo que, pensando explicar uma nova noção de matemática, o professor desperta em alguns alunos, em geral sem querer, processos inacabados de construção de certos saberes, por vezes adormecidos há muito tempo. Então, acontece de o aluno compreender, precisamente, aquilo que não se está (mais!) lhe explicando. Pouco importa que compreenda dois anos, duas semanas ou dois minutos, *tarde demais*: o professor já iniciou um outro capítulo, que deixa pouco lugar ao que o aluno tem em mente. Este último vive então um tipo de *flashback* ilegítimo, desliga-se da atividade em curso ao mesmo tempo em que tenta manter-se com ar atento. Um aluno perdido em seus pensamentos, que responde indiretamente à questão, que fica surpreso quando é interrompido, não está necessariamente pensando em coisas estranhas ao programa. Por vezes, está engajado em um trabalho intelectual de importância maior. Quando se tenta "trazê-lo de volta à Terra", interrompe-se esse trabalho e freia-se sua aprendizagem.

"Não te atrapalha, se eu continuar...?" diz às vezes ironicamente um professor, irritado, a um aluno perdido em seus pensamentos ou engajado em uma conversa animada com seu vizinho. O professor sabe bem que incomoda o aluno, mas isso lhe parece na ordem das coisas; ele não está lá para encorajar o devaneio ou a conversa. Não ocorre facilmente a um professor que lhe aconteça, paradoxalmente, de *impedir os alunos de fazerem o que deles ele espera*, a saber: refletir, compreender, fazer um esforço de memorização, de observação, de interpretação.

A aprendizagem é um processo complexo e caprichoso. Por vezes, alimenta-se da interação, da comunicação, quando nada pode ocorrer na ausência de solicitações ou de *feedback* exteriores. Em outros momentos, é do silêncio e da tranqüilidade que o aluno necessita para reorganizar suas idéias e assimilar novos conhecimentos. No registro puramente cognitivo, que se evoca geralmente falando de regulação das aprendizagens, nesta hora, *o silêncio vale ouro*.

Como saber se a aparente ausência mental de um aluno esconde uma tempestade sob seu crânio ou um doce devaneio? E como estar certo de que um devaneio não é um modo de construir conhecimentos? Se a construção dos saberes deve reconstituir em parte os processos de sua gênese em pesquisadores ou cientistas avançados, não há razão *a priori*, bem pelo contrário, para excluir a fantasia, o sonho diurno ou noturno, a associação de idéias e de todos os tipos de *atalhos*. Não é sempre que se progride concentrando-se durante horas sobre uma página em branco ou um problema teórico. As coisas organizam-se de modo mais sinuoso e não é necessário manter apenas uma atividade mental por vez. Podem ser as interferências entre diferentes atividades e diferentes objetos de pensamento que desbloqueiam a descoberta ou a aprendizagem. Resumidamente, não se trata de processos inteiramente racionais e conscientes. Se a aprendizagem depende do tempo que o aluno investe na tarefa, reconheçamos que existem várias maneiras de se investir, umas mais convencionais e mais decodificáveis que outras.

O professor, muito freqüentemente, deve contentar-se com sinais exteriores bastante sumários. Se o aluno olha o quadro, parece acompanhar a demonstração ou parece mergulhado na página certa do livro, se seu caderno está escrito, concluir-se-á que ele avança. Caso contrário, pensar-se-á que é preguiçoso ou que foi parado por um obstáculo, que se poderá eventualmente retirar, perguntando-lhe se compreendeu bem as instruções, se uma palavra difícil o impede de continuar, etc.

A comunicação pedagógica é, em geral, animada por boas intenções. Todavia, por falta de indícios claros para decidir quando é útil interagir e quando qualquer comunicação interfere nos processos de pensamento, ela vai às vezes de encontro ao que desejava favorecer. Cada aluno desejaria por vezes poder mostrar ao professor que a ele se dirige: "Não agora, isso não me ajudaria!". Alguns tentam fazer passar essa mensagem, mas os mal-entendidos são freqüentes, o adulto compreende facilmente "Você me aborrece", "Você me atrapalha", "Vá ver se eu estou na esquina e deixe-me em paz!".

A solução passa, evidentemente, pelo que se poderia chamar, utilizando palavras enfáticas, de uma *epistemologia comum*, que não funciona sem um trabalho de metacognição e de metacomunicação sobre a aprendizagem e a interação. As pessoas que vivem com um artista, um escritor, um pesquisador aprendem, às vezes dolorosamente, a decodificar pequenos sinais que lhes dizem se é ou não o momento de entabular uma conversação. Na base dessa aprendizagem, estabelece-se um respeito pelo trabalho criador e uma certa consciência pesada com a idéia de interromper uma construção frágil, que está sendo feita. Bastaria dirigir o mesmo olhar para as aprendizagens da criança para manejar a comunicação em aula com mais prudência. Deve-se contar, é claro, com a desconfiança, o medo de ser enganado por alunos bastante espertos para fazer o ar inspirado de Mozart enquanto pensam na loto...

Notemos ainda que, em uma turma, todos são constantemente perturbados, sobretudo durante as fases de trabalho individual, por falas que não lhes são dirigidas, mas das quais não podem subtrair-se facilmente devido à exigüidade dos lugares.

* * *

Como se viu, nem sempre e nem todas as múltiplas lógicas da comunicação contribuem para a regulação otimizada das aprendizagens. Talvez eu tenha ao menos conseguido chamar a atenção para a complexidade dos fenômenos de comunicação e prevenir um pouco a tentação de racionalismo em que geralmente caem os teóricos da aprendizagem e da avaliação formativa. Analisei em outro texto (Perrenoud, 1988c, 1996c) a pedagogia de domínio, em seu conjunto, como uma *utopia racionalista*. A avaliação formativa faz parte do mesmo sonho...

Capítulo 9

NÃO MEXA NA MINHA AVALIAÇÃO! UMA ABORDAGEM SISTÊMICA DA MUDANÇA*

Mudar a avaliação é fácil dizer! Nem todas as mudanças são válidas. Pode-se bastante facilmente modificar as escalas de notação, a construção das tabelas, o regime das médias, o espaçamento das provas. Tudo isso não afeta de modo radical o funcionamento didático ou o sistema de ensino. As mudanças das quais se trata aqui vão mais longe. Para mudar as práticas no sentido de uma avaliação *mais formativa, menos seletiva*, talvez se deva mudar a escola, pois a avaliação está no centro do sistema didático e do sistema de ensino. Transformá-la radicalmente é questionar um conjunto de equilíbrios frágeis. Os agentes o pressentem, adivinham que, propondo-lhes modificar seu modo de avaliar, podem-se desestabilizar suas práticas e o funcionamento da escola. Entendendo que basta puxar o fio da avaliação para que toda a confusão pedagógica se desenrole, gritam: "Não mexa na minha avaliação!".

Coloco-me aqui na perspectiva de uma evolução das práticas no sentido de uma avaliação *formativa*, de uma avaliação que ajude o aluno a aprender e o professor a ensinar. Não retomo a necessária *articulação* entre avaliação formativa e diferenciação do ensino: a avaliação formativa não passa, no final das contas, de um dos componentes de um dispositivo de individualização dos percursos de formação e de diferenciação das intervenções e dos enquadramentos pedagógicos. Se a diferenciação é impossível, a avaliação formativa será apenas uma regulação global e, em resumo, clássica, da progressão de um ensino frontal.

*Publicado em *Mesure et évaluation en éducation*, 1993, v. 16, n. 1-2, p. 107-132.

Percebe-se, desde logo, por que ir em direção à avaliação formativa é mudar a escola. A relação entre avaliação formativa e diferenciação do ensino não é a única a ser considerada. Para não se engajar inocentemente na transformação das práticas de avaliação, sem suspeitar do que a torna possível ou a limita, uma abordagem *sistêmica* é indispensável. Os funcionamentos didáticos e as organizações escolares são demasiadamente complexos para que qualquer esquema possa deles dar conta. No entanto, para colocar um pouco de ordem na confusão das interdependências, colocarei a avaliação no centro de um *octógono*, identificando, portanto, oito dimensões inter-relacionadas (ver figura 2).

Por que colocar a avaliação no centro? Simplesmente porque ela representa, *aqui*, o ponto de partida. Quem quisesse inicialmente mudar os programas ou os métodos de ensino os colocaria no centro, mas encontraria, *grosso modo*, as mesmas relações sistêmicas. Não nos deixemos, então, fixar na representação gráfica, ela oferece somente um auxílio para a memória.

A AVALIAÇÃO NO CENTRO DE UM OCTÓGONO

Retomemos esses oito pólos um a um, mostrando a cada vez as interdependências com as práticas de avaliação. Partiremos das relações entre as famílias e a escola para contornar o octógono no sentido dos ponteiros de um relógio.

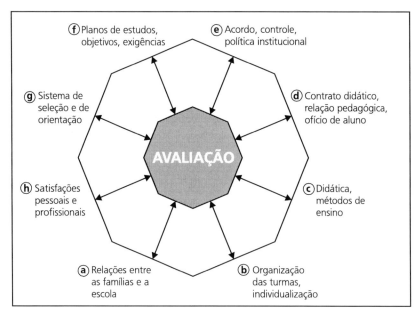

FIGURA 2

RELAÇÕES ENTRE AS FAMÍLIAS E A ESCOLA

Quando se pede a crianças de cinco anos que "brinquem de escola", eles colocam as mesas em filas e apresentam a figura de um professor severo, que repreende as crianças e as ameaça com más notas. Quando um aluno conta seu dia, não diz nada de muito preciso sobre os conteúdos, mas os pais sabem, quase sempre, se seu filho fêz prova ou recebeu os resultados de uma prova anterior. Na imagem que os pais têm da escola, as lições e as provas são valores seguros: cada um pode compreender como funciona uma determinada aula, porque passou em uma de dez a quinze anos de sua própria vida.

As práticas de avaliação parecem, por outro lado, "naturais" a todos aqueles que, em seu trabalho, estão habituados a ser regularmente julgados por seus superiores ou a fazer um balanço das perdas e dos ganhos após um exercício contábil. O sistema de notação e seus sucedâneos qualitativos são, portanto, procedimentos inteligíveis para a maioria dos pais; fazem parte de um clichê, de uma representação comum da escola e do trabalho sob controle. Os programas e os métodos da escola de hoje confundem os pais que não entendem nada de matemática de conjuntos ou dos conteúdos renovados do ensino da língua materna, das línguas estrangeiras, da história, da geografia ou das ciências. Em compensação, quando se fala do sistema de avaliação, a escola parece ainda muito próxima daquilo que os pais conheceram "em sua época", mesmo quando deixaram a escola há quatorze anos.

Exceto algumas circulares e episódicas reuniões de pais, *a avaliação é o vínculo mais constante entre a escola e a família*. Os pais devem regularmente assinar os trabalhos escritos e sobretudo os boletins, tomando conhecimento desse modo do nível e da progressão de seu filho, de suas dificuldades. A avaliação os tranqüiliza sobre as chances de êxito de seu filho ou os habitua, pelo contrário, à idéia de um fracasso possível, até mesmo provável. Preocupadas com a "carreira" de seus filhos, as famílias de classe média ou alta aprenderam o *bom uso* das informações dadas pela escola sobre seu trabalho, suas atitudes e suas aquisições. Elas sabem contestar certas tabelas ou certas correções, fazer contato com o professor para melhor compreender as razões de eventuais dificuldades e intervir junto à criança e sobretudo utilizar as notas ou as apreciações qualitativas para modular a pressão que exercem sobre os deveres e, mais geralmente, o sono, as saídas, o tempo livre, as atitudes de seu filho.

Pode-se discutir a pertinência de um sistema de comunicação tão *pobre*, que limita os pais a agirem em função de algumas indicações numéricas que quase não dão uma representação precisa do que o aluno *verdadeiramente* domina. Assim, esse sistema apresenta várias virtudes maiores, mesmo que repousem em parte sobre ficções:

— parece *eqüitativo*, uma vez que todos são submetidos às mesmas provas, avaliadas segundo as mesmas tabelas e no mesmo ritmo, em virtude das mesmas exigências;
— parece *racional* e *preciso*, uma vez que os desempenhos são numerados até o décimo do ponto ou mais;

- é *bastante simples* para informar os pais sem que estes conheçam em detalhe programas e exigências, um pouco como nos inquietamos com a febre de uma criança sem saber exatamente o que significa, em termos fisiológicos;
- *convence* todos os pais que aderem, espontaneamente ou não, a uma competição onipresente no mundo econômico e em uma parte do mundo do trabalho; parece-lhes justo, saudável e educativo que o bom trabalho seja recompensado e o mau trabalho sancionado por notas ou uma classificação medíocres.

Mudar o sistema de avaliação leva necessariamente a privar uma boa parte dos pais de seus *pontos de referência* habituais, criando ao mesmo tempo incertezas e angústias. É um obstáculo importante à inovação pedagógica: se as crianças brincam é porque não trabalham e se preparam mal para a próxima prova; se trabalham em grupo, não se poderá avaliar individualmente seus méritos; se engajam-se em pesquisas, na preparação de um espetáculo, na escrita de um romance ou na montagem de uma exposição, os pais quase não vêem como essas atividades coletivas e pouco codificadas poderiam derivar em uma nota individual no boletim. Tudo o que se afasta de uma preparação para a avaliação escolar clássica (prova oral ou escrita) parece um pouco exótico, anedótico, não muito sério e, no final das contas, *estranho* ao trabalho escolar tal como a avaliação tradicional fixou no *imaginário pedagógico dos adultos*: exercícios, problemas, ditados, redações, inúmeras tarefas que se prestam a uma avaliação clássica.

Esse obstáculo não é intransponível, mas a mudança das práticas de avaliação, em um sentido mais formativo, qualitativo e interativo (Weiss, 1992b, 1993) passa necessariamente por uma explicação paciente, por uma mudança das representações, por uma reconstrução do *contrato* tácito entre a família e a escola. Se existem relações de confiança, explicações podem ser dadas, os pais compreendem que uma avaliação sem notas, mais formativa, é em definitivo do interesse de seus filhos. Se o *diálogo* entre a escola e a família é rompido (Montandon e Perrenoud, 1994), há razões para temer que uma mudança do sistema de avaliação focalize os temores e as oposições dos pais. A mudança pode ser bloqueada por essa única razão.

ORGANIZAÇÃO DAS TURMAS E POSSIBILIDADES DE INDIVIDUALIZAÇÃO

Uma avaliação somente é formativa se desemboca em uma forma ou outra de regulação da ação pedagógica ou das aprendizagens. No caso mais elementar, ter-se-á, pelo menos, uma modificação do ritmo, do nível global ou do método de ensino para o conjunto de uma turma. O professor que constata que uma noção não foi entendida, que suas instruções não são compreendidas ou que os métodos de trabalho e as atitudes que exige estão ausentes, retomará o problema em sua base, renunciará a certos objetivos de desenvolvimento para retrabalhar os fundamentos, modificará seu planejamento didático, etc.

Uma avaliação formativa, no sentido mais amplo do termo, não funciona sem regulação *individualizada* das aprendizagens. A mudança das práticas de avaliação é então acompanhada por uma transformação do ensino, da gestão da aula, do cuidado com os alunos em dificuldade. Entre momentos de apoio — interno ou externo — e verdadeiras pedagogias diferenciadas, há todo o tipo de organizações intermediárias, mais ou menos ambiciosas. Não é necessário, para ir no sentido da avaliação formativa, perturbar de alto a baixo a organização do trabalho. Em contrapartida, lá onde parece impossível romper, ao menos parcialmente, com uma pedagogia frontal, por que considerar uma transformação das práticas de avaliação em um sentido mais formativo?

Por vezes, efetivos sobrecarregados impedem qualquer mudança. Os verdadeiros obstáculos provêm, antes, da rigidez no horário escolar, no programa, nas regras, nos valores e nas representações dos agentes. Mais que o número de aprendizes, são as normas da organização que obrigam a *oferecer constantemente a mesma coisa a todos*, mesmo quando for inútil. Desse modo, enquanto um professor for obrigado a administrar um grande número de provas a todos os alunos, de forma sincrônica e padronizada, mais tempo passará honrando essa parte do contrato e lhe restará ainda menos para praticar a avaliação formativa. Se dele se espera que controle freqüentemente o conjunto do grupo ou esteja igualmente disponível a todos os alunos, quaisquer que sejam suas dificuldades, isso será necessariamente em detrimento da diferenciação (Meirieu, 1990; Perrenoud, 1996b, 1997e).

Uma avaliação formativa coloca à disposição do professor informações mais precisas, mais qualitativas, sobre os processos de aprendizagem, as atitudes e as aquisições dos alunos. Caso ele nada possa fazer, por que gastar energia e criar inutilmente frustrações? Importa, portanto, que toda mudança da avaliação, em um sentido mais formativo, aumente os graus de liberdade do professor e, portanto, livre-o da parte menos prioritária de suas obrigações habituais.

Confronta-se aqui com as *estruturas*. Não apenas com o sistema de seleção e de orientação, com a rede de possibilidades e de opções, mas com a organização das turmas: os espaços, os horários, os modos de agrupamento dos alunos. Quando se trata de diferenciação do ensino, incriminam-se geralmente os efetivos das turmas. Eles têm sua importância, mas pensar apenas em termos de números de alunos é negligenciar muitos outros parâmetros.

Assim, no ensino secundário, acumulam-se outras deficiências maiores: fragmentação extrema do tempo escolar, tanto para os professores quanto para os alunos; remissão do apoio a estruturas especializadas (quando existem), por não poder praticar o apoio integrado no contexto de um horário estourado; divisão do trabalho entre especialistas das diversas disciplinas, cujos funcionamentos e nível do aluno ninguém percebe globalmente; dificuldades do trabalho em equipe pedagógica devido à atribuição das horas e ao número de professores por turma; horário muito pesado dos alunos, todas as atividades de apoio ou de desenvolvimento somando-se a uma semana muito cheia; repartição de todas as horas entre as disciplinas, o que deixa pouco tempo para realizar projetos interdisciplinares, aproveitar as oportunidades ou responder a necessidades não-planejadas; organização fixa do tempo ao longo de todo o ano; locais utilizados por várias turmas, nos quais é impossível deixar material e muito difícil reorganizar o espaço, apenas por um ou dois períodos de quarenta e cinco minutos.

A escola primária dispõe, a esse respeito, de numerosos trunfos, que tornam ao menos *possível* uma diferenciação integrada do ensino. Para ir em direção a uma *individualização dos percursos de formação* (Perrenoud, 1993a, 1996b), deve-se contudo mudar a organização das turmas, mesmo no primário, e romper a estruturação do curso em graus (Perrenoud, 1997a e 1997e).

DIDÁTICA E MÉTODOS DE ENSINO

A idéia de avaliação formativa desenvolveu-se no quadro da pedagogia de domínio ou de outras formas de pedagogia diferenciada, relativamente pouco preocupadas com os conteúdos específicos dos ensinos e das aprendizagens. A ênfase era dada às adaptações, ou seja, a uma organização mais individualizada dos itinerários de aprendizagem, baseada em objetivos mais explícitos, coletas de informação mais qualitativas e regulares e intervenções mais diversificadas. Hoje, ainda, esse modelo cibernético mantém toda a sua validade, em um nível relativamente elevado de abstração, em qualquer ordem de ensino para qualquer disciplina escolar e qualquer aprendizagem. Sempre é útil, quando se aspira a uma pedagogia eficaz, saber para quais domínios entende-se conduzir os alunos e por quais caminhos; precisar quais meios se possui para observar os domínios atingidos ou em via de aquisição, os métodos de trabalho, as atitudes, os funcionamentos mentais e como se pretende intervir junto aos alunos através de regulações pró-ativas, interativas ou retroativas (Allal, 1988b).

No entanto, uma vez adquirido esse esquema geral, resta aplicá-lo em diferentes campos de conhecimento. E aí, damo-nos conta de que a identificação dos erros e dos funcionamentos do aluno e a natureza das adaptações dependem da estrutura e do conteúdo dos conhecimentos e das competências a serem adquiridos. Desse modo, tratando-se da aquisição da língua materna, por exemplo, leitura ou redação de textos, torna-se cada vez menos sustentável sobrepor às didáticas tradicionais um modelo transdisciplinar de avaliação formativa. Parece necessário, pelo contrário, como Bain (1988a, 1988b) propôs muito firmemente, reconstruir a avaliação formativa no campo da didática de modo a integrar as regulações a uma abordagem precisa e baseada, de um lado, em uma parte dos saberes e competências a adquirir e, de outro, nos funcionamentos do aluno.

No decorrer dos últimos anos, no plano teórico, assiste-se, especialmente no campo do francês (Allal, Bain e Perrenoud, 1993), mas isso se estenderá a outras disciplinas, a uma *reintegração da avaliação formativa à didática*. Em campo, contudo, essa reintegração levará tempo. Ainda mais que, como é freqüentemente o caso no ensino secundário, os professores se percebem como seus próprios metodólogos ou trabalham com formadores centrados em uma disciplina e que se preocupam muito pouco com a avaliação.

Mencionemos ainda um freio essencial: os meios de ensino não são, em sua maioria, concebidos por uma pedagogia diferenciada resultante de uma avaliação formativa (Bélair, 1993). Para ir nesse sentido, deve-se então aceitar um grande investimento na criação ou na adaptação de instrumentos didáticos.

CONTRATO DIDÁTICO, RELAÇÃO PEDAGÓGICA E OFÍCIO DE ALUNO

Ir em direção a uma avaliação mais formativa é transformar consideravelmente as regras *do jogo* dentro da sala de aula. Em uma avaliação tradicional, o interesse do aluno é o de iludir, mascarar suas falhas e acentuar seus pontos fortes. O *ofício de aluno* consiste principalmente em desmontar as armadilhas colocadas pelo professor, decodificar suas expectativas, fazer escolhas econômicas durante a preparação e a realização das provas, saber negociar ajuda, correções mais favoráveis ou a anulação de uma prova mal-sucedida. Em um sistema escolar comum, o aluno tem, sinceramente, excelentes razões para querer, antes de tudo, receber notas *suficientes*. Para isso, deve *enganar*, fingir ter compreendido e dominar por todos os meios, inclusive a preparação de última hora e a trapaça, a sedução e a mentira por pena.

Toda avaliação formativa baseia-se na *aposta bastante otimista* de que o aluno quer aprender e deseja ajuda para isso, isto é, que está pronto para revelar suas dúvidas, suas lacunas, suas dificuldades de compreensão da tarefa. Um médico pode esperar que seu paciente não lhe complique a tarefa e lhe forneça todas as informações necessárias para fazer um diagnóstico correto, em detrimento do pudor, da vergonha, da auto-estima, do bom gosto. Em contrapartida, o paciente tem direito a uma relação privilegiada, protegida pelo sigilo médico, que ele pode romper a qualquer tempo e que controla, visto que é o cliente. Na escola, uma avaliação formativa demanda uma *cooperação* igualmente grande, sem poder, todavia, oferecer as mesmas garantias. Revelar suas falhas e suas incertezas ao professor é, muitas vezes, expor-se à zombaria e à piedade dos colegas, é arriscar ver certas informações consignadas em um boletim, um registro, relatórios que lerão outros professores, os psicólogos, o diretor da escola ou o inspetor. É dar informações cruciais ao professor, das quais este se servirá para fazer evoluir uma relação na qual o aluno não pode colocar fim unilateralmente. Quanto mais perto do ensino secundário, mais a avaliação formativa acha-se em ruptura com as estratégias habituais dos alunos e exige um tipo de revolução cultural, baseada em uma *confiança recíproca* e uma *cultura comum* que tornam a transparência possível.

Se o professor que tenta fazer a avaliação formativa tem o poder de decidir, praticamente ao mesmo tempo, o destino escolar do aluno, este último, sobretudo em um sistema muito seletivo, terá todas as razões para conservar suas estratégias habituais, mobilizar sua energia para iludir. E o professor achar-se-á reforçado no uso da avaliação como instrumento de controle do trabalho e das atitudes (Chevallard, 1986a) e de seleção. Ir em direção à avaliação formativa seria renunciar à *seleção*, o mecanismo permanente da relação pedagógica, não fazer os alunos viverem sob a ameaça da reprovação ou da relegação para orientações menos exigentes. Isso não basta: deve-se considerar uma mudança importante do *contrato didático* (Brousseau, 1994, 1996; Schubauer-Leoni, 1986, 1988; Jonnaert, 1996; Joshua, 1996b), a substituição de uma relação cooperativa por uma relação que, sem ser agressiva, é hoje, nos sistemas tradicionais, de natureza fundamentalmente conflitual.

ACORDO, CONTROLE, POLÍTICA INSTITUCIONAL

Não se faz avaliação formativa sozinho, porque apenas se pode avançar nesse sentido modificando bastante profundamente a cultura da organização escolar, não só em escala de sala de aula, mas também de estabelecimento. Um professor que recebe novos alunos a cada ano não pode esperar, em algumas semanas, modificar radicalmente suas atitudes e suas representações para que entrem no jogo da avaliação formativa, sabendo que, alguns meses mais tarde, eles irão para uma outra turma e deverão retornar a suas estratégias anteriores. Do mesmo modo, dirigir-se para um ensino mais individualizado exige hábitos de trabalho diferentes, mais tempo passado em equipe ou trabalhando individualmente, o professor funcionando como pessoa-recurso. É necessário, portanto, uma tolerância considerável à diversidade dos empregos do tempo, inclusive dos horários, tarefas recursos disponíveis para realizar seu trabalho. Uma turma que pratica uma avaliação apresenta-se, antes, como um *ateliê* onde cada um se aplica em suas ocupações, com alguém que intervém em caso de necessidade, como uma orquestra, tocando em uníssono sob a batuta de um chefe onipresente. Esses modos de funcionamento exigem uma nova concepção da eqüidade e da igualdade diante do sistema, uma certa tolerância à desordem e à diferença, capacidades de auto-regulação e de auto-avaliação de uns e de outros. Esses funcionamentos não poderiam ocorrer eficazmente por apenas um ano, os alunos devem beneficiar-se de uma certa *continuidade* durante todo o curso, ou, pelo menos, durante um ciclo de estudos.

Portanto, é indispensável, para avançar nessa direção, vencer um obstáculo de peso: o *individualismo dos professores*, a vontade ciosa de fazer como se quer, uma vez fechada a porta de sua sala de aula (Gather Thurler, 1994b, 1996). Também é provável que uma avaliação formativa favoreça, sem que isso seja uma necessidade absoluta, uma *divisão do trabalho* diferente entre os professores, porque a explicação dos objetivos, a elaboração dos testes com critérios ou a construção de seqüências didáticas ou de estratégias de adaptação ultrapassam as forças de cada um considerado isoladamente. Deve-se, portanto, rumar para uma *divisão das tarefas*, um desencerramento dos graus, uma colaboração entre professores que ensinam em classes paralelas ou na mesma disciplina.

A avaliação tradicional não permite que se exerça um controle muito cerrado da pedagogia dos professores. Ela sobretudo normaliza, de um certo modo, seu nível de severidade. Imagina-se dificilmente um estabelecimento onde se toleraria por muito tempo professores que apenas dessem notas muito baixas e outros, muito altas, professores que não reprovassem qualquer aluno e outros que produzissem fracassos extremamente numerosos. Lembremos, todavia, que esses sinais exteriores de "normalidade" recobrem uma grande diversidade de exigências reais: não se sabe muito bem o que significa a avaliação dos professores em termos de conhecimentos efetivos, portanto, de respeito ao programa. Para sabê-lo, dever-se-iam aplicar regularmente provas padronizadas e baseadas em critérios ao conjunto das turmas obrigadas a seguir o mesmo programa, o que é feito em todo lugar e freqüentemente suscita vivas oposições, por boas ou "não tão boas" razões.

Paradoxalmente, uma avaliação formativa poderia dar à administração escolar mais controle sobre a qualidade e a conformidade do ensino de uns e de outros. Com certeza, limitaria a parcela das informações cifradas, mas conduziria a representações mais precisas daquilo que os alunos sabem fazer *realmente*. Em vez de comparar taxas de fracassos ou médias de turmas, poder-se-iam comparar as aquisições reais e, portanto, distinguir mais claramente os professores mais e menos eficientes.

Essa preocupação não é ilegítima e ninguém poderia sustentar que a eficiência de um professor não diz respeito à coletividade que o paga, à administração escolar que o emprega. No entanto, querendo se servir demasiadamente rápido ou fortemente da avaliação formativa nesse sentido, correr-se-ia muito o risco de comprometer em definitivo seu desenvolvimento. Talvez fosse mais razoável estabelecer como princípio que a avaliação formativa fornece informações que permanecem sendo *propriedade do professor e de seus alunos*. Cabe a eles decidirem o que desejam transmitir aos pais e à administração escolar. Se esta última quer ter uma idéia precisa do que os alunos sabem e, portanto, da eficiência dos professores, que utilize seus próprios instrumentos, em vez de desviar para esse fim uma avaliação formativa que deveria permanecer um assunto entre o professor e seus alunos, para que o contrato de confiança não seja rompido. Parece contudo que as provas padronizadas têm inúmeros efeitos perversos e induzem didáticas conservadoras (Davaud, 1992, 1993). O ideal seria caminhar para uma prática refletida e uma profissionalização (Perrenoud, 1994a, 1996h), que o controle da qualidade de ensino fosse exercido por cada professor e seus pares, no centro da equipe pedagógica, e que o estabelecimento funcionasse no modo da auto-avaliação (Gather Thurler, 1994a).

PROGRAMAS, OBJETIVOS, EXIGÊNCIAS

A introdução de uma pedagogia diferenciada e de uma avaliação formativa leva, cedo ou tarde, a mexer nos programas. Inicialmente, para *abreviá-los*, para extrair sua essência: não podemos cobrir um programa excessivamente sobrecarregado senão nos resignarmos com o êxito de uma importante fração dos alunos. É, infelizmente, hoje ainda, a lógica aplicada em numerosas escolas secundárias: avança-se através do programa em um ritmo suficiente para recobri-lo inteiramente, deixando, a cada novo capítulo, alunos *à beira do caminho*. Importa ainda muito freqüentemente que o programa tenha sido ensinado, não que tenha sido assimilado pela maioria dos alunos. Tanto pior para aqueles que não o assimilaram suficientemente: eles serão relegados para outras classes, obrigados à reprovação ou ainda autorizados a dar continuidade a sua progressão no curso, na esperança de que suas lacunas desaparecerão espontaneamente ou que suas dificuldades passarão miraculosamente desapercebidas. Ir em direção à avaliação formativa é não mais fabricar tantas desigualdades, é *criar os meios* para remediar as dificuldades dos alunos mais lentos, mais fracos. Ora, não se pode "matar todos os coelhos de uma só cajadada": é indispensável, para lutar contra o fracasso escolar, deter-se no essencial, no cerne dos programas, renunciando a todos os tipos de noções e de saberes que não são indispensáveis, ao menos não para todos os alunos. Os movimentos de modernização dos programas vão nesse sentido (Perret e Perrenoud, 1990). Não subestimemos a amplitude da tarefa.

> "Com efeito, a diferenciação introduz nas práticas didáticas, um acréscimo de complexidade e ela somente é tolerável caso se baseie em um trabalho prévio de 'simplificação'. Deve-se, portanto, sem qualquer dúvida, repensar nossos programas de ensino... Mas isso nada tem a ver com o abandono fácil de uma parte destes, nem mesmo com um exame superficial de seu conteúdo para separar o que ainda é atual daquilo que se teria tornado ultrapassado. A identificação dos objetivos centrais requer um trabalho didático em profundidade em cada disciplina, a identificação precisa das tarefas que serão solicitadas aos alunos em cada nível de ensino e dos problemas que eles deverão resolver para realizá-las corretamente" (Meirieu, 1990, pp. 181-182).

Há uma segunda razão para que a avaliação formativa induza a uma transformação dos programas: estes últimos não são, em geral, redigidos em termos de *objetivos* de domínio; apresentam-se, antes, como listas de "conteúdos a serem ensinados". Um tal modo de escrever os planos de estudos obriga os professores que se orientam para a avaliação formativa e a pedagogia diferenciada a um importante trabalho de *explicitação dos objetivos*, que freqüentemente ultrapassa suas forças. Nenhuma reescrita institucional dos programas em termos de objetivos dispensará os professores de um trabalho pessoal de elaboração e de apropriação do currículo, mas ele poderia ser esboçado e sustentado pelos autores dos planos de estudos.

Por fim, uma avaliação formativa, posta a serviço da regulação individualizada das aprendizagens, colocará o dedo, mais rápido do que um ensino frontal, sobre as incoerências e as ambições desmedidas de certos planos de estudos. Quando muitos alunos de determinada idade cometem os mesmos erros e não se pode facilmente remediar isso, porque ultrapassam seu estágio de desenvolvimento intelectual, quando certos tipos de saberes marginalizam, sistematicamente, uma maioria de alunos, porque se encontram demasiadamente afastados de sua experiência e de suas aquisições anteriores, deve-se certamente revisar o plano de estudos ou deixá-lo mais próximo da vida, ou mais realista em relação às aquisições anteriores e às atitudes dos alunos. Toda pedagogia diferenciada funciona como um *analisador crítico* dos planos de estudos.

SISTEMA DE SELEÇÃO E DE ORIENTAÇÃO

A vocação da avaliação formativa é a de contribuir para as aprendizagens. Acha-se, portanto, em uma *lógica de ação*: não é o momento de se resignar com as desigualdades e dificuldades. Nada impede que a realidade resista (Hutmacher, 1993), que o tempo passe, que o milagre não aconteça. Acontecem fracassos que obrigam a fazer o balanço das aquisições; então não é mais possível remediar, deve-se tomar *decisões* de seleção ou de orientação.

Em si, a avaliação formativa não dá as costas a essa perspectiva. Em uma interpretação maximalista da pedagogia de domínio, poder-se-ia esforçar-se para dar constantemente novas chances, considerando que uma aprendizagem jamais é impossível, que jamais se "tentou tudo" para levá-la a cabo. Sem ser derrotista, deve-se considerar não apenas restrições econômicas, que limitam os recursos e o tempo disponíveis, mas também a boa vontade decrescente dos aprendizes. Do mesmo modo que certos pacientes resistem à perseverança terapêutica, alguns alunos resistem à *perseverança pedagógica*, um dos velhos demônios da escola (Perrenoud, 1996e). Preferem romper a relação a serem confrontados, durante meses ou anos, aos mesmos fracassos, às mesmas reprovações.

Não existe, a prazo, incompatibilidade de princípio entre avaliação formativa e seleção. Sua articulação prática permanece delicada. A avaliação formativa prioriza o domínio dos conhecimentos e das competências, considerando que a seleção é, na melhor das hipóteses, um *mal necessário*, jamais um fim em si ou uma vantagem. Em um sistema que se orgulha de limitar o acesso aos saberes, de preparar inicialmente uma elite, a avaliação formativa não tem lugar, pois se insere em uma vontade de democratização do ensino, vontade não apenas afirmada *in abstracto*, mas concretizada pela adoção de uma estrutura escolar favorecendo uma seleção o mais clemente, tardia e reversível possível. Nos sistemas escolares onde se pratica uma seleção drástica com menos de doze anos, onde se parece satisfeito de ter poucos alunos nas habilitações mais exigentes, onde se assume um número importante de reprovações e de fracassos, vê-se mal quem poderia, salvo alguns idealistas, pleitear a avaliação formativa, portanto, também uma transformação global do sistema de seleção e de orientação.

Mesmo nos sistemas escolares menos seletivos, a articulação da avaliação formativa e da seleção não é evidente: em um determinado momento, apenas no final de um ano escolar ou de um ciclo de estudos plurianual, a avaliação muda de lógica. Quando se quer ajudar o aluno a aprender, estabelece-se bruscamente um balanço que, sem ser definitivo, comanda decisões a curto prazo, por vezes dificilmente reversíveis. Portanto, a questão é saber se os professores podem desempenhar esse *duplo papel*, os alunos adivinhando que as dificuldades reveladas em uma perspectiva formativa podem, em determinado momento, voltar-se contra eles em uma perspectiva certificativa ou seletiva.

Nós nos encontramos aí diante de um paradoxo: a avaliação formativa deveria estar inteiramente *do lado do aluno* e, portanto, lhe dar recursos para enfrentar a seleção, do mesmo modo que o advogado de defesa encontra-se ao lado do acusado em um processo ou o médico ao lado de seu paciente contra a doença. Seria melhor que a seleção fosse encarnada por outros agentes, que não tivessem por tarefa ensinar, mas dizer quem atingiu um domínio suficiente para obter um diploma ou chegar a um ciclo de formação. O inconveniente é que uma divisão do trabalho como essa condenaria a uma avaliação pontual, ou seja, a uma das metamorfoses do exame. Ora, conhece-se a fragilidade desse modo de avaliação no que concerne ao plano docimológico. Dissociar a avaliação formativa da avaliação seletiva seria renunciar a basear esta última em uma avaliação contínua e, assim, acrescentar sua arbitrariedade e também a desigualdade social diante da seleção. Talvez se devesse buscar a solução ao lado de uma *seleção negociada* com os alunos e suas famílias. Enquanto as decisões de seleção forem tomadas unilateralmente pela escola, às vezes contra a vontade e a solicitação expressa do aluno ou de seus pais, como a sentença de um tribunal impõe-se ao acusado, sempre existirão razões para que os interessados se protejam, "com unhas e dentes", de um julgamento desfavorável.

Se o sistema de seleção e de orientação deixa as famílias e os alunos assumirem suas responsabilidades, correrem os riscos de uma orientação demasiadamente ambiciosa e, portanto, de um fracasso algum tempo mais tarde, a escola estaria, no momento da decisão, em uma relação mais de ajuda do que de autoridade. Seu papel não seria mais o de impedir de entrar em determinada habilitação difícil ou de progredir no curso, mas dar conselhos, informações, indicações a partir das quais os alunos e suas famílias se determinariam com conhecimento de causa. Nesse caso, em vez de se opor à avaliação formativa, a avaliação seletiva a prolongaria, na mesma lógica *cooperativa*: quando não é mais tempo de aprender, quando se deve fazer um balanço e tomar decisões, restam conselhos a dar, regulações a operar. A escola poderia assistir aos pais e crianças em sua negociação da orientação (Bain, 1979; Berthelot, 1993; Duru-Bellat, 1979; Richiardi, 1988) mais do que decidi-la em seu lugar.

SATISFAÇÕES PESSOAIS E PROFISSIONAIS

A avaliação tradicional é uma fonte de angústia para os alunos com dificuldade e até para os demais, que não têm grande coisa a temer, mas não o sabem... Também é uma fonte de estresse e de desconforto para uma parte dos professores, que não gostam de dar notas. Mesmo para eles, e *a fortiori* para os outros, o sistema de avaliação é um tipo de "faixa de segurança", bem-vinda face às múltiplas incertezas que concernem aos objetivos e aos programas, ao procedimento pedagógico, à disciplina, ao lugar dos pais na escola, etc. O sistema tradicional de avaliação oferece uma direção, um parapeito, um fio condutor; estrutura o tempo escolar, mede o ano, dá pontos de referência, permite saber se há um avanço na tarefa, portanto, se há cumprimento de seu papel.

Toda inovação pedagógica que obrigue a se afastar dessa direção, seja distanciando-se abertamente em relação aos procedimentos oficiais, seja interpretando-os em outra perspectiva, é uma fonte de inquietação para o professor. Desse modo, pode-se, sem contestá-lo explicitamente, interpretar o sistema tradicional de avaliação em um sentido mais formativo, dando uma significação "desviante" à escala das notas (adquirido, em aquisição, etc. em oposição a excelente, médio, etc.). Essa interpretação cria uma instabilidade em relação à prática corrente e introduz uma tensão difícil de ser vivenciada. Não é confortável tomar, de fato ou de direito, grandes liberdades em relação à tradição, pois nos sentimos pessoalmente responsáveis por nossos erros, o único responsável por nossa avaliação frente aos pais e aos alunos, ao passo que quando "seguimos a direção", podemos nos esconder atrás do "sistema", das regras, etc. A administração escolar tem vantagem nesse funcionamento: por não saber exatamente o que e como os professores ensinam, ela tem ao menos a impressão de que a avaliação é feita conforme padrões formais que garantem, ao mesmo tempo, a eqüidade e a regularidade que importam aos burocratas escolares às vezes mais do que a eficiência didática.

No entanto, não se pode responsabilizar o medo da mudança por todas as resistências. Muitos professores sabem ou percebem que, sem evolução, estão condenados à rotina e ao tédio (Huberman, 1989). Definitivamente, a mudança não passa de um momento difícil, por vezes estimulante, caso resulte em uma renovação e crie equilíbrios mais fecundos. A situação é mais grave quando os professores pressentem que não encontrarão, em um novo sistema de avaliação, as *satisfações*, confessáveis ou não, que lhes proporciona a avaliação tradicional.

> "Os professores sabem que as notas não são confiáveis, que não dariam a mesma nota à mesma prova caso lhe fosse apresentada algumas semanas mais tarde e que seus colegas dariam todos notas diferentes a essa prova. Sabem que são incapazes de precisar, mesmo para si mesmos, seus objetivos e seus critérios de correção. Sabem que não sabem em que consiste o 'nível' que permite 'passar'. Sabem que dividir pela média é absurdo. Conhecem os efeitos de estereotipia e de aura. Sabem, mas não querem saber que sabem. Sabem inconscientemente. E é por isso que podem, com toda boa fé, colocar à frente sua *consciência* profissional. De fato, ela é inocente: é de inconsciente que se trata!
>
> Mas por quê? O que defendem com essa resistência?" (Ranjard, 1984, p. 93).

O autor responde:

> "Eles defendem um prazer. Um prazer de má qualidade, mas seguro, garantido, cotidiano. Um prazer que deve se mascarar para ser vivenciado sem culpabilidade. (...)
>
> Esse prazer, é o prazer do Poder com P maiúsculo. O professor é o mestre absoluto de suas notas. Ninguém no mundo, nem seu diretor, nem seu inspetor, nem mesmo seu ministro, pode qualquer coisa em relação às notas que afixou. Pois foi em sua alma e *consciência* que ele as afixou. Com seu diploma, reconheceu-se sua competência para corrigir (o que não deixa de ter graça!). Sua consciência profissional é inatacável. Em sua tarefa de corretor, é todo poderoso. E esse domínio significa *poder sobre os alunos*." (ibid, p. 94).

Se Ranjard está certo, os professores têm, além do medo da mudança, razões para aderir a um modo de avaliação que garanta um tal poder. Fazem-no por motivos inconfessáveis e, portanto, dissimulados sob pretextos mais apresentáveis, o que perverte o diálogo sobre a mudança e assinala não-ditos da profissão de professor (Perrenoud, 1996c).

Uma avaliação formativa somente pode ser cooperativa, negociada, matizada, centrada mais na tarefa e nos processos de aprendizagem do que na pessoa. Priva definitivamente do *poder de classificar*, de distinguir, de condenar globalmente alguém em função de seus desempenhos intelectuais. Tentei anteriormente (Perrenoud, 1991a, Capítulo 8 desta obra) mostrar que a avaliação formativa pode estender o *controle social e mental* sobre os alunos. No entanto, ela obriga a renunciar ao "poder supremo de corrigir, um prazer que vem dos infernos e que não se pode encarar" (Ranjard, 1984, p. 94).

Mais geralmente, insistirei sobre os *lutos* que uma mudança dos modos de avaliação imporia aos professores (Perrenoud, 1992a, 1996b), lutos que eles pressentem e que lhes causam *medo*. Não creio que os professores tenham, exageradamente, "necessidade" de avaliar, classificar. Têm necessidade de encontrar certas satisfações pessoais, inclusive narcísicas e relacionais, no exercício de sua profissão. Ora, acontece, conforme uma expressão de Pierre Marc, que o sistema de ação e a cultura ambiente ativam ou desativam certas "camadas" do funcionamento inconsciente do indivíduo. Sem dúvida, o prazer de avaliar o outro e, portanto, de ter poder sobre ele, enraíza-se nos primeiros anos da experiência humana e constitui uma revanche sobre todas as humilhações e frustrações sofridas durante a infância e mesmo na vida adulta. Nada, contudo, autoriza a generalizar; a economia psíquica dos professores é diversa e nem todos se ligam ao poder, porque suas satisfações são de outra ordem. Por outro lado, não são nem mais nem menos desinteressados que os outros profissionais. Meu propósito não é o de neles jogar pedras, mas o de salientar que toda mudança, em qualquer instituição, pode colocar em perigo a economia psíquica dos agentes, o equilíbrio às vezes frágil que construíram entre os prazeres e as frustrações, as liberdades e os deveres que sua tarefa permite ou impõe. Negá-lo leva a uma análise que ignora uma dimensão essencial dos sistemas vivos e de sua complexidade.

A ABORDAGEM SISTÊMICA PODE SER DESMOBILIZADORA?

A abordagem sistêmica aqui adotada nada tem de original, ela se impõe em todas as ciências sociais que têm por tarefa dar conta das organizações e das práticas humanas (ver, por exemplo, Amblard, 1996; Bernoux, 1985; Crozier e Friedberg, 1977; Friedberg, 1993). Se em educação se deve incessantemente fazer retomadas, isso acontece em razão da constante tentação de esquecer a complexidade para acreditar em uma mudança rápida e limitada da escola. Essa tentação é compreensível: se aceitamos a abordagem sistêmica, avaliamos a *impossibilidade de mudar radicalmente as práticas de avaliação sem fazer evoluir o conjunto da profissão de professor e da organização escolar*, o que distingue ainda mais a realização das idéias e de modelos sedutores.

Isso pode desencorajar aqueles que propõem instrumentos inovadores aos que fazem o trabalho prático e não compreendem que se deva, para fazê-los serem adotados, iniciar uma marcha igualmente longa através das instituições e das culturas profissionais. Por que se confrontar com tantos obstáculos? Isso vale a pena? Por que não conservar uma avaliação que mostrou sua eficiência e investir alhures?

Levam-se alguns anos para se dar conta de que se encontrarão *as mesmas interdependências*, qualquer que seja a entrada no sistema. A avaliação tradicional, que faz parte desse sistema, impede a renovação radical das práticas e dos contratos pedagógicos, como se viu no Capítulo 4. Opondo-se ao sistema através dos programas, da didática, do funcionamento dos estabelecimentos ou da avaliação, as mesmas solidariedades entram em jogo.

Se, mais do que nunca, é necessário mudar a avaliação em um sentido mais formativo, importa integrar o caráter sistêmico das práticas em nossas estratégicas de mudança. Para se opor simultaneamente à avaliação, à didática, à relação entre professores e alunos, aos programas, à organização das turmas e do curso, à seleção, não existe método pronto. Pode-se, no entanto, indicar três pistas complementares que implicam fortemente os primeiros agentes envolvidos:

1. Fazer evoluir o funcionamento dos estabelecimentos em direção a uma autoridade negociada, verdadeiros projetos, uma autonomia substancial, resultante de uma real responsabilidade.
2. Favorecer a cooperação entre professores em equipes pedagógicas ou em redes.
3. Agir sobre todos os parâmetros (estatuto dos professores, formação, gestão) que aumentam o grau de profissionalização do professor e das profissões conexas.

Isso deveria conduzir os defensores da avaliação formativa e da diferenciação, como os didáticos das disciplinas, os partidários da escola ativa, os defensores das tecnologias novas ou de qualquer outra modernização dos conteúdos ou dos métodos a trabalharem em mais estreita colaboração com aqueles que refletem sobre a *organização escolar como sistema complexo* (Demailly, 1990; Derouet, 1992; Henriot-Van Zanten, Plaisance e Sirota, 1993; Hutmacher, 1990; Perrenoud, 1993e, 1996c) e sobre as *estratégias de mudança* (Bonami e Garant, 1996; Cros e Adamczewski, 1996; Gather Thurler, 1993; Gather Thurler e Perrenoud, 1990; Hargreaves e Fullan, 1992; Huberman, 1986, 1990; Perrenoud, 1993f).

A perspectiva sistêmica ainda não faz parte da cultura comum de todos os pesquisadores em educação e de todos os inovadores. Se ela lhes falta, são fadados a se perguntar, durante décadas ainda, por que a escola não adota as belas idéias resultantes de seus trabalhos ou da reflexão dos movimentos pedagógicos...

CONCLUSÃO

A COEXISTÊNCIA DE LÓGICAS ANTAGONISTAS

A emergência progressiva de uma lógica da regulação não faz desaparecer as outras lógicas da avaliação. Há, portanto, confrontos e compromissos, especialmente em torno da seleção. Mesmo os sistemas que suprimem a reprovação e repudiam a primeira orientação ao término da escolaridade obrigatória não suprimem as desigualdades. Há, portanto, um momento em que as hierarquias formais se reintroduzem e têm conseqüências seletivas.

Na medida em que existem reais contradições, nas mentes e nos atos, seria ilusório imaginar vencê-las com o pensamento. Além do mais, podem-se examinar diversos modos de fazê-las coexistir.

O BOM, O ESTÚPIDO E O VAGABUNDO

O sonho de todos os professores que não gostam de avaliar seria que se instituísse uma divisão do trabalho: a uns caberia ensinar, a outros, avaliar. É uma hipótese razoável?

O Bom seria, então, o professor que pudesse renunciar à toda avaliação certificativa para se colocar inteiramente a serviço das aprendizagens dos alunos. O Estúpido seria o examinador anônimo, primo pedagógico do soldado desconhecido, ao qual caberia o "trabalho sujo": recusar uma certificação ou uma orientação favorável em nome da eqüidade e da manutenção do nível.

E o Vagabundo? Talvez fosse o aluno, condenado por profissão a *trapacear*. Trapaceria com o Bom, porque a avaliação formativa é uma intrusão em sua vida, porque não tem constantemente vontade de ser ajudado a aprender, interrogado sobre suas representações, seus erros ou seus métodos, cuidado em troca da maior transparência possível. Os alunos quase não gostam de serem tratados demasiadamente bem, isso os aprisiona. A avaliação, mesmo que fosse puramente formativa, não seria constantemente um jogo cooperativo.

O Bom não seria, talvez, tão bom quanto imagina, porque desempenharia um duplo papel, como Merle (1996) mostra em seu estudo da escola secundária francesa, onde os professores do último ano do segundo ciclo preparam seus alunos para uma prova de *baccalauréat* que será administrada por professores externos ao estabelecimento. O professor desse referido ano, como o professor de qualquer turma preparatória de uma prova ou concurso independente, desempenha, alternadamente, um papel de *treinador* a serviço das aprendizagens do aluno e um papel de *juiz* ou de *árbitro*, encarnando o princípio de realidade, isto é, as exigências da prova final. Quando avalia, o Bom se sente inclinado, em seu próprio interesse e no do aluno, a ser um pouco duro de qualquer modo, para que o fracasso eventual seja antecipado e, se possível, evitado. Nas escolas onde os alunos devem submeter-se a uma prova nacional, a avaliação formativa pode tornar-se um puro treinamento para a avaliação certificativa final, segundo um regime, por vezes, mais duro do que a própria prova, na medida em que a reputação do estabelecimento e sua classificação, portanto, seu público, podem disso depender... Mesmo que não haja qualquer avaliação certificativa a prestar, um professor sentir-se-á inevitavelmente julgado por aqueles que, cedo ou tarde, avaliarão as aquisições de seus alunos e, portanto, indiretamente, seu próprio trabalho.

O aluno trapaceará também com o Estúpido, o examinador, para criar ilusão e ter a paz, o direito de continuar seus estudos ou de receber seu diploma. Nesse caso, a avaliação não teria nenhum componente formativo: não seria mais hora de ensinar, mas de fazer o balanço das aquisições ou de classificar, para decidir sobre o futuro. O examinador teria um papel claro. Seu desconforto viria, talvez, de outro lugar: teria que julgar uma pessoa baseando-se em um texto de algumas páginas ou em uma conversa de alguns minutos sem nada saber de sua história. Isso seria razoável? Em educação de adultos, os balanços de competências criam mais recursos. Mas então se tornam jogos cooperativos, até mesmo formativos... Diante de uma prova clássica, a medida objetiva de suas competências é a última preocupação do avaliado. Ele deseja que a avaliação em questão, da qual depende seu futuro, lhe seja *o mais favorável possível*. Todos os modos são válidos para ser bem avaliado. Portanto, o avaliado engana, prepara de última hora, frauda se tiver coragem, "se vira" para ter um ar mais sábio do que é, durante uma prova escrita ou uma interrogação oral.

A divisão do trabalho, ensino de um lado, avaliação de outro, iria contra a corrente. Na maior parte dos sistemas educativos, hoje, reserva-se essa avaliação independente aos diplomas do último ano do segundo ciclo, às vezes aos certificados que marcam o fim de um ciclo de estudos. Mesmo então se consideram os resultados do ano.

Ao longo do curso, de um grau ou de um ciclo ao seguinte, é cada vez mais raro que se organizem provas nas devidas condições. Quando esse sistema subsiste é, muitas vezes, o próprio professor que concebe a prova, aplica-a a seus próprios alunos e a corrige.

Existem razões para que se considere uma volta a uma estrita divisão do trabalho? Não acredito nisso por várias razões.

- Uma parte dos professores pensa ter necessidade do prêmio e do castigo certificativos. No ensino obrigatório, a relação pedagógica é frágil, de modo que a avaliação certificativa, com seus mecanismos de êxito ou de fracasso, de orientação e de seleção, parece um modo de pressão indispensável. No ensino secundário, uma parte dos professores responsáveis pelas habilitações ditas secundárias — música, educação física, artes plásticas, etc. — não abre mão de avaliar e gostaria que suas notas fossem consideradas para estabelecer sua posição e ter mais domínio sobre seus alunos. Esses professores não desejariam, portanto, de modo algum ater-se a uma avaliação formativa; para eles, é uma questão de *status* e de sobrevivência na relação pedagógica.
- Aos olhos da maioria dos alunos e dos estudantes, os professores fazem parte de uma mesma corporação e defendem a mesma causa. Seria pouco crível que uns estivessem do lado do aluno e outros, do lado da instituição. Mesmo em matéria de justiça, os acusados ou as testemunhas têm dificuldade em se desfazer da idéia de que advogados de defesa, procuradores e magistrados "fazem parte da mesma família", fizeram seus estudos nas mesmas faculdades, passam de uma função à outra, fazem parte dos mesmos clubes e têm, portanto, para além dos processos que os opõem, uma forma de cumplicidade fundamental. No entanto, são profissões diferentes cujos rendimentos não têm a mesma fonte. O código de procedimento sanciona qualquer conluio e permite recusar aqueles que, por outros vínculos, estariam impedidos de um confronto com independência na defesa de uma causa. Na escola, todos são professores, remunerados pelo mesmo orçamento, dependentes do mesmo ministro, da mesma direção. Como imaginar que possam pertencer a dois campos opostos, ou simplesmente adotar duas posturas fortemente contrastadas em relação à avaliação?
- Se a divisão do trabalho da avaliação determinasse funções estáveis, inclusive profissões diferentes, aqueles que conseguiriam não "mergulhar" na avaliação certificativa-seletiva atrairiam as críticas daqueles que se sentiriam condenados ao trabalho mais ingrato, a seleção.
- Uma estrita divisão do trabalho reconduziria aos absurdos das provas, cujo desenvolvimento da avaliação contínua verificaria justamente as conseqüências.

Em resumo, se existem duas lógicas em jogo na avaliação, parece difícil dirigir-se para uma estrita divisão do trabalho. Melhor seria "fazer das tripas coração" e admitir que as diversas funções da avaliação serão assumidas pelas mesmas pessoas. Será o mesmo que dizer que serão confundidas? Pelo contrário. Se concordarmos que a divisão do trabalho não convence, a superposição das funções obriga a uma explicitação das posturas e das regras do jogo.

UMA TENTAÇÃO: REMETER A CERTIFICAÇÃO ÀS CALENDAS GREGAS

Pode-se certamente retardar, o máximo possível, a diversificação e a hierarquização das habilitações e não se perde nada suprimindo a reprovação (Crahay, 1996). De repente, durante os primeiros anos de estudo, os mecanismos de orientação e de seleção seriam bem menos importantes e poder-se-ia priorizar a formação pura.

Alguns sistemas estão muito adiantados nesse caminho, outros não estão dispostos a segui-lo, na medida em que a supressão da reprovação e a instauração de um colégio único são escolhas *políticas*.

É certo que, quanto mais se aproxima de uma escala decisiva, de seleção ou de certificação, mais difícil é fazer coexistir o papel do Bom e o do Estúpido em uma só pessoa. Mas se imagina realmente ser possível e razoável prorrogar por vários anos a constatação das desigualdades reais da aprendizagem?

Prorrogar a seleção é uma coisa, diferenciar toda avaliação-balanço é outra. Distinguirei duas modalidades de funcionamento.

- De acordo com a primeira, o sistema e os alunos constantemente sabem a que se ater no que concerne ao nível alcançado por uns e outros, mas isso não tem, imediatamente, incidências em matéria de seleção, de orientação ou de certificação.
- De acordo com a segunda, o sistema não estabelece qualquer classificação e até mesmo se previne de toda avaliação padronizada que possibilitaria comparações informais.

Essa segunda opção apresenta a vantagem de não criar prematuramente hierarquias de excelência. Porém, apresenta o inconveniente de não revelar a realidade das desigualdades. Quebrar o termômetro não faz a febre cair e impede medir sua evolução. Parece-me indispensável que a avaliação formativa seja também uma avaliação-balanço. Portanto, seria difícil, mesmo que não haja decisões de seleção no final, não ver aí uma forma de certificação ao menos informal e indicativa, com todos os mecanismos simbólicos que lhe são imediatamente ligados.

A avaliação formativa não tem sua total medida senão como instrumento de uma pedagogia diferenciada. Ora, esta última não dá as costas à certificação, visa sobretudo à criação das condições da certificação do maior número de alunos. Afastar as escalas irreversíveis, introduzir as habilitações o mais tarde possível, muito bem. Isso não deveria coincidir com uma forma de *ignorância voluntária* da amplitude das desigualdades. A pedagogia diferenciada deve absolutamente saber de *onde parte*, em cada nível do curso, *mesmo se arriscando a fazê-lo conhecer*, portanto, induzir comparações e classificações, no mínimo informais. Entre a peste e a cólera, mais vale escolher a lucidez e tentar controlar seus efeitos perversos.

Além disso, a reflexão sobre as pedagogias diferenciadas me leva a duvidar cada vez mais das virtudes de ciclos de aprendizagem que não estabelecem objetivos pedagógicos bem-definidos e que não se organizam de modo "obsessivo" para alcançá-los. Pleiteei, em outro estudo (Perrenoud, 1997a e 1997e), uma *organização modular dos ciclos de aprendizagem*, ou, pelo menos, que se considerasse seriamente essa alternativa. Definido como um espaço-tempo de formação perseguindo objetivos bem-definidos, concebido para alcançá-los em algumas semanas ou alguns meses, a um ritmo intensivo, um *módulo* apenas tem sentido se desemboca em uma certificação e a confere sem complacência. O sistema dos certificados ou distinções o atesta, as pedagogias novas jamais recusaram a certificação de aquisições identificáveis, o que é um modo de tornar as desigualdades visíveis...

O importante, na democratização do ensino, não é "fazer como se" cada um houvesse aprendido, mas *permitir a cada um aprender*. Quando não se consegue isso, a solução não é esconder a cabeça na areia, mas reconhecer um fracasso, que é, primeiramente, o da escola, para melhor "retomar o trabalho". Aí está a verdadeira clivagem: frente a desigualdades de aquisição e de níveis escolares devidamente constatados, uns baixam os braços e invocam a fatalidade e os limites da natureza humana, outros buscam novas estratégias...

A contradição entre o espírito formativo e o espírito certificativo não pode ser suprimida por mágica, mas será tanto mais suportável quanto mais se desenvolver uma pedagogia diferenciada eficiente. O mecanismo prioritário não é o de suprimir toda avaliação somativa ou certificativa, mas o de criar condições de aprendizagem mais favoráveis para todos e inicialmente para os mais necessitados.

UM CONTRATO DIDÁTICO MENOS CONFLITUAL

Ninguém fica indiferente ao julgamento de seus conhecimentos ou competências. O primeiro movimento de cada um é o de tentar mostrar suas qualidades, portanto, é o *de se defender* contra a manifestação de suas lacunas e de seus limites. Quem avalia sente-se honrado, em contrapartida, por não se deixar enganar, por razões muito honrosas e outras mais confusas. Portanto, é normal que todo relatório de avaliação tenha uma dimensão conflitual e se pareça, em parte, com o jogo de gato e rato.

Se não se pode apagar totalmente esse aspecto, pode-se tentar arranjar o contrato pedagógico e didático de modo que não impeça o essencial, aprender e ensinar. Esse contrato produzirá mecanismos de defesa se:

— consideram-se os erros e os obstáculos como ocasiões de aprender (Astolfi, 1997);
— trabalha-se explicitamente a relação com o saber e o sentido do trabalho escolar (Charlot, 1997; Develay, 1996; Perrenoud, 1996a; Rochex, 1995; Vellas, 1996);
— não se imputam as dificuldades de aprendizagem à pessoa do aluno, à sua família, a seu patrimônio genético, mas às condições de aprendizagem;
— reconhece-se que não se aprende sozinho e que certas competências são coletivas ou exigem, pelo menos, uma forma de cooperação;

- aceitam-se todas as questões, sem estigmatizar nenhuma, nem fazê-la voltar contra seu autor;
- fazem-se regulações em torno dos métodos de trabalho, quando se institui um conselho de classe, considerando suas competências em relação aos métodos de trabalho e aos dispositivos didáticos;
- desenvolve-se uma cultura que permita a coexistência e a cooperação de alunos desiguais, com respeito mútuo;
- associa-se os pais à avaliação, mais do que lhes impor;
- reconhece-se a negociação como uma modalidade legítima de trabalho em todos os níveis.

Poder-se-ia estender essa lista, inspirando-se nas pedagogias novas. Esses exemplos são suficientes para expressar um *estado de espírito*: não renunciar à avaliação lúcida, mas modificar o clima, a cultura, as regras do jogo para que a lucidez não destrua a autoimagem, a autoconfiança, o orgulho de pertencer a uma família e a uma cultura, o sentimento de ser capaz. Quando o GFEN (1996) propõe atitudes de auto-socioconstrução dos saberes, não se trata, em momento algum, de esconder de uma criança ou de um adolescente suas dificuldades ou que ainda lhe resta muito a aprender. Quando seu médico lhe diz que você está doente e que deve tomar medidas enérgicas, você não o acusa de ter pensamentos negativos, não lhe atribui a intenção de desmoralizá-lo, você compreende que ele realiza seu trabalho. Por que, quando toma a forma de um balanço, a avaliação formativa seria mais complacente do que um diagnóstico?

TRABALHAR SOBRE VERDADEIRAS COMPETÊNCIAS

A abordagem por competências, desde a escola e o colégio, não tem como objetivo primeiro facilitar uma avaliação, ao mesmo tempo, lúcida e cooperativa. É, no entanto, um de seus efeitos benéficos. De fato, não se pode desenvolver e avaliar competências que, colocando os alunos frente a situações complexas, nas quais tentam mobilizar suas aquisições, façam com que percebam seus limites e sejam incitados a ultrapassá-los, trabalhando a partir dos obstáculos (Perrenoud, 1995b, c e d; 1997b e d).

Tais situações são difíceis de padronizar, porque não se pode nem reproduzi-las artificialmente nem planejá-las integralmente. Além do mais, pode-se iniciar um procedimento, estruturando uma situação-problema. O que virá em seguida dependerá do sujeito e, freqüentemente, de sua interação com os demais, uma vez que essas tarefas são, em geral, de natureza cooperativa. Mesmo focalizando uma única criança e se situando em uma postura avaliativa ao longo de todo procedimento, será difícil saber o que lhe é próprio e o que manifesta competências coletivas ou sinergias.

De qualquer maneira, a avaliação das competências não descartará uma observação *qualitativa* dos fatos e gestos, palavras, raciocínios, hesitações, estratégias, decisões, caminhos do sujeito frente a um problema. Sem dúvida, não é inútil que o observador disponha então de um modelo da tarefa e de uma grade de aspectos observáveis, mas isso jamais constituirá uma lista fechada de itens aos quais atribuir pontos.

Tal observação passa necessariamente por um diálogo, solicita uma parte importante de auto-avaliação ou, pelo menos, de explicitação. Faz o aluno e o professor entrarem na complexidade e afasta definitivamente da busca e da discriminação dos erros. Trata-se, antes, como em um procedimento clínico, como em uma operação de *debriefing* após uma missão, como em toda leitura de uma ação complexa, de tentar *compreender como se é envolvido*, em quais momentos poder-se-ia ter considerado outras hipóteses ou adotado outros procedimentos. Em resumo, trata-se de proceder à análise *ex post*, crítica e instrumentada, de uma prática de identificação e de resolução de problemas.

Tardif (1996) estende, à avaliação das competências, as características que toda avaliação *autêntica* deveria respeitar, segundo Wiggins (1989):

- A avaliação não inclui senão tarefas contextualizadas.
- A avaliação aborda problemas complexos.
- A avaliação deve contribuir para que os estudantes desenvolvam mais suas competências.
- A avaliação exige a utilização funcional de conhecimentos disciplinares.
- Não há qualquer limitação de tempo fixada arbitrariamente quando da avaliação das competências.
- A tarefa e suas exigências são conhecidas antes da situação de avaliação.
- A avaliação exige uma certa forma de colaboração entre pares.
- A correção considera as estratégias cognitivas e metacognitivas utilizadas pelos estudantes.
- A correção somente considera erros importantes na ótica da construção das competências.
- Os critérios de correção são determinados fazendo-se referência às exigências cognitivas das competências visadas.
- A auto-avaliação faz parte da avaliação.
- Os critérios de correção são múltiplos e proporcionam várias informações sobre as competências avaliadas.
- A avaliação deve determinar as forças dos estudantes.
- As informações extraídas da avaliação devem considerar as aptidões dos estudantes, seus conhecimentos anteriores e seu grau atual de domínio das competências visadas.
- Os mesmos procedimentos de avaliação são exigidos a todos os estudantes e o apoio necessário está disponível para aqueles que têm dificuldades.
- A avaliação é guiada pelas exigências da validade ecológica.

Sem entrar em detalhes, percebe-se a incidência de uma abordagem como essa sobre o *contrato de avaliação*. Aproxima-se daquele que um jogador de alto nível, um esportista, um artista faz com seu treinador, um contrato que transforma o avaliador antes em pessoa-recurso do que em julgador supremo.

Enquanto a escola der tanto peso à aquisição de conhecimentos descontextualizados e tão pouco à transferência e à construção de competências, toda avaliação correrá o risco de se transformar em um concurso de excelência.

Pode-se dizer, para concluir, que não se poderia separar a reflexão sobre a avaliação de um questionamento mais global sobre as finalidades da escola, das disciplinas, do contrato pedagógico e didático e dos procedimentos de ensino e de aprendizagem.

AVALIAÇÃO FORMATIVA, REGULAÇÃO, DIFERENCIAÇÃO: AS MESMAS QUESTÕES, O MESMO COMBATE

Enquanto a intenção de instruir não der resultados, o conflito entre a lógica formativa e a lógica seletiva permanecerá. Pode-se, certamente, prorrogar e atenuar a seleção, mas o centro do problema está alhures, na impotência da escola em alcançar seus fins educativos declarados.

Não se pode pedir que a avaliação substitua o ensino. Em contrapartida, ela não deveria jamais impedir uma pedagogia diferenciada, ativa, construtivista, aberta, cooperativa, eficiente, mas se colocar a seu serviço. Isso não dispensa de desenvolver prioritariamente essa pedagogia, com suas dimensões avaliativas, além de todas as demais.

Desse ponto de vista, se a avaliação formativa engana-se ao se separar da didática (Bain, 1988a e b), perde-se também caso se torne uma problemática autônoma, ao passo que seu único interesse seria o de se articular com uma pedagogia diferenciada.

Daí porque, conhecendo o peso das palavras, seria bom que ao agrupamento daqueles que trabalham sobre as diversas facetas e funções da avaliação, façam o contrapeso das associações, departamentos universitários, programas e projetos de pesquisa ou de desenvolvimento que reúnam abordagens transversais e abordagens didáticas do ensino e da aprendizagem, em torno do tema da diferenciação, da regulação, da individualização dos percursos.

* * *

"Entre as duas lógicas da avaliação, ruptura ou continuidade?", perguntava-se Bonniol em 1988. Responderei: forte ruptura, se a escola limita-se a preconizar uma avaliação formativa sem outras mudanças; possível continuidade, se ela evolui para pedagogias diferenciadas, percursos individualizados, o trabalho por situações-problema e o desenvolvimento de competências.

REFERÊNCIAS BIBLIOGRÁFICAS

Allal, L. (1983) Évaluation formative: entre l'intuition et l'instrumentation, *Mesure et évaluation en éducation,* vol. 6, n° 5, pp. 37-57.
Allal, L. (1984) Vers une implication de l'élève dans le processus d'évaluation formative, *Éducateur,* n° 3, pp. 22-26.
Allal, L. (1988a) Pour une formation transdisciplinaire à l'évaluation formative, in Gather Thurler, M. et Perrenoud, Ph. (dir.) *Savoir évaluer pour mieux enseigner. Quelle formation des maîtres?,* Genève, Service de la recherche sociologique, Cahier n° 26, pp. 39-56.
Allal, L. (1988b) Vers un élargissement de la pédagogie de maîtrise: processus de régulation interactive, rétroactive et proactive, in Huberman, M. (dir.) *Assurer la réussite des apprentissages scolaires. Les propositions de la pédagogie de maîtrise,* Paris, Delachaux et Niestlé, pp. 86-126.
Allal, L. (1988c) Peut-on instrumenter l'auto-évaluation?, Université de Genève, communication au congrès de l'ADMEE.
Allal, L. (1989) Stratégies d'évaluation formative: conceptions psycho-pédagogiques et modalités d'application, in Allal, L., Cardinet, J., Perrenoud, Ph. (dir.) *L' évaluation formative dans un enseignement différencié,* Berne, Lang, 5ᵉ éd., pp. 130-156.
Allal, L. (1991) *Vers une pratique de l'évaluation formative,* Bruxelles, De Boeck.
Allal, L. (1993a) Régulations métacognitives: quelle place pour l'élève dans l'évaluation formative, in Allal, L., Bain, D. et Perrenoud, Ph. (dir.) *Évaluation formative et didactique du français,* Neuchâtel et Paris, Delachaux et Niestlé, pp. 81-98.
Allal, L. (1993b) L' évaluation formative des processus d'apprentissage: le rôle des régulations métacognitives, in Hivon, R. (dir.) *L' évaluation des apprentissages,* Sherbrooke (Québec), Éditions du CRP, pp. 57-74.
Allal, L., Bain. D. et Perrenoud, Ph. (dir.) (1993)Évaluation formative et didactique du français, Neuchâtel et Paris, 1993.
Allal, L., Cardinet J. et Perrenoud, Ph. (dir.) (1989) *L' évaluation formative dans un enseignement différencié,* Berne, Lang, 5ᵉ éd. (lᵉ éd. 1979).
Allal, L. et Michel, Y. (1993) Autoévaluation et évaluation mutuelle en situation de production écrite, in Allal, L., Bain, D. et Perrenoud, Ph. (dir.) *Évaluation formative et didactique du français,* Neuchâtel et Paris, Delachaux et Niestlé, pp. 239-264.
Allal, L. et Saada-Robert, M. (1992) La métacognition: cadre conceptuel pour l'étude des régulations en situation scolaire, *Archives de psychologie,* 60, pp. 265-296.
Althusser, L. (1970) Idéologies et appareils idéologiques d'État, *La Pensée,* n° 151, pp. 3-38.
Amblard, H. et al. (1996) *Les nouvelles approches sociologiques des organisations,* Paris, Seuil.

Amigues, R. et Zerbato-Poudou, M.-Th. (1996) *Les pratiques scolaires d'apprentissage et d'évaluation*, Paris, Dunod.
Astolfi, J.-P. (1992) *L' école pour apprendre*, Paris, ESF.
Astolfi, J.-P. (1997) *L' erreur, un outil pour enseigner*, Paris, ESF.
Astolfi, J.-P. et Develay, M. (1996) *La didactique des sciences*, Paris, PUF, Coll. "Que sais-je?".
Avanzini, G. (1977) *L' échec scolaire*, Paris, Le Centurion.
Bain, D. (1980) *Orientation scolaire et fonctionnement de l'école*, Berne, Lang
Bain, D. (1982) Analyse des mécanismes de l'orientation et réformes du premier cycle secondaire, *Revue européenne des sciences sociales*, n° 63, pp. 161-169.
Bain, D. (1988a) Pour une formation à l'évaluation formative intégrée à la didactique, in Gather Thurler, M. et Perrenoud, Ph. (dir.) *Savoir évaluer pour mieux enseigner. Quelle formation des maîtres?*, Genève, Service de la recherche sociologique, Cahier n° 26, pp. 21-37.
Bain, D. (1988b) L' évaluation formative fait fausse route, in lNRAP, *Évaluer l'évaluation*, Dijon, INRAP, pp. 167-172.
Bain, D. (1989) lnégalité devant l'évaluation, orientation et réussite à l'école secondaire, in: Allal, L., Cardinet, J., Perrenoud, Ph. (dir.) *L' évaluation formative dans un enseignement différencié*, Berne, Lang, 5e éd., pp. 62-65.
Bain, D. et Schneuwly, B. (1993) Pour une évaluation formative intégrée dans la pédagogie du français: de la nécessité et de l'utilité de modèles de référence, in Allal, L., Bain, D. et Perrenoud, Ph. (dir.) *Évaluation formatiue et didactique du français*, Neuchâtel et Paris, Delachaux et Niestlé, pp. 51-79.
Baker, C. (1985) *Insoumission à l'école obligatoire*, Paris, Bernard Barrault.
Ballion, R. (1982) *Les consommateurs d'école*, Paris, Stock.
Barbier, J.-M. (1983) Pour une histoire et une sociologie des pratiques d'évaluation en formation, *Revue française de pédagogie*, n° 63, pp. 47-60.
Barbier, J.-M. (1985) *L' évaluation en formation*, Paris, PUF, pp. 47-60.
Barbier, J.-M. (1996) (dir.) *Savoirs théoriques et savoirs d'action*, Paris, PUF.
Barlow, M. (1992) *L' évaluation. Décoder son langage*, Lyon, Chronique sociale.
Bateson. G. et Ruesch, J. (1988) *Communication et société*, Paris, Seuil.
Baudelot, C. et Establet, R. (1971) *L' école capitaliste en France*, Paris, Maspéro.
Bautier, E., Berbaum, J. et Meirieu, Ph. (1993) (dir.) *Individualiser les parcours de formation*, Lyon, Association des enseignants-chercheurs en sciences de l'éducation (AESCE).
Bélair, L. (1990) L' évaluation: comparer en toute équité, *Mesure et Évaluation en Éducation*, Vol. 13, no. 2, pp. 23-46.
Bélair, L. (1991) *L' évaluation formative des apprentissages*, PEPO, MEO.
Bélair, L. (1993) Analyse de l'acte d'évaluation dans l'enseignement primaire en Ontario et au Québec; responsabilités et contraintes des enseignants et des enseignantes, in CESE (dir.) *Actes du congrès international de l'éducation comparée*, Dijon, France.
Bélair, L. (1993) Des outils didactiques et des outils d'évaluation: un échafaudage qui s'écroule, in Perret, J.-F. et Runtz-Christan, E. (dir.) *Les manuels font-ils école?*, Cousset (Suisse), Del Val - IRDP, pp. 15-31.
Bélair, L. (1993) L' acte d' évaluer les apprentissages, problématique de la formation, in Hivon, R. (dir.) *L' évaluation des apprentissages*, Université de Sherbrooke, Éditions Logiques.
Bélair, L. (1995) *Profil d'évaluation*, Montréal, Éditions de la Chenelière.
Bentolila. A. (1996) *De l'illettrisme en général et de l'école en particulier*, Paris, Plon.
Bemardin, J. (1997) *Comment les enfants entrent dans la culture écrite*, Paris, Retz.
Bernoux, Ph. (1985) *La sociologie des organisations*, Initiation, Paris, Seuil.
Bernstein, B. (1971) *Class, Codes and Control. Vol. I, Theoretical Studies towards a Sociology of Language*, London, Routledge et Kegan.
Bernstein, B. (1975) *Classe et pédagogies: visibles et invisibles*, Paris, OCDE.
Bernstein, B. (1975) *Langages et classes sociales. Codes socio-linguistiques et contrôle social*, Paris, Éd. de Minuit.
Berthelot, J.-M. (1982) Réflexions sur les théories de la scolarisation, *Revue française de sociologie*, XXIII, pp. 585-604.

Berthelot, J.-M. (1983) *Le piège scolaire,* Paris, PUF.
Berthelot, J.-M. (1993) *École, orientation, société,* Paris, PUF.
Besson, M.-J. et al. (1979) *Maîtrise du français,* Vevey, Delta.
Bettelheim, B. et Zelan, K. (1983) *La lecture et l'enfant,* Paris, Laffont, 1983
Bisseret, N. (1974) *Les inégaux ou la sélection universitaire,* Paris, PUF.
Bloom, B.S. (1972) *Apprendre pour maîtriser,* Lausanne, Payot.
Bloom, B.S. (1975) *Taxonomie des objectifs pédagogiques,* Québec, Les Presses de l'Université.
Bloom, B.S. (1976) *Human Characteristics and School Learning,* New-York, McGraw-Hill.
Bloom, B.S. (1979) *Caractéristiques individuelles et apprentissages scolaires,* Bruxelles, Labor, Paris, Nathan.
Bloom, B.S. (1980) Une direction nouvelle de la recherche en éducation: les variables changeables, *Éducation et Recherche,* n° 3, pp. 7-16.
Bloom, B.S. (1988) Le problème des deux sigmas: la recherche de méthodes d'enseignement en groupe aussi efficaces que le préceptorat, in Huberman, M. (dir.) *Maîtriser les processus d'apprentissage. Fondements et perspectives de la pédagogie de maîtrise,* Paris, Delachaux et Niestlé, pp. 45-83.
Bloom, B.S., Hastings, J.T. et Madaus, G.F. (dir.) (1971) *Handbook on Formative and Summative Evaluation of Student Learning,* New-York, McGraw-Hill.
Bonami, M. et Garant, M. (1996) (dir.) *Systèmes scolaires et pilotage de l'innovation. Émergence et implantation du changement,* Bruxelles, de Boeck.
Bonami, M. (1986) Signification d'une approche descriptive des pratiques d'évaluation en milieu scolaire, in De Ketele, J.M. *L' évaluation: approche descriptive ou prescriptive?,* Bruxelles, De Boeck, pp. 61-67.
Bonniol, J.-J. (1986) Recherches et formations: pour une problématique de l'évaluation formative, in De Ketele, J.-M. (dir.) *L' évaluation: approche descriptive ou prescriptive?,* Bruxelles, De Boeck, pp. 119-133.
Bonniol, J.-J. (1988) Entre les deux logiques de l'évaluation formative, rupture ou continuité?, *Bulletin de l'ADMEE,* n° 3, pp. 1-5.
Bonniol, J.-J. et Genthon, M. (1989) L' évaluation et ses critères: les critères de réalisation, *Repères,* n° 79, pp. 107-114.
Boudon, R. (1973) *L' inégalité des chances,* Paris, Colin.
Boudon, R. (1977) *Effets pervers et ordre social,* Paris, PUF.
Bourdieu, P. (1966) L' école conservatrice. L' inégalité sociale devant l'école et devant la culture, *Revue française de sociologie,* n° 3, pp. 325-347.
Bourdieu, P. (1979) *La distinction. Critique sociale du jugement,* Paris, Éd. de Minuit.
Bourdieu, P. (1980) *Le sens pratique,* Paris, Éd. de Minuit.
Bourdieu, P. (1982) *Ce que parler veut dire. L' économie des échanges linguistiques,* Paris, Fayard.
Bourdieu, P. et de Saint-Martin, M. (1970) L' excellence scolaire et les valeurs du système d'enseignement français, *Annales,* n° 1, pp. 147-175.
Bourdieu, P. et de Saint-Martin, M. (1975) Les catégories de l'entendement professoral, in *Actes de la recherche en sciences sociales,* n° 3, pp. 68-93.
Bourdieu, P. et Gros, F. (1989) Principes pour une réflexion sur les contenus de l'enseignement, *Le Monde de l'Éducation,* n° 159, pp. 15-18.
Bourdieu, P. et Passeron, J.-C. (1964) *Les héritiers. Les étudiants et la culture,* Paris, Éd. de Minuit.
Bourdieu, P. et Passeron, J.-C. (1967-68) L' examen d'une illusion, *Revue française de sociologie,* n° spécial «Sociologie de l'éducation», pp. 227-253.
Bourdieu, P. et Passeron, J.-C. (1970) *La reproduction. Eléments pour une théorie du système d'enseignement,* Paris, Éd. de Minuit.
Bourdieu, P., Passeron J.-C. et De Saint-Martin, M. (1965) *Rapport pédagogique et communication,* Paris, Mouton.
Brandis, W. et Henderson, D. (dir.) (1970) *Social Class, Language and Communication,* London, Routlege et Kegan.
Broadfoot, P. (1979) *Assessment, Schools and Society,* London, Methuen.
Bronckart, J.-P. et Schneuwly, B. (dir.) (1985) *Vygotsky aujourd'hui,* Neuchâtel Paris, Delachaux et Niestlé.

Bronckart, J.-P. et Schneuwly, B. (1991) La didactique du français langue maternelle: l'émergence d'une utopie indispensable, *Éducation et Recherche*, 13, n° 1, pp. 8-26.
Brousseau, G. (1980) L'échec et le contrat, *Recherches*, n° 41, pp. 177-182.
Brousseau, G. (1994) Perspectives pour la didactique des mathématiques, in Artigue M. et al. (dir.) *Vingt ans de didactique des mathématiques en France*, Grenoble La Pensée Sauvage, pp. 51-66.
Brousseau, G. (1996) Fondements et méthodes de la didactique des mathématiques in Brun, J. (dir.) *Didactique des mathématiques*, Lausanne, Delachaux et Niestlé pp. 45-143.
Brun, J. (1975) *Éducation mathématique et développement intellectuel*, Lyon, Université de Lyon II (thèse).
Bnun, J. (1979) *Évaluation et objectifs psychologiques*, Genève, Service de la recherche pédagogique, Cahier n° 3.
Brun, J. (1994) Évolution des rapports entre la psychologie du développement cognitif et la didactique des mathématiques, in Artigue, M. et al. (dir.) *Vingt ans de didactique des mathématiques en France*, Grenoble, La Pensée Sauvage, pp. 57-83.
Brun, J. (dir.) (1996) Didactique des mathématiques, Lausanne, Delachaux et Niestlé.
Busino, G. (1982) De la sociologie de l'éducation en Suisse romande de 1960 à 1982, Revue européenne des sciences sociales, n° 63, pp. 251-302.
Caillot, M. (1996) La théorie de la transposition didactique est elle transposable?, in Raisky, C. et Caillot, M. (dir.) *Au-delà des didactiques, le didactique. Débats autour de concepts fédérateurs*, Bruxelles, De Boeck, pp. 19-35.
Cardinet, J. (1976) L'inégalité devant l'examen, *Etudes pédagogiques*.
Cardinet, J. (1977a) Objectifs pédagogiques et fonctions de l'évaluation, Neuchâtel, Institut romand de recherches et de documentation pédagogiques.
Cardinet, J. (1977b) *Le biais social dans les tests et les critères*, Neuchâtel, Institut romand de recherches et de documentation pédagogiques.
Cardinet, J. (1977c) *Objectifs pédagogiques et évaluation indiuidualisée*, Neuchâtel, Institut romand de recherches et de documentation pédagogiques.
Cardinet, J. (1978) *L'évaluation scolaire et l'égalité des chances*, Neuchâtel, Institut romand de recherches et de documentation pédagogiques.
Cardinet, J. (1979) *Les deux visées de l'évaluation formative*, Neuchâtel, Institut ro. mand de recherches et de documentation pédagogiques.
Cardinet, J. (1981) L'évaluation formative à l'école primaire, *Éducation et recherche*, n° 3, pp. 288-295.
Cardinet, J. (1982) La cohérence nécessaire dans le choix des procédures d'évaluation scolaire, *Revue européenne des sciences sociales*, n° 63, pp. 41-57.
Cardinet, J. (1982) *Le groupe de travail SIPRI-ATE*, Neuchâtel, Institut romand de recherches et de documentation pédagogiques.
Cardinet, J. (1983a) *Des instruments d'évaluation pour chaque fonction*, Neuchâtel, Institut romand de recherches et de documentation pédagogiques.
Cardinet, J. (1983b) *Évaluer les conditions d'apprentissage des élèves plutôt que leurs résultats*, Neuchâtel, Institut romand de recherches et de documentation pédagogiques, repris dans Cardinet, J. (1986) *Évaluation scolaire et pratique*, Bruxelles, De Boeck, pp. 187-198.
Cardinet, J. (1984) *Réflexions d'enseignants sur l'évaluation des élèves*, Neuchâtel, Institut romand de recherches et de documentation pédagogiques.
Cardinet, J. (1986a) *Pour apprécier le travail des élèves*, Bruxelles, De Boeck.
Cardinet, J. (1986b) *Évaluation scolaire et pratique*, Bruxelles, De Boeck.
Cardinet, J. (1986c) *Évaluation scolaire et mesure*, De Boeck, Bruxelles.
Cardinet, J. (1988) La maîtrise, communication réussie, in Huberman, M. (dir.)Assurer la réussite des apprentissages scolaires. *Les propositions de la pédagogie de maîtrise*, Paris, Delachaux et Niestlé, pp. 155-195.
Charlier, É. (1986) L'effet des représentations psycho-sociales sur l'évaluation, in De Ketele, J.-M. (dir.) *L'évaluation: approche descriptive ou prescriptive?*, Bruxelles, De Boeck, pp. 107-114.
Charlot, B. (1997) *Du rapport au savoir. Éléments pour une théorie*, Paris, Anthropos.

Charlot, B., Bautier, É. et Rochex, J.-Y. (1992) *École et savoir dans les banlieues... et ailleurs*, Paris, Armand Colin.
Cherkaoui, M. (1979) *Les paradoxes de la réussite scolaire*, Paris, PUF.
Cherkaoui, M. (1982) *Les changements du système éducatif en France 1950-1980*, Paris, PUF.
Chevallard, Y. (1986a) Vers une analyse didactique des faits d'évaluation, in De Ketele, J.-M. (dir.) *L' évaluation: approche descriptive ou prescriptive?*, Bruxelles, De Boeck, pp. 31-59.
Chevallard, Y. (1986b) Les programmes et la transposition didactique. Illusions, contraintes et possibles, Bulletin de l'A.M.P.E.P., n° 352, février, pp. 32-50.
Chevallard, Y. (1991) *La transposition didactique. Du savoir savant au savoir enseigné*, Grenoble, La Pensée Sauvage (2e édition revue et augmentée, en coll. avec Marie-Alberte Joshua).
Collège de France (1985) *Propositions pour l'enseignement de l'avenir*, Paris, Collège de France.
Commission pédagogie du texte (1985) *Contributions à la pédagogie du texte*, Genève, Faculté de psychologie et des sciences de l'éducation, Cahier n° 40.
Commission pédagogie du texte (1988) *Contributions à la pédagogie du texte II*, Genève, Faculté de psychologie et des sciences de l'éducation, Cahier n° 52.
Conne, F. (1986) *La transposition didactique à travers l'enseignement des mathématiques en première et deuxième années de l'école primaire*, Lausanne, Conne/Couturier-Noverraz.
Conne, F. (1992) Un grain de sel à propos de la transposition didactique, *Éducation et Recherche*, n°1, pp. 57-71.
Conne, F. (1996) Savoir et connaissance dans la perspective de la transposition didactique, in Brun, J. (dir.) *Didactique des mathématiques*, Lausanne, Delachaux et Niestlé, pp. 275-338.
Crahay, M. (1986) Évaluation formative et théorie constructiviste du développement, in De Ketele, J.-M. (dir.) *L' évaluation: approche descriptive ou prescriptive?*, Bruxelles, De Boeck, pp. 135-157.
Crahay, M. (dir.) (1994) *Évaluation et analyse des établissements de formation*, Bruxelles, De Boeck.
Crahay, M. (1996) *Peut-on lutter contre l'échec scolaire?*, Bruxelles, De Boeck.
Crahay, M. et Lafontaine, D. (dir.) (1986) *L' art et la science de l'enseignement*. Bruxelles, Labor.
CRESAS (1978) *Le handicap socio-culturel en question*, Paris, ESF.
CRESAS (1981) *L' échec scolaire n.est pas une fatalité*, Paris, ESF.
CRESAS (1987) *On n'apprend pas tout seul! Interactions sociales et construction des connaissances*, Paris, ESF.
CRESAS (1991) *Naissance d'une pédagogie interactive*, Paris, ESF.
Cros, F. & Adamczewski, G. (dir.) (1996) *L' innovation en éducation et en formation*, Bruxelles, De Boeck.
Crozier, M. et Friedberg, E. (1977) *L' acteur et le système*, Paris, Seuil.
Davaud, C. (1992) *L' évaluation scolaire: entre stratégies institutionnelles et pédagogies de référence*, Genève, Centre de recherches psychopédagogiques du cycle d'Orientation.
Davaud, C. (1993) L' évaluation formative: faut-il mettre un bémol à la clé?, in Allal. L., Bain, D. et Perrenoud, Ph. (dir.) *Évaluation formative et didactique du français*, Neuchâtel et Paris, Delachaux et Niestlé, pp. 123-142.
De Ketele, J.-M. (1980) Observer pour éduquer, Bexne, Lang.
De Ketele, J.-M. (dir.) (1986) *L' évaluation: approche descriptiue ou prescriptive?*, Bruxelles, De Boeck.
De Ketele, J.-M. (1989) À propos des notions d'évaluation formative, d'évaluation sommative, d'individualisation et de différenciation, in Allal, L, Cardinet, J. et Perrenoud, Ph. (dir.) L' évaluation formative dans un enseignement différencié, Berne, Lang, 5e éd., pp. 185-191 (1e éd. 1979).
De Ketele, J.-M. (1993) L' évaluation conjuguée en paradigmes. Notes de synthèse, *Revue française de pédagogie*, n° 103, pp. 59-80.
De Landsheere, G. (1979) *Dictionnaire de l' évaluation et de la recherche en éducation*, Paris, PUF.
De Landsheere, G. (1980) *Évaluation continue et examens. Précis de docimologie*, Paris, Nathan, Bruxelles, Labor.
De Landsheere, V. (1984a) *500 questions d'examen en français. 1ère année primaire*, Liège, Laboratoire de pédagogie expérimentale de l'Université de Liège.
De Landsheere, V. (1984b) *650 questions d'examen en français. 2ère année primaire*, Liège, Laboratoire de pédagogie expérimentale de l'Université de Liège.

De Landsheere, V. et De Landsheere, G. (1978) *Définir les objectifs de l'éducation*, Paris, PUF.
Del'annoy, C. (1997) *La motivation. Désir de savoir, décision d'apprendre*, Paris, Hachette.
Delorme, Ch. (dir.) (1987) *L' évaluation en questions*, Paris, ESF.
Delors, J. (1996) *L' éducation, un trésor est caché dedans*, Paris, Unesco et Odile Jacob.
Demailly, L. (1990) *Le Collège: crises, mythes et métiers*, Lille, Presses universitaires de Lille.
Derouet, J.-L. (1992) *Ecole et justice. De l'égalité des chances aux compromis locaux*, Paris, Métailié.
Desmet, H. et Pourtois, J.-P. (1993) *Prédire, comprendre la trajectoire scolaire*, Paris, PUF.
Durkheim, E. (1969) *L' évolution pédagogique en France*, Paris, PUF.
Duru-Bellat, M. (1989) *L' Ecole des filles. Quelles formations pour quels rôles sociaux?*, Paris, L' Harmattan.
Duru-Bellat, M. (1989) *Le fonctionnement de l'orientation. Genèse des inégalités sociales à l'école*, Neuchâtel, Delachaux et Niestlé.
Duru-Bellat, M. (1994) Filles et garçons à l'école, approches sociologiques et psychosociales, *Revue française de pédagogie*, n° 109, pp. 111-141.
Duru-Bellat, M. et Henriot-Van Zanten, A. (1992) *Sociologie de l'école*, Paris, Armand Colin.
Duru-Bellat, M., Jarousse, J.-P. et Mingat, A. (1993) Les scolarités de la maternelle au lycée, Étapes et processus dans la production des inégalités sociales, *Revue française de sociologie*, XXXIV, n° 1, pp. 43-60.
Duru-Bellat, M. et Jarousse, J.-P. (1993) La classe de seconde. Une étape décisive de la carrière scolaire, *Cahier de l'IREDU*, n° 55.
Duru-Bellat, M. et Leroy-Audouin, C. (1990) Les pratiques pédagogiques au CP, *Revue française de pédagogie*, n° 93, pp. 5-16.
Duru-Bellat, M. et Mingat, A. (1987) Facteurs institutionnels de la diversité des carrières scolaires, *Revue française de sociologie*, XXVIII, n° 1, pp. 3-16.
Duru-Bellat, M. et Mingat, A. (1988) Le déroulement de la scolarité au collège: le contexte «fait des différences»..., *Revue française de sociologie*, XXVIII, n° 4 pp. 649-666.
Duru-Bellat, M. et Mingat, A. (1993) *Pour une approche analytique du fonctionne ment du système éducatif*, Paris, PUF.
Eggleston, J. (1977) *The Sociology of the School Curriculum*, London, Routledge et Kegan.
Eggleston, J. (dir.) (1979) Teacher Decision-Making in the Classroom, London, Routledge et Kegan.
Favre, B., Genberg, V. et Wirthner, M. (1991) *Savoir savant-savoir d'expérience. une alliance tumultueuse. Le cas de., «Maîtrise du français»*, Neuchâtel, Institut de recherche et de documentation pédagogique, Cahier du GCR n° 22.
Favre, B. et Perrenoud, Ph. (1985a) Organisation du curriculum et différenciation de l'enseignement, in Plaisance, E. (dir.) «*L' échec scolaire»: Nouveaux débats nouvelles approches sociologiques*, Paris, Éd. du CNRS, pp. 55-73.
Favre, B. et Perrenoud, Ph. (1985b) L' enseignement de la lecture: de la méthode unique à une pédagogie différenciée, *Perspectives*, XV, n° 1, pp. 97-112.
Favre, B., Perrenoud, Ph. et Dokic, M. (1986) *Enseigner le français dans lesgrands degrés*. Genève, Service de la recherche sociologique, Cahier n° 21.
Favre, B. et Zanone, Y. (1983) *Prête-moi ta plume... Ecrire a l'école primaire: pour de vrai ou pour plus tard?*, Genève, Service de la recherche sociologique Cahier n° 35.
Forquin, J.-C. (1979) La sociologie des inégalités d'éducation: principales orientations, principaux résultats depuis 1965. I, *Revue française de pédagogie*, n° 48, pp. 90-100.
Forquin, J.-C. (1979) La sociologie des inégalités d'éducation: principales orientations, principaux résultats depuis 1965 II, *Revue française de pédagogie*, n° 49, pp. 87-99.
Forquin, J.-C. (1980) La sociologie des inégalités d'éducation: principales orientations, principaux résultats depuis 1965 III, *Revue française de pédagogie*, n° 51, pp. 77-92.
Forquin, J.C. (1982) L' approche sociologique de la réussite et de l'échec scolaires: inégalités de réussite scolaire et appartenance sociale I, *Revue française de pédagogie*, n° 59, pp. 52-75.
Forquin, J.C. (1983) La «nouvelle sóciologie de l'éducation» en Grande-Bretagne: orientations, apports théoriques, évolution (1970-1980), *Revue française de pédagogie*, n° 63, pp. 61-79.

Forquin, J.-C. (1984) La sociologie du curriculum en Grande-Bretagne: une nouvelle approche des enjeux sociaux de la scolarisation, *Revue française de sociologie*, XXV, n° 2, pp. 211-232.
Forquin, J.-C. (1984) Les inégalités scolaires et les apports de la pensée sociologique: éléments pour une réflexion critique, in Berthelot, J.M. (dir.) *Pour un bilan de la sociologie de l'éducation*, Toulouse, Centre de recherches sociologique de l'Université de Toulouse-Le Mirail, Cahier n° 2, pp. 67-85.
Forquin, J.-C. (1989) Ecole et culture, Bruxelles, De Boeck.
Foucault, M. (1975) *Surveiller et punir. Naissance de la prison*, Paris, Gallimard.
Fragnière, J.-P. et Vuille, M. (dir.) (1982) *Assister, éduquer et soigner*, Éd. Réalités sociales, Lausanne.
Friedberg, E. (1993) *Le pouvoir et la règle*, Paris, Seuil.
Garcia-Debanc, C. (1989) Quand lire, ce n'est pas nécessairement faire, *Repères*, n° 79, pp. 63-75.
Gather Thurler, M. (1992) *Les dynamiques de changement internes aux systèmes éducatifs: comment les praticiens réfléchissent à leurs pratiques*, Genève, Faculté de psychologie et des sciences de l'éducation.
Gather Thurler, M. (1993) Amener les enseignants vers une construction active du changement. Pour une nouvelle conception de la gestion de l'innovation, *Éducation et Recherche*, n° 2, pp. 118-135.
Gather Thurler, M. (1994a) L'efficacité des établissements ne se mesure pas: elle se construit, se négocie, se pratique et se vit, in Crahay, M. (dir.) *Problématique et méthodologie de l'évaluation des établissements de formation*, Bruxelles, De Boeck, pp. 203-224.
Gather Thurler, M. (1994b) Relations professionnelles et culture des établissements scolaires: au-delà du culte de l'individualisme?, *Revue française de pédagogie*, octobre-novembre, n° 109, pp. 19-39.
Gather Thurler, M. (1996) Innovation et coopération entre enseignants: liens et limites, in Bonami, M. et Garant, M. (dir.) *Systèmes scolaires et pilotage de l'innovation. Émergence et implantation du changement*, Bruxelles, de Boeck, pp. 145-168.
Gather Thurler, M. et Perrenoud, Ph. (1988) (dir.) *Savoir évaluer pour mieux enseigner. Quelle formation des maîtres?*, Genève, Service de la recherche sociologique, Cahier nº 26.
Gather Thurler, M. et Perrenoud, Ph. (1990) L'école apprend si elle s'en donne le droit, s'en croit capable et s'organise dans ce sens ! in Société Suisse de Recherche en Éducation (SSRE), L'institution scolaire est-elle capable d'apprendre? Lucerne, Zentralschweizerischer Beratungsdienst für Schulfragen, pp. 75-92.
Gilly, M. (1980) *Maître-élève. Rôles institutionnels et représentations*, Paris, PUF.
Gilly, M. (1988) Interactions entre pairs et constructions cognitives, in PerretClermont, A.N. et Nicolet, M. (dir.), *Interagir et connaître. enjeux et régulations sociales dans le développement cognitif*, Cousset, Delval, pp. 19-28.
Girod, R. (1977) *Inégalité — inégalités. Analyse de la mobilité sociale*, Paris, PUF, 1977.
Girod, R. (1981) *Politiques de l'éducation. L' illusoire et le possible*, Paris, PUF.
Goffman, E. (1968) *Asiles. Etudes sur la condition sociale des malades mentaux*, Paris, Éd. de Minuit.
Goffman, E. (1973) *La mise en scène de la vie quotidienne*, Paris, Éd. de Minuit, 2 vol.
Goffman, E. (1987) *Façons de parler*, Paris, Éd. de Minuit, 277 p.
Grangeat, M. (1997) *Différenciation, évaluation et métacognition dans l' activité pédagogique à l' école et au collège*, Lyon, Université Lumière Lyon 2 (thèse).
Grisay, A. (1982) *Rendement en français, notes et échecs à l'école primaire: les mirages de l' évaluation scolaire*, Liège, Laboratoire de pédagogie expérimentale de l'Université de Liège.
Grisay, A. (1984) Les mirages de l'évaluation scolaire. Rendement en français, notes et échecs à l'école primaire, *Revue de la Direction générale de l' organisation des études* (Bruxelles), 5 et 6, pp 29-42 et pp. 9-23.
Grisay, A. (1984) *Trébucher sur le seuil de l'école*, Liège, Laboratoire de pédagogie expérimentale de l'Université de Liège.
Grisay, A. (1988) La pédagogie de mâitrise face aux rationalités inégalitaires des systèmes d'enseignement, in Huberman, M. (dir.) *Maîtriser les processus d'apprentissage. Fondements et perspectives de la pédagogie de maîtrise*, Paris, Delachaux et Niestlé, pp. 235-265.
Grisay, A. (1993) Le fonctionnement des collèges et ses effets sur les élèves de sixième et de cinquième, *Les Dossier d'Éducatin et Formation*, n° 32.
Groupe EVA (1991) *Évaluer les écrits à l'école primaire*. Paris, Hachette.

Groupe français d'Éducation nouvelle (1996) *Construire ses savoirs, construire sa citoyenneté. De l' école à la cité,* Lyon, Chronique sociale.

Groupe RAPSODIE (1981) À propos d'une recherche-action orientée vers la d ifférenciation de l'action pédagogique. Redéfinition des objectifs et de l'organisation de RAPSODIE, Genève, Direction de l'enseignement primaire.

Groupe RAPSODIE (1989) Prévenir les inégalités scolaires par une pédagogie différenciée: à propos d'une recherche-action dans l'enseignement primaire genevois, in Allal, L., Cardinet J. et Perrenoud, Ph. (dir.) *L' évaluation formatiue dans un enseignement différencié,* Berne, Lang, 5e éd., pp. 68-108.

Guignard, N. (1982) *Les chemins de traverse de la mathématique,* Genève, Service de la recherche pédagogique, Cahier n° 23.

Gumperz, J. (1989) *Engager la conversation. Introduction à la sociolinguistique interactionelle,* Paris, Éd. de Minuit.

Gustafsson, C. (1977) *Classroom Interaction, a study of pedagogical roles in the teaching process,* Stockholm, Stockholm Institute of Education.

Hadji, Ch. (1989) *L' évaluation, règles du jeu,* Paris, ESF.

Hadji, Ch. (1997) *L' évaluation démystifiée,* Paris, ESF.

Hadorn, R. (1985) La lutte contre l'échec scolaire et les autres enjeux de la rechercheaction RAPSODIE, in Plaisance, E. (dir.) *«L' échec scolaire»: Nouveaux débats, nouvelles approches sociologiques,* Paris, Éd. du CNRS, pp. 43-51.

Hadorn, R. (1987) Une relecture de l'échec scolaire: L' échec de la lutte contre l'ignorance, Genève, Département de l'instruction publique - Groupe RAPSODIE.

Hameline, D., Jornod, A. & Belka.id, M. (1995) *L' école active: textes fondateurs,* Paris, PUF.

Haramein, A. et Perrenoud, Ph. (1981) «RAPSODIE», une recherche-action: du projet à l'acteur collectif, *Revue européenne des sciences sociales,* n° 59, pp. 175-231.

Haramein, A., Hutmacher, W. et Perrenoud, Ph. (1979) Vers une action pédagogique égalitaire: pluralisme des contenus et différenciation des interventions, *Revue des sciences de l'éducation* (Québec), n° 2, pp. 227-270.

Hargreaves, A. et Fullan, M.G. (1992) (dir.) *Understanding Teacher Development,* New York, Cassell et Teachers College Press.

Henriot-Van Zanten, A., Plaisance, E. et Sirota, R. (dir.) (1993) *Les transformations du système éducatif. Acteurs et politiques,* Paris, L' Harmattan.

Huberman, M. (1983) Répertoires, recettes et vie de classe. Comment les enseignants utilisent l'information, *Education et recherche,* n° 2, pp. 157-177.

Huberman, M. (1986) Un nouveau modèle pour le développement professionnel des enseignants, *Revue française de pédagogie,* n° 75, pp. 5-15.

Huberman, M. (dir.) (1988) *Assurer la réussite des apprentissages scolaires? Les propositions de la pédagogie de maîtrise,* Delachaux et Niestlé, Paris.

Huberman, M. (1989) *La vie des enseignants. Évolution et bilan d'une profession,* Neuchâtel et Paris, Delachaux et Niestlé.

Huberman, M. (1990) *The Social Context of Instruction in School,* Genève, Faculté de psychologie et des sciences de l'éducation.

Huberman, M., Juge, P.A. et Hari, P.A. (1986) La pédagogie de maîtrise: une évaluation éclairante au niveau gymnasial, *Mesure et d'évaluation en éducation,* n° 3, pp. 47-82.

Husen, T. et al. (1967) *International Study of Achievement in Mathematics,* New York, Stockholm, Wiley et Almquist, 2 vol.

Hutmacher, W. (1982) Ecole et société: changements quantitatifs et structurels. Le cas du canton de Genève 1960-1978, *Bulletin d'information de la Conférence suisse des directeurs cantonaux de l'instruction publique,* Réévaluation de la planification de l' éducation dans un pays fédéraliste: la Suisse. Contributions à un projet de l'OCDE, n° 33, 1982, pp. 20-66.

Hutmacher, W. (1983) *Négociation du sens de la déclaration d'échec scolaire entre l'école, la famille et l' élève,* Genève, Service de la recherche sociologique.

Hutmacher, W. (1984) *Changements et invariants du système d'enseignement genevois*, Genève, Service de la recherche sociologique.
Hutmacher, W. (1985) Enjeux autour de l'école dans une collectivité de type post-industriel, in Plaisance, E. (dir.) *«L' échec scolaire»: Nouveaux débats, nouvelles approches sociologiques*, Paris, Éd. du CNRS, pp. 29-42.
Hutmacher, W. (1987) Enjeux culturels dans les politiques éducatives: une rétrospective, in CERl/OCDE, *L' éducation multiculturelle*, Paris, pp. 356-375.
Hutmacher, W. (1990) *L' école dans tous ses états. Des politiques de systèmes aux stratégies d'établissement*, Genève, Service de la recherche sociologique.
Isambert-Jamati, V. (1970) *Crises de la société, crises de l'enseignement*, Paris, PUF, 1970.
Isambert-Jamati, V. (1971) Classes sociales et échec scolaire, *L' Ecole et la Nation*, n° 203, pp. 19-27.
Isambert-Jamatj, V. (1973) Les « handicaps socio-culturels » et leurs remèdes pédagogiques, *L' orientation scolaire et professionnelle*, n° 4, pp. 303-318.
Isambert-Jamati, V. (1984) *Culture technique et critique sociale à l'école élémentaire*, Paris, PUF.
Isambert-Jamati, V. (1985) Quelques rappels de l'émergence de l'échec scolaire comme «problème social» dans les milieux pédagogiques français, in Plaisance, E. (dir.).. *L' échec scolaire»: Nouveaux débats, nouvelles approches sociologiques*, Paris, Éd. du CNRS, pp. 155-163 (repris in Pierrehumbert, B. (dir.) *L' échec à l'école: échec de l'école*, Paris, Delachaux et Niestlé, 1992).
Isambert-Jamati, V. (1990) *Les savoirs scolaires*, Paris, Éditions universitaires.
Jackson Ph. W. (1968) *Life in Classrooms*, New York, Holt, Rinehart et Winston.
Jonnaert, Ph. (1996) Dévolution versus contre-dévolution ! Un tandem incontournable pour le contrat didactique, in Raisky, C. et Caillot, M. (dir.) *Au-delà des didactiques, le didactique. Débats autour de concepts fédérateurs*, Bruxelles, De Boeck, pp. 115-158.
Joshua, S. (1996a) Le concept de transposition didactique n'est-il propre qu'au mathématiques?, in Raisky, C. et Caillot, M. (dir.) *Au-delà des didactiques, le didactique. Débats autour de concepts fédérateurs*, Bruxelles, De Boeck, pp. 61-73.
Joshua, S. (1996b) Le concept de contrat didactique et l'approche vygotskienne, in Raisky, C. et Caillot, M. (dir.) *Au-delà des didactiques, le didactique. Débats autour de concepts fédérateurs*, Bruxelles, De Boeck, pp. 145-158.
Kellerhals, J. et Montandon, C. (1991) *Les stratégies éducatives des familles. Milieu social, dynamique familiale et éducation des préadolescents*, Genève, Delachaux et Niestlé.
Labov, W. (1978) *Le parler ordinaire*, Paris, Minuit, 2 vol.
Langouet, G. (1982) Technologie de l'éducation et démocratisation de l'enseignement: méthodes pédagogiques et classes sociales, Paris, PUF.
Laurens, J.-P. (1992) *Un sur cinq cents ou la réussite scolaire en milieu populaire*, Toulouse, Presses universitaires du Mirail.
Le Boterf, G. (1994) *De la compétence. Essai sur un attracteur étrange*, Paris, Les Éditions d'organisation.
Léger, A. (1981) Les déterminants sociaux des carrières enseignantes, *Revue française de sociologie*, XXII, pp. 549-574.
Léger, A. (1984) *Enseignants du secondaire*, Paris, PUF.
Léger, A. et Tripier, M. (1986) *Fuir ou construire l'école populaire?*, Paris, Klinsieck.
Lieury, A. (1997) *Mémoire et réussite scolaire*, Paris, Dunod, 3e éd. revue et augmentée.
Little, A. et Smith, G. (1971) *Stratégies de compensation: panorama des projets d'enseignement pour les groupes défavorisés aux États-Unis*, Paris, OCDE.
Malherbe, N. (1977) Les tendances récentes de la sociologie de la déviance aux États-Unis, *Revue suisse de sociologie*, n° 2, pp. 143-184.
Marc, P. (1984) *Autour de la notion pédagogique d'attente*, Berne, Lang.
Marc, P. (1985) *Quand juge le maître*, Cousset (Suisse), Delval.
Mas, M. (1989) Aspects du traitement didactique des référents. Embarquement pour Critère, *Repères*, n° 79, pp. 7-21.
Meirieu, Ph. (1989) Apprendre... oui, mais comment?, Paris, Éd. ESF, 4e éd.

Meirieu, Ph. (1990) L' école, mode d'emploi. Des 'méthodes actives' à la pédagogie différenciée, Paris, Éd. ESF, 5e éd.
Meirieu, Ph., Develay, M., Durand, C. et Mariani, Y. (1996) (dir.) Le concept de transfert de connaissance en formation initiale et continue, Lyon, CRDP.
Merle, P. (1991) La pratique évaluative en classe terminale, Sociologie du travail, n° 2, pp. 277-292.
Merle, P. (1993a) Quelques aspects du métier d'élève en classe terminale, Revue française de pédagogie, n° 105, pp. 59-69.
Merle, P. (1993b) L' adhésion des lycéennes de terminale C au modèle de l'excellence scolaire, Sociétés contemporaines, n° 16, pp. 7-20.
Merle, P. (1994) Fiche de renseignements sur l'élève et construction sociale des inégalités scolaires, Revue française de sociologie, XXXV, n° 4, pp. 561-591.
Merle, P. (1996) L' évaluation des élèves. Enquête sur le jugement professoral, Paris, PUF.
Mollo, S. (1975) Les muets parlent aux sourds. Les discours de l'enfant sur l'école, Paris, Casterman.
Montandon, C. (1991) Les styles d'éducation dans la famille, in Fleiner-Gerster, Th., Gilliand. P. et Lüscher, K. (dir.) Familles en Suisse, Éditions Universitaires, Fribourg, pp. 195-207.
Montandon, C. (1994) Pratiques éducatives, relations avec l'école et paradigme familial, in Montandon, C. et Perrenoud, Ph. (dir.) Entre parents et enseignants: un dialogue impossible?, Berne, Lang, 2e éd. augmentée, pp. 169-229.
Montandon, C. et Perrenoud, Ph. (dir.) (1994) Entre parents et enseignants: un dialogue innpossible?, Berne, Lang (2e édition augmentée).
Montandon, C. et Troutot, P.-Y. (1991) La division du travail éducatif entre les familles et l'école, in Fleiner-Gerster, Th., Gilliand. P. et Lüscher, K. (dir.) Familles en Suisse, Éditions Universitaires, Fribourg, pp. 209-223.
Mugny, G. (dir.) (1985) Psychologie sociale du développement cognitif, Berne, Lang.
Nizet, J. et Herniaux, J.P. (1985) Violence et ennui, Paris, PUF.
Noizet, G. et Caverni, J.-P. (1978) Psychologie de l'évaluation scolaire, Paris, PUF.
Nunziati, G. (1988) Les objectifs d'une formation à l'évaluation formatrice, in Gather Thurler, M. et Perrenoud, Ph. (dir.) Savoir évaluer pour mieux enseigner. Quelle formation des maîtres?, Genève, Service de la recherche sociologique, Cahier n° 26, pp. 91-96.
Nunziati, G. (1990) Pour construire un dispositif d'évaluation formatrice, Cahiers pédagogiques, n° 280, pp. 47-64.
Oury, F. et Pain, J. (1972) Chronique de l'école-caserne, Paris, Maspéro.
Paquay, L., Allal, L. et Laveault, D. (1990) L' auto-évaluation en question (s): propos pour un débat, Mesure et évaluation en éducation, vol. 13, n° 3, pp. 5-22.
Papert, S. (1981) Jaillissement de l'esprit. Ordinateurs et apprentissage, Paris, Flammarion.
Perrenoud, Ph. (1970) Stratification socio-culturelle et réussite scolaire. Les défaillances de l'explication causale, Genève, Droz.
Perrenoud, Ph. (1976) Déviance: objet sociologique ou problème de société?, Revue européenne des sciences sociales, n° 36, pp. 123-184.
Perrenoud, Ph. (1978) Les politiques de démocratisation de l'enseignement et leurs fondements idéologiques. Esquisse d'un cadre théorique, Revue suisse de sociologie, n° 1, pp. 129-179.
Perrenoud, Ph. (1982a) L' évaluation est-elle créatrice des inégalités de réussite scolaire?, Genève, Service de la recherche sociologique, Cahier n° 17.
Penrenoud, Ph. (1982b) L' inégalité quotidienne devant le système d'enseignement. L' action pédagogique et la différence, Revue européenne des sciences sociales, n° 63, pp. 87-142 (repris dans Perrenoud, Ph., La pédagogie à l'école des différences, Paris, ESF, 1996, chapitre 2, pp. 59-105).
Perrenoud, Ph. (1982) L' évaluation est-elle créatrice des inégalités de réussite scolaire?, Genève, Service de la recherche sociologique, Cahier n° 17.
Penrenoud, Ph. (1985a) La place d'une sociologie de l'évaluation dans l'explication de l'échec scolaire et des inégalités devant l'école, Revue européenne de sciences sociales, n° 70, pp. 165-186.

Perrenoud, Ph. (1985b) Scolarisation et sens des savoirs. De l'obsession d'instruire la jeunesse pour son bien, Revue suisse de sociologie, n° 2, pp. 213-226 (repris dans Perrenoud, Ph., Métier d'élève et sens du travail scolaire, Paris, ESF, 1996, 3e éd., chapitre 3, pp. 63-74).
Perrenoud, Ph. (1985c) Comment combattre l'échec scolaire en dix leçons..., Genève, Service de la recherche sociologique.
Perrenoud, Ph. (1986a) De quoi la réussite scolaire est-elle faite?, Éducation et Recherche, 1986, n° 1, pp. 133-160.
Perrenoud, Ph. (1986b) L' évaluation codifiée et le jeu avec les règles. Aspects d'une sociologie des pratiques, in De Ketele, J.-M. (dir.) L' évaluation: approche descriptive ou prescriptive?, Bruxelles, De Boeck, pp. 11-29.
Perrenoud, Ph. (1986c) La différenciation rêvée, Genève, Service de la recherche sociologique.
Perrenoud, Ph. (1987a) Anatomie de l'excellence scolaire, Autrement, pp. 95-100.
Perrenoud, Ph. (1987b) Sociologie de l'excellence ordinaire. Diversité des normes et fabrication des hiérarchies, Autrement, pp. 63-75.
Perrenoud, Ph. (1988a) Nouvelles didactiques et stratégies des élèves face au travail scolaire, in Perrenoud Ph. et Montandon, CI. (dir.) Qui maîtrise l'école? Politiques d'institutions et pratiques des acteurs, Lausanne, Réalités sociales pp. 175-195.
Perrenoud, Ph. (1988b) La part d'évaluation formative dans toute évaluation continue, in INRAP, Évaluer l'évaluation, Dijon, INRAP, pp. 202-210.
Perrenoud, Ph. (1988c) La pédagogie de maîtrise, une utopie rationaliste?, in M. Huberman (dir.) Assurer la réussite des apprentissages scolaires. Les propositions de la pédagogie de maîtrise, Paris, Delachaux et Niestlé, pp. 198-233 (repris dans Perrenoud, Ph. Enseigner: agir dans l'urgence, décider dans l'incertitude. Savoirs et compétences dans un métier complexe, Paris, ESF, 1996, pp. 87-108).
Perrenoud, Ph. (1988d) Parle comme il faut ! Réflexions sociologiques sur l'ordre linguistique, in Schoeni, G' Bronckart, J.P. et Perrenoud, Ph. (dir.) La langue française est-elle gouvernable? Normes et activités langagières Neuchâtel et Paris, Delachaux et Niestlé, pp. 79-108.
Perrenoud, Ph. (1988e) Formation à l'évaluation: entre réalisme conservateur et idéalisme béat, in Gather Thurler, M. et Perrenoud, Ph. (dir.) Savoir évaluer pour mieux enseigner. Quelle formation des maîtres?, Genève, Service de la recherche sociologique, Cahier n° 26.
Perrenoud, Ph. (1988f) Sociologie du travail scolaire et observation participante: La recherche fondamentale dans une recherche-action, in Hugon, M.-A. et Seibel, C. (dir.), Recherches impliquées. Recherches action: Le cas de l'éducation, Bruxelles, De Boeck, pp. 98-104.
Perrenoud, Ph. (1988g) Évaluation formative: cinquième roue du char ou cheval de Troie?, Journal de l'Association pour le développement de la mesure et de l'évaluation en éducation (ADMEE-CANADA), vol. 5, n° 4, pp. 21-28.
Perrenoud, Ph. (1989a) Echec scolaire: recherche-action et sociologie de l'intervention dans un établissement, Reuue suisse de sociologie, n° 3, pp. 471-493.
Perrenoud, Ph. (1989b) Des différences culturelles aux inégalités scolaires: l'évaluation et la norme dans un enseignement indifférencié, in Allal, L., Cardinet J. et Perrenoud, Ph. (dir.) L' évaluation formative dans un enseignement différencié, Berne, Lang, pp. 20-55, 5e éd.
Perrenoud, Ph. (1989c) La triple fabrication de l'échec scolaire, Psychologie française, n° 34/4, pp 237-245.
Perrenoud, Ph. (1989d) Vers une sociologie de l'évaluation, Bulletin de l'Association des enseignants et chercheurs en sciences de l'éducation, n° 6, pp. 19-31.
Perrenoud, Ph. (1991a) Ambiguïtés et paradoxes de la communication en classe. Toute interaction ne contribue pas à la régulation des apprentissages, in Weiss, J (dir.) L' évaluation: problème de communication. CousseL DelVal-IRDP, pp. 9-33.
Penrrenoud, Ph. (1991b) Pour une approche pragmatique de l'évaluation formative, Mesure et évaluation en éducation, vol. 13. n° 4, pp. 49-81.
Perrenoud, Ph. (1991c) Bouche cousue ou langue bien pendue? L' école entre deux pédagogies de l'oral, in Wirthner, M., Martin, D. et Perrenoud Ph. (dir.) Parole étouffée, parole libérée. Fondements et limites d'une pédagogie de l'oral, Neuchâtel et Paris, Delachaux et Niestlé, pp. 15-40.

Perrenoud, Ph. (1992a) Différenciation de l'enseignement: résistances, deuils et paradoxes, Cahiers pédagogiques, n° 306, pp. 49-55 (repris dans Perrenoud, Ph., *La pédagogie à l'école des différences*, Paris, ESF, 1996, 2e éd., chapitre 4, pp. 119-128).

Perrenoud, Ph. (1992b) La triple fabrication de l'échec scolaire, in Pierrehumbert, B. (dir.) *L' échec à l'école: échec de l'école*. Paris, Delachaux et Niestlé, pp. 85-102.

Perrenoud, Ph. (1993a) Organiser l'individualisation des parcours de formation: peurs à dépasser et maîtrises à construire, in E. Bauthier, J. Berbaum et Ph. Meirieu (dir.), *Individualiser les parcours de formation*, Lyon, Association des enseignants-chercheurs en sciences de l'éducation (AESCE), pp. 145-182 (repris dans Perrenoud, Ph., *La pédagogie à l'école des différences*, Paris, ESF, 1996, 2e éd., chapitre 5, pp. 129-155).

Perrenoud, Ph. (1993b) Sens du travail et travail du sens à l'école, *Cahiers pédagogiques*, n° 314-315, pp. 23-27 (repris dans Perrenoud, Ph., *Métier d'élève et sens du travail scolaire,* Paris, ESF, 1996, 2e éd., chapitre 10, pp. 161-170).

Perrenoud, Ph. (1993c) Formation initiale des maîtres et professionnalisation du métier, *Revue des sciences de l'éducation* (Montréal), vol. XIX, n° 1, pp. 59-76 (repris dans Perrenoud, Ph., *La formation des enseignants entre théorie et pratique*, Paris, L' Harmattan, 1994, chapitre VIII, pp. 175-196).

Perrenoud, Ph. (1993d) Vers des démarches didactiques favorisant une régulation individualisée des apprentissages, in L. Allal, L., D. Bain et Ph. Perrenoud (dir.) *Évaluation formative et didactique du français*, Paris et Neuchâtel, Delachaux.

Perrenoud, Ph. (1993e) L' organisation, l'efficacité et le changement, réalités construites par les acteurs, *Éducation et Recherche*, n° 2, pp. 97-117.

Perrenoud, Ph. (1994a) La formation des enseignants entre théorie et pratique, Paris, L' Harmattan.

Perrenoud, Ph. (1994b) Curriculum: le réel, le formel, le caché, in Houssaye, J. (dir.) *La pédagogie: une encyclopédie pour aujourd'hui*, Paris, ESF, 2ème édition, pp. 61-76.

Perrenoud, Ph. (1994c) Cycles pédagogiques et projets d'école: facile à dire!, Cahiers pédagogiques, n° 321-322, pp. 28-33 (repris dans Perrenoud, Ph., *La pédagogie à l'école des différences*, Paris, ESF, 1996, 2e éd., chapitre 6, pp. 157-166).

Perrenoud, Ph. (1994d) Compétences, habitus et savoirs professionnels, *European Journal of Teacher Education*, Vol. 17, n° 1/2, pp. 45-48.

Perrenoud, Ph. (1994e) La communication en classe: onze dilemmes, Cahiers pédagogiques, n° 326, pp. 13-18 (repris dans Perrenoud, Ph., *Enseigner: agir dans l'urgence, décider dans l'incertitude. Savoirs et compétences dans un métier complexe*, Paris, ESF, 1996, pp. 53-68).

Perrenoud, Ph. (1994f) Les droits imprescriptibles de l'apprenant ou comment rendre le métier d'élève plus vivable, *Revue Éducations*, n° 1, déc. 94-janv. 95, pp. 56-62.

Perrenoud, Ph. (1994g) Travailler en équipe pédagogique, c'est partager sa part de folie, *Cahiers pédagogiques*, n° 325, pp. 68-71.

Perrenoud, Ph. (1995a) *La fabrication de l'excellence scolaire: du curriculum aux pratiques d'évaluation*. Genève, Droz, 2e éd. augmentée (1e éd. 1984).

Perrenoud, Ph. (1995b) Enseigner des savoirs ou développer des compétences: l'école entre deux paradigmes, in Bentolila, A. (dir.) *Savoirs et savoir-faire*, Paris, Nathan, pp. 73-88.

Perrenoud, Ph. (1995c) Des savoirs aux compétences: de quoi parle-t-on en parlant de compétences?, *Pédagogie collégiale* (Québec), Vol. 9, n° 1, pp. 20-24.

Perrenoud, Ph. (1995d) Des savoirs aux compétences: les incidences sur le métier d'enseignant et sur le métier d'élève, *Pédagogie collégiale* (Québec), Vol. 9, n° 2, pp. 6-10.

Perrenoud, Ph. (1996a) *Métier d'élève et sens du travail scolaire*, Paris, ESF, 3e édition.

Perrenoud, Ph. (1996b) *La pédagogie à l'école des différences. Fragments d'une sociologie de l'échec*, Paris, ESF, 2e édition.

Perrenoud, Ph. (1996c) *Enseigner: agir dans l'urgence, décider dans l'incertitude. Savoirs et compétences dans un métier complexe*, Paris, ESF.

Perrenoud, Ph. (1996d) Didactique (s): OPA ou retour aux sources?, *Éducations*, n° 7, «Didactiques et pédagogies», janvier-février, pp. 56-59.

Perrenoud, Ph. (1996e) En finir avec les vieux démons de l'école, est-ce si simple? Antidote sociologique à la pensée positive, in *Des idées positives pour l'école*, Actes des journées du Cinquantenaire des Cahiers pédagogiques, Paris, Hachette, pp. 85-130.
Perrenoud, Ph. (1996 fl L' infime et l'ultime différence, in Bentolila, A. (dir.) *L' école: diversités et cohérence*, Paris, Nathan, pp. 49-67.
Perrenoud, Ph. (1996g) Le dialogue scolaire, un échange définitivement inégal?, *Revue de psychologie de la motivation*, 1996, n° 21, pp. 116-123.
Perrenoud, Ph. (1996h) Le métier d'enseignant entre prolétarisation et professionnalisation: deux modèles du changement, *Perspectives*, vol XXVI, n° 3, septembre, pp. 543-562.
Perrenoud, Ph. (1996i) Le travail sur l'habitus dans la formation des enseignants. Analyse des pratiques et prise de conscience, in Paquay, L., Altet, M., Charlier, E. et Perrenoud, Ph. (dir.) *Former des enseignants professionnels. Quelles stratégies? Quelles compétences?*, Bruxelles, de Boeck, pp. 181-208.
Perrenoud, Ph. (1996j) Lorsque le sage montre la lune... l'imbécile regarde le doigt. De la critique du redoublement à la lutte contre l'échec scolaire, *Éduquer et Former, Théories et Pratiques*, (Bruxelles), juin, n° 5-6, pp. 3-30.
Perrenoud, Ph. (1996k) Rendre l'élève actif... c'est vite dit!, *Migrants-Formation*, n° 104, mars, pp. 166-181.
Perrenoud, Ph. (1996l) Savoirs de référence, savoirs pratiques en formation des enseignants: une opposition discutable, *Éducation et Recherche*, n° 2, pp. 234-250.
Perrenoud, Ph. (1996m) Métier d'élève: comment ne pas glisser de l'analyse à la prescription?, in UNAPEC, *Le métier d'élève*, Paris, UNAPEC, pp. 15-24
Perrenoud, Ph. (1996n) Peut-on changer par l'analyse de ses pratiques?, *Cahiers pédagogiques*, n° 346, pp. 14-16.
Perrenoud, Ph. (1997a) *Structurer les cycles d'apprentissage sans réinventer les degrés annuels*, Genève, Faculté de psychologie et des sciences de l'éducation.
Perrenoud, Ph. (1997b) Vers des pratiques pédagogiques favorisant le transfert des acquis scolaires hors de l'école, *Pédagogie collégiale* (Québec), Vol. 10, n° 3, mars, pp. 5-16.
Perrenoud, Ph. (1997c) Les pédagogies nouvelles en question (s), *L' Educateur*, n° 7, pp. 28-31.
Perrenoud, Ph. (1997d) *Construire des compétences dès l'école*, Paris, ESF.
Perrenoud, Ph. (1997e) *La pédagogie différenciée: des intentions à l'action*, Paris, ESF.
Perrenoud, Ph., Altet, M., Charlier, E. et Paquay, L. (1996) Fécondes incertitudes ou comment former des enseignants avant d'avoir toutes les réponses, in Paquay, L., Altet, M., Charlier, E. et Perrenoud, Ph. (dir.) *Former des enseignants professionnels. Quelles stratégies? Quelles compétences?*, Bruxelles, de Boeck, pp. 239-253.
Perrenoud, Ph. et Montandon, Cl. (dir.) (1988) *Qui maîtrise l'école? Politiques des institutions et pratiques des acteurs*, Lausanne, Réalités sociales.
Perret, J.-F. (1985) *Comprendre l'écriture des nombres*, Berne, Lang.
Perret, J.-F. et Perrenoud, Ph. (dir.) (1990) *Qui définit le curriculum, pour qui? Autour de la reformulation des programmes de l'école primaire en Suisse romande*, Cousset (Suisse), Delval.
Perret-Clermont, A-.N. (1979) *La construction de l'intelligence dans l'interaction sociale*, Berne, Lang.
Perret-Clermont, A.-N. et Mugny, G. (1985) Effets sociologiques et processus didactiques, in Mugny, G. (dir.) *Psychologie sociale du développement cognitif*, Berne, Lang, pp. 251-261.
Perret-Clermont, A.-N. et Nicolet, M. (dir.) (1988) *Interagir et connaître. Enjeux et régulations sociales dans le développement cognitif*, Cousset, DelVal.
Petitat, A. (1982) Le paradigme de la reproduction et ses limites, *Revue européenne des sciences sociales*, n° 63, pp. 5-27.
Petitat, A. (1982) *Production de l'école — Production de la société*, Genève, Droz.
Plaisance, E. (1985) (dir.) *«L' échec scolaire»: Nouveaux débats, nouvelles approches sociologiques*, Paris, Éd. du CNRS.
Plaisance, E. (1985) Les modèles éducatifs dans l'école maternelle française entre 1945 et 1980 à travers l'analyse de 100 rapports d'inspection, in Plaisance, E. (dir.). *«L' échec scolaire»: Nouveaux débats, nouvelles approches sociologiques*, Paris, Éd. du CNRS, pp. 75-78.

Plaisance, E. (1986) *L'enfant, la maternelle, la société*, Paris, PUF.
Pourtois, J.-P. (1978) Le niveau d'expectation de l'examinateur est-il influencé par l'appartenance sociale de l'enfant?, *Revue française de pédagogie*, n° 44, pp. 34-37.
Raisky, C. (1996) Doit-on en finir avec la transposition didactique?, in Raisky, C. et Caillot, M. (dir.) *Au-delà des didactiques, le didactique. Débats autour de concepts fédérateurs*, Bruxelles, De Boeck, pp. 37-59.
Ranjard, P. (1984) *Les enseignants persécutés*, Paris, Robert Jauze.
Repusseau, J. (1978) *Bons et mauvais élèves*, Paris, Casterman.
Richiardi, J.-J. (1988) *Négocier l'orientation en famille. Parents et adolescents au seuil de la formation postobligatoire*, Genève, Service de la recherche sociologique, Cahier n° 27.
Rieben, L. (1988) Un point de vue constructiviste sur la pédagogie de maîtrise, in Huberman, M. (dir.) *Maîtriser les processus d'apprentissage. Les propositions de la pédagogie de maîtrise*, Paris, Delachaux et Niestlé, pp. 127-154.
Robert, Ch.N. (1977) Fabriquer la délinquance juvénile, *Revue suisse de sociologie*, n° 1, pp 31-65.
Rochex, J.-Y. (1995) *Le sens de l'expérience scolaire*, Paris, PUF.
Roulet, E. et al. (1985) *L'articulation du discours en français contemporain*, Berne, Lamg.
Roulet, E. (1985) Pragmatique et pédagogie. Apprendre à communiquer, c'est apprendre à négocier, *Langues et Linguistique* (Québec), pp. 37-57.
Salamin, J.P. (1986) *Ecole primaire suisse. 22 thèses pour le développement de l'école primaire*, Berne, CDIP-SIPRI, Etudes et rapports n° 1.
Schneuwly, B. (dir.) (1991) *Diversifier l'enseignement du français écrit*, Neuchâtel, Delachaux et Niestlé.
Schneuwly, B. et Bain, D. (1993) Mécanismes de régulation des activités textuelles: stratégies d'intervention dans les séquences didactiques, in Allal' L., Bain, D. et Perrenoud, Ph. (dir.) *Évaluation formative et didactique du français*, Neuchâtel et Paris, Delachaux et Niestlé, pp. 219-238.
Schubauer-Leoni, M.-L. et Perret-Clermont, A.-N. (1988) Interactions sociales dans l'apprentissage de connaissances mathématiques chez l'enfant, in Mugny, G. (dir.) *Psychologie sociale du développement cognitif*, Berne, Lang.
Schubauer-Leoni, M.-L. (1986) Le contrat didactique: un cadre interprétatif pour comprendre les savoirs manifestés par les élèves en mathématique, *Journal européen de psychologie de sciences de l'éducation*, 1, n° 2, pp. 139-153.
Schubauer-Leoni, M.-L. (1986) *Maître-élève-savoir: analyse psychosociale du jeu et des enjeux de la relation didactique*, Genève, Faculté de psychologie et des sciences de l'éducation (thèse).
Scriven, M. (1967) The Methodology of Evaluation, in Stake, R. (dir.) *Perspectives of curriculum evaluation*, Chicago, Rand McNally.
Sirota R. (1993) Le métier d'élève. Note de synthèse, *Revue française de pédagogie*, n° 104, p. 85-108.
Sirofa, R. (1988) *L'école primaire au quotidien*, Paris, Presses universitaires de France.
Szasz, Th. (1976) *La fabrication de la folie*, Paris, Payot, 1976.
Tanguy, L. (1983) Savoirs et rapports sociaux dans l'enseignement secondaire en France, *Revue française de sociologie*, XXIV, pp. 227-254.
Tardif, J. (1996) Le transfert des compétences analyse à travers la formation de professionnels, in Meirieu, Ph., Develay, M., Durand, C. et Mariani, Y. (dir.) *Le concept de transfert de connaissances en formation initiale et en formation continue*, Lyon, CRDP, pp. 31-45.
Testanière, J. (1967-68) Chahut traditionnel et chahut anomique dans l'enseignement du second degré, *Revue française de sociologie*, N° spécial Sociologie de l'éducation, pp. 17-33.
Turco, G. (1989) Pour transformer les pratiques évaluatives des maîtres, *Repères*, n° 79, pp. 91-105.
Vellas, E. (1996) Donner du sens aux savoirs à l'école: pas si simple!, in Groupe français d'Éducation nouvelle, *Construire ses savoirs, Construire sa citoyenneté. De l'école à la cité*, Lyon, Chronique sociale, pp. 12-26.
Verret, M. (1975) *Le temps des études*, Paris, Honoré Champion, 2 vol.
Vieke, A. (1987) *Réflexions sur l'évaluation pédagogique. Une expérience d'évaluation formative*, Genève, Enseignement primaire-RAPSODIE.
Watzlawick, P. (1978) *La réalité de la réalité*, Paris, Seuil.
Watzlawick, P., Helmick Beavin, J. et Jackson, D.D. (1972) *Une logique de la communication*, Paris, Seuil.

Weiss, J. (1982) *Rapport du groupe SIPRI-ATE*, Neuchâtel, Institut romand de recherches et de documentation pédagogiques, Cahiers n° 1, 2 et 3.
Weiss, J. (1984) *Individualité et réussite scolaire*, Berne, Lang.
Weiss, J. (1986) La subjectivité blanchie?, in De Ketele, J.-M. (dir.) *L' évaluation: approche descriptive ou prescriptive?*, Bruxelles, De Boeck, pp. 91-105.
Weiss, J. (1989) L' évaluation formative dans un enseignement différencié du français: une conception de la formation à dépasser, in Allal, L., Cardinet J. et Perrenoud, Ph. (dir.) *L' évaluation formative dans un enseignement différencié*, Berne, Lang, pp. 231-240 (1ᵉ éd. 1979).
Weiss, J. (1992a) L' enseignant au cœur froid ou l'objectivité en évaluation, *Mesure et évaluation en éducation*, vol. 14,. n° 4, pp. 19-31.
Weiss, J. (1992b) *Vers une évaluation interactive à l'école*, Neuchâtel, IRDP.
Weiss, J. (1993) Interaction formative et régulation didactique, in Allal, L., Bain, D. et Perrenoud, Ph. (dir.) *Évaluation formative et didactique du français*, Neuchâtel et Paris, Delachaux et Niestlé, pp. 113-122.
Weiss, J. et Wirthner, M. (1991) Enseignement renouvelé du français, premiers regards sur une rénovation, Cousset, DelVal-IRDP.
Wiggins, G. (1989) À true test: Toward more authentic and equitable assessment, *Phi Delta Kappan*, 70, pp. 703-714.
Wiggins, G. (1989) Teaching to the (authentic) test, *Educational Leadership*, 46, n° 7, pp. 41-47.
Wirthner, M. (1993) Rénovation de l'enseignement du français et évaluation formative histoire d'une occasion manquée, in Allal, L., Bain, D. et Perrenoud, Ph. (dir.) *Évaluation formatille et didactique du français*, Neuchâtel et Paris, Delachaux et Niestlé, pp. 99-111.
Wirthner, M., Martin, D. et Perrenoud Ph. (dir.) (1991) *Parole étouffée, parole libérée. Fondements et limites d'une pédagogie de l'oral*, Neuchâtel et Paris, Delachaux et Niestlé.
Woods, P. (1983) *Sociology and the School. An Interactionist Point of View*, London, Routledge et Kegan.
Young, M. (dir.) (1971) *Knowledge and Control*, London, Collier et MacMillan.